W0271810

Glutenfrei
kochen & backen

Gesund genießen

Glutenfrei kochen & backen

DORLING KINDERSLEY

DORLING KINDERSLEY
London, New York, Melbourne, München und Delhi

Cheflektorat Dawn Henderson
Lektorat Alastair Laing
Bildredaktion Christine Keilty, Katherine Raj
Art Director Peter Luff
Herstellung Raymond Williams, Claire Pearson
Umschlaggestaltung Nicola Powling

DK Delhi
Cheflektorat Glenda Fernandes
Redaktion Chitra Subramanyam, Divya Chandhok, Ligi John
Redaktionsassistenz Tina Jindal
Bildredaktion Navidita Thapa, Prashant Kumar, Anamica Roy
DTP-/CTS-Manager Sunil Sharma
DTP-Design Anurag Trivedi

Rezeptfotos William Shaw

Für die deutsche Ausgabe:
Programmleitung Monika Schlitzer
Projektbetreuung Elke Homburg
Herstellungsleitung Dorothee Whittaker
Herstellung und Covergestaltung Mareike Hutsky

Bibliografische Information der Deutschen Bibliothek
Die Deutsche Bibliothek verzeichnet diese Publikation in der Deutschen Nationalbibliografie; detaillierte bibliografische Daten sind im Internet über http://dnb.ddb.de abrufbar.

Titel der englischen Originalausgabe:
The Gluten-Free Cookbook

© Dorling Kindersley Limited, London, 2012
Ein Unternehmen der Penguin-Gruppe

© der deutschsprachigen Ausgabe by
Dorling Kindersley Verlag GmbH, München, 2012
Alle deutschsprachigen Rechte vorbehalten

Übersetzung Angelika Feilhauer
Lektorat Sigrun Borstelmann

ISBN 978-3-8310-2190-1

Colour reproduction by Media Development & Printing Ltd.
Printed and bound in China by South China Printing Co. Ltd

Besuchen Sie uns im Internet
www.dorlingkindersley.de

Hinweis
Die Informationen und Ratschläge in diesem Buch sind von den Autoren und vom Verlag sorgfältig erwogen und geprüft, dennoch kann eine Garantie nicht übernommen werden.
Eine Haftung der Autoren bzw. des Verlags und seiner Beauftragten für Personen-, Sach- und Vermögensschäden ist ausgeschlossen.

INHALT

EINLEITUNG

Die Umstellung auf eine glutenfreie Ernährung ist eine großartige Chance, in Zukunft gut zu essen und Verantwortung für die eigene Gesundheit zu übernehmen.

Auf den folgenden Seiten wird erklärt, weshalb eine glutenfreie Ernährung für Sie vielleicht die richtige Wahl ist. Zudem werden Ihnen alle Schritte aufgezeigt, die notwendig sind, um Gluten aus Ihrer Ernährung zu verbannen und gesunde, ausgewogene, glutenfreie Mahlzeiten zu planen: daheim, unterwegs und im Restaurant.

Sie werden alle Informationen finden, die Sie benötigen, um mit glutenfreien Zutaten kochen zu können. Eine Übersicht über glutenfreie Getreidesorten und Mehle informiert über ihre besonderen Eigenschaften und wie sie am besten in Gerichten verwendet werden. Ferner zeigen Rezepte mit Schritt-für-Schritt-Fotos, wie man aus glutenfreiem Mehl leckeres Brot und köstliche Kuchen bäckt, den perfekten Teig zubereitet und wunderbare Nudeln herstellt.

GUT ESSEN TROTZ GLUTENINTOLERANZ

Die Diagnose einer Glutenintoleranz kann gemischte Gefühle auslösen. Erleichterung, weil man nun selbst Verantwortung für seine Gesundheit übernehmen kann, vermutlich aber auch die Sorge, dass man zukünftig vielleicht auf viele Lieblingsspeisen verzichten und weniger schmackhaftes Essen akzeptieren muss. Dieses Buch liefert jedoch den Beweis, dass auch eine glutenfreie Ernährung fantastisch sein kann.

NEUE AROMEN ENTDECKEN

Der Verzicht auf Gluten bedeutet keineswegs lebenslang eine eintönige Ernährung, sondern er bietet eine wunderbare Chance, neue Gerichte mit Getreiden auszuprobieren, die Sie bisher vielleicht gar nicht kannten. Zudem liefert er den perfekten Anlass, mit dem Backen zu beginnen. Eine neue Generation von Backmischungen und das wunderbare Xanthan haben die glutenfreie Bäckerei revolutioniert, und neu kreierte Rezepte werden es Ihnen erlauben, weiterhin Ihre Lieblingsbackwaren zu genießen.

Würzige Lamm-Hummus-Rollen (Seite 140)

Ricotta-Kürbis-Ravioli (Seite 110)

GESUND DURCH ERNÄHRUNG

Die Umstellung auf eine glutenfreie Ernährung heißt auch Genesung. Vermutlich haben Sie bisher unter Symptomen einer schlechten Nährstoffaufnahme wie Müdigkeit, Gelenkschmerzen und vielen anderen Beschwerden gelitten, die mit Vitamin- und Mineralstoffmangel einhergehen. Mit dem Verzicht auf Gluten erholt sich Ihr Körper, aber auch eine ausgewogene Ernährung und die Zufuhr von ausreichenden Mengen sämtlicher Nährstoffe sind wichtig. Nachfolgend erläutern wir die Regeln einer gesunden Ernährung und behandeln wichtige Nährstoffe. In den Rezepten verweist ein Icon auf ihren besonderen gesundheitlichen Nutzen und jedes Rezept enthält eine Kalorien- und Nährstoffanalyse, die die Planung einer ausgewogenen Ernährung erlauben.

Wir haben ein breites Spektrum an Rezepten ausgewählt, um alle Möglichkeiten einer gesunden Ernährung aufzuzeigen, möchten aber betonen, dass dies kein Diätbuch mit kalorienarmen Rezepten ist. Kuchen und Desserts vermissen Menschen mit Glutenintoleranz oft am meisten, aber sie sind oft kalorienreich.
Bei der Auswahl glutenfreier Varianten haben wir uns vom Geschmack, nicht von den Kalorien leiten lassen, und auch glutenfreien Kuchen sollte man nur ab und zu essen! Sie werden viele gesunde Rezepte für alle Tage finden und die Richtwerte verraten Ihnen, was Sie sich nur gelegentlich gönnen sollten.

RICHTWERTE PRO PORTION

KALORIEN

GES. FETTSÄUREN

SALZ

Red Velvet Cupcakes (Seite 226)

Schokoladen-Käsekuchen (Seite 218)

DIE ERSTEN VIER SCHRITTE

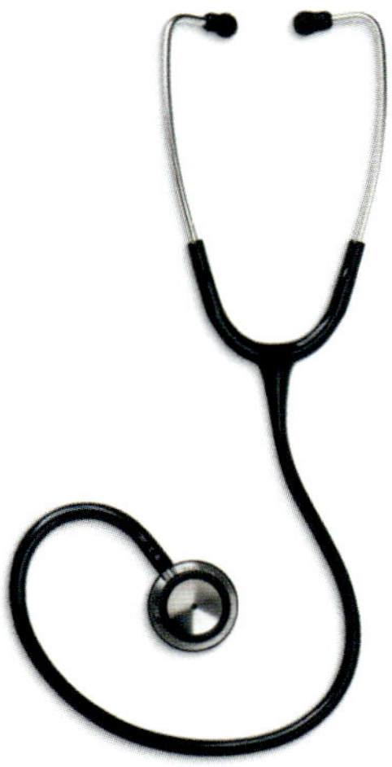

ZUM ARZT GEHEN

1 Sollten Sie glauben, eine Glutenintoleranz zu haben, die bisher nicht diagnostiziert wurde, erfahren Sie auf Seite 2–15 mehr über die Symptome. Vereinbaren Sie einen Arzttermin, um über Ihren Verdacht zu sprechen. Bis dahin müssen Sie weiter glutenhaltig essen, damit die Untersuchungsergebnisse nicht verfälscht werden. Bestätigt sich der Verdacht, bitten Sie Ihren Arzt um Kontakt zu einem Ernährungsberater, der Ihnen zeigt, wie Sie sich zukünftig glutenfrei, aber gesund und ausgewogen ernähren können. Er wird Sie auch beraten, welche Vitamine und Mineralstoffe Sie vielleicht zusätzlich einnehmen sollten, und wird Ihnen eine Liste verschreibungspflichtiger glutenfreier Produkte geben.

EINEN PLAN AUFSTELLEN

2 Wurde eine Glutenintoleranz diagnostiziert, sollten Sie sich an eine entsprechende Organisation wenden. Dort erhalten Sie die neuesten medizinischen Ratschläge, Adressen von örtlichen Selbsthilfegruppen, eine Liste mit glutenhaltigen Produkten und Details über Restaurants, die glutenfreie Speisen anbieten. Dann studieren Sie Ihren bisherigen Speisezettel, um Gluten zu eliminieren, und machen einen neuen Speisezettel für eine Woche (siehe Seite 24). Wenn Sie nach einem arbeitsreichen Tag müde sind, machen Sie eher Fehler bei der Essensauswahl. Eine Planung im Voraus gibt Ihnen Zeit darüber nachzudenken, was Sie essen möchten und ob alle Zutaten glutenfrei sind.

Wenn Sie glauben, dass Ihnen eine glutenfreie Ernährung guttun wird, werden diese und die folgenden Seiten Sie nun von der Diagnose bis zur ersten Mahlzeit begleiten.

KLUG EINKAUFEN

3 Bitten Sie in Ihrem Stammsupermarkt um eine Liste glutenfreier Produkte oder schauen Sie im Internet. Einige Supermärkte bieten sogar einen Rundgang mit einem Ernährungsberater an. Sollten Sie ein bestimmtes Produkt im Angebot vermissen, sprechen Sie ruhig den Marktleiter an. Glutenfreie Produkte sind ein zunehmend lukrativer Markt und es lohnt für Supermärkte, ihr Angebot auszubauen. Zudem sollten Sie sich in Bioläden und Reformhäusern sowie im Internet umschauen, wo oft einige schwerer erhältliche glutenfreie Mehle, Getreidesorten und andere Produkte angeboten werden. Auch internationale, insbesondere asiatische Lebensmittelgeschäfte führen viele glutenfreie Produkte.

AUF IN DIE KÜCHE

4 Sie haben Ihren Speisezettel gemacht und alle Zutaten besorgt, aber ehe Sie mit dem Kochen beginnen, müssen Sie Ihre Küche zu einer glutenfreien Zone machen oder zumindest das Risiko von Verunreinigungen minimieren (siehe Seite 30–31). In einer gut organisierten Küche können Sie sofort mit dem Kochen beginnen und Sie werden feststellen, dass die Rezepte in diesem Buch nicht nur köstlich, sondern auch supereinfach sind. Zusätzliche Hilfe finden Sie auf Seite 38–47, wo schrittweise die Herstellung von glutenfreien Broten, Rührkuchen, Nudeln und Teigen erklärt wird. Sind Sie Kochanfänger, ist aber vielleicht ein Kochkurs nützlich. Suchen Sie nach Kursen für glutenfreie Küche.

WESHALB GLUTENFREI?

ZÖLIAKIE

Der häufigste Grund für eine glutenfreie Ernährung ist die Behandlung von Zöliakie. Hierbei handelt es sich um eine Autoimmunerkrankung, die auftritt, wenn das Immunsystem des Körpers überempfindlich auf Gluten reagiert und Antikörper produziert, die das eigene Körpergewebe angreifen. In Deutschland ist einer von 200 Menschen von der Krankheit betroffen, wenngleich Experten glauben, dass die Krankheit nur bei einem von sieben Betroffenen überhaupt diagnostiziert wird. Was bedeutet, dass möglicherweise Hunderttausende Menschen an ihr leiden, ohne davon zu wissen. In den letzten Jahrzehnten hat sich die Zahl der Erkrankungen vervierfacht, was sich aber nur zum Teil durch eine erhöhte Wachsamkeit und verbesserte Diagnostik erklären lässt.

SYMPTOME FÜR ZÖLIAKIE

Die Symptome für Zöliakie sind bei den Betroffenen unterschiedlich und können von leicht bis schwer reichen. Zu ihnen gehören:

- Durchfall
- Blähungen und/oder Verstopfung
- Übelkeit
- Erbrechen
- Bauchschmerzen
- Krämpfe
- Blähbauch
- Müdigkeit
- Kopfschmerzen
- Aphthen
- Haarausfall
- Hautausschlag
- unerklärlicher Gewichtsverlust

Unbehandelt kann Zöliakie zu anderen Erkrankungen und Störungen führen, wie Unfruchtbarkeit, wiederholten Fehlgeburten, Osteoporose und Depressionen. Obwohl ein häufiges Symptom bei Zöliakie Gewichtsverlust ist, sind viele Betroffene zum Zeitpunkt ihrer Diagnose normal- oder sogar übergewichtig.

! ESSEN SIE WEITER GLUTEN ... ZUMINDEST VORLÄUFIG!
Sollten Sie bei sich oder einem Familienmitglied eine Zöliakieerkrankung vermuten, streichen Sie Gluten nicht sofort aus Ihrer Ernährung. Es ist wichtig, mindestens sechs Wochen lang glutenhaltige Nahrungsmittel gegessen zu haben, ehe ein Test durchgeführt wird, sonst besteht die Möglichkeit einer falsch negativen Diagnose.

DIAGNOSE UND BEHANDLUNG

Zöliakie kann in jedem Lebensalter auftreten. Erste Symptome können sich zeigen, wenn ein Baby entwöhnt und auf weizenhaltige Cerealien (siehe Seite 25) umgestellt wird, sie können aber auch später auftreten. Für die Krankheit gibt es eine genetische Disposition und Studien zeigen, dass bei nahen Verwandten von Zöliakiepatienten eine Wahrscheinlichkeit von 1 zu 10 besteht, dass sie ebenfalls erkranken. Da Zöliakie weder geheilt noch medikamentiert werden kann, hilft nur strenge Diät. Selbst winzige Mengen Gluten, etwa Mehlpartikel, reichen aus, um Probleme zu verursachen.

Als Erstes wird ein Arzt einen einfachen Bluttest machen, um Antikörper zu finden. Dann überweist er den Patienten an einen Gastroenterologen, der eine Biopsie durchführt, bei der er eine kleine Probe der Darmschleimhaut zur genaueren Untersuchung entnimmt. Bestätigt sich die Diagnose, schickt der Arzt den Patienten zu einem examinierten Ernährungsberater, der ihn in Ernährungsfragen berät. Einige Betroffene fühlen sich bald besser, nachdem sie mit einer glutenfreien Ernährung begonnen haben, bei anderen kann dies mehrere Monate dauern.

WAS IST ZÖLIAKIE?

An der Wand des Dünndarms sitzen fleischige Fortsätze, sogenannte Zotten, die Nährstoffe aus der Nahrung aufnehmen und in den Körper transportieren. Bei Zöliakie flachen sich die Zotten ab, wodurch ihr Vermögen zur Nährstoffaufnahme stark beeinträchtigt wird.

SCHÄDIGUNG DES DÜNNDARMS

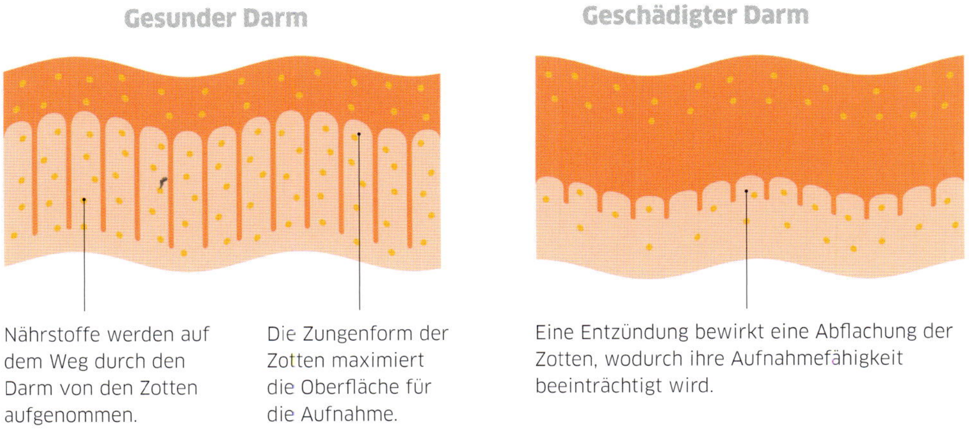

DERMATITIS HERPETIFORMIS

Dermatitis herpetiformis ist eine Hautkrankheit, für die stark juckende Bläschen an Gesäß, Nacken, Kopfhaut, Ellenbogen, Knien und Rücken typisch sind. In Deutschland ist sie selten, in anderen Ländern wie Skandinavien, Großbritannien, Nordamerika und Polen kommt sie öfter vor. Männer sind häufiger betroffen als Frauen. Sie ist an eine Glutenempfindlichkeit gekoppelt und wird mit glutenfreier Ernährung behandelt.

WEITERE ERKRANKUNGEN, DIE SICH DURCH EINE GLUTENFREIE ERNÄHRUNG BESSERN KÖNNEN

Der Nutzen einer glutenfreien Ernährung bei anderen Erkrankungen bleibt umstritten, aber viele Patienten mit den folgenden Krankheiten glauben, dass es hilfreich sein kann, eine Zeit lang eine glutenfreie Ernährung auszuprobieren. Dem sollte aber immer eine Rücksprache mit einem Arzt vorausgehen.

ANDERE KRANKHEITEN MIT EINER MÖGLICHEN VERBINDUNG ZU GLUTEN	
AUTISMUS	Obwohl bisher nur wenige wissenschaftliche Beweise vorliegen, kann eine gluten- und kaseinfreie Ernährung für manche Kinder mit einer Störung aus dem autistischen Formenkreis hilfreich sein. Hier muss jedoch noch viel geforscht werden.
MULTIPLE SKLEROSE (MS)	Multiple Sklerose ist eine Autoimmunerkrankung und Betroffene haben ein erhöhtes Risiko, an Zöliakie zu erkranken, obwohl der Nutzen einer glutenfreien Ernährung im Zusammenhang mit der Grunderkrankung MS umstritten ist.
CHRONISCHES ERSCHÖPFUNGS-SYNDROM	Es gibt Hinweise darauf, dass sich bei Patienten mit Chronischem Erschöpfungssyndrom die Symptome durch eine glutenfreie Ernährung bessern. Dies gilt sicher nicht für jeden, aber ein Versuch kann vielleicht nicht schaden.
REIZDARMSYNDROM	Die Symptome von Zöliakie und Reizdarmsyndrom sind sehr ähnlich und eine kürzlich in Großbritannien durchgeführte Studie zeigt, dass bei fast 60 Prozent aller Zöliakiepatienten zunächst fälschlicherweise ein Reizdarm diagnostiziert wurde.
LUPUS ERYTHEMATODES	LE ist eine weitere Autoimmunerkrankung, bei der das Immunsystem überaktiv wird und körpereigenes gesundes Gewebe angreift. Da auch Zöliakie eine Autoimmunerkrankung ist, sind Lupuspatienten möglicherweise stärker von ihr betroffen.
FEHLGEBURTEN UND UNFRUCHTBARKEIT	Es gibt Hinweise darauf, dass unerkannte Zöliakie eine Ursache für Unfruchtbarkeit und Fehlgeburten sein könnte. Der Anteil der Frauen mit Fruchtbarkeitsbehandlungen und nicht behandelter Zöliakie ist größer als in der Allgemeinbevölkerung.

IMMER NOCH UNSICHER? – EINIGE FRAGEN UND ANTWORTEN

Beim Thema glutenfreie Ernährung gibt es viele Unsicherheiten und Mythen, vor allem wenn man glaubt, eher nicht an Zöliakie erkrankt zu sein, oder man keine Symptome hat. Hier Antworten auf einige der am häufigsten gestellten Fragen.

ICH FÜHLE MICH NACH DEM ESSEN OFT MÜDE UND AUFGEBLÄHT: HILFT EINE GLUTENFREIE ERNÄHRUNG?

Blähbauch und Müdigkeit sind häufige Symptome bei Zöliakie, können aber auch Symptome für andere Erkrankungen sein oder Folge von schlechten Gewohnheiten wie etwa zu schnelles Essen. Eine glutenfreie Ernährung hilft hier nicht unbedingt. Vielleicht lassen sich anhand eines Ernährungstagebuchs andere Ursachen finden.

SOLLTE ICH MICH, UM ABZUNEHMEN, GLUTENFREI ERNÄHREN?

Manche Reduktionsdiäten basieren auf dem Verzicht auf Kohlenhydrate, es gibt aber keinen wissenschaftlichen Beleg dafür, dass man durch glutenfreie Ernährung abnimmt. Gewichtsverlust ist ein häufiges Symptom bei Zöliakie, und wenn Betroffene sich nach einer Diagnose der Krankheit glutenfrei ernähren, nehmen sie häufig wieder zu.

IST ES HILFREICH, WENIGER WEIZEN ZU ESSEN, WENN DIES KRANKHEITSBEDINGT NICHT NOTWENDIG IST?

Viele Menschen essen zum Frühstück Weizen in Form von Cerealien, mittags ein Sandwich und abends zum Beispiel Nudeln. Einige Alternativmediziner glauben, dass eine solch einseitige Ernährung negative Folgen hat und eine Intoleranz oder Allergie hervorrufen kann. Deshalb ist es vielleicht sinnvoll, nicht zu viele Weizenprodukte zu essen.

IST ES MÖGLICH, UNTER ZÖLIAKIE ZU LEIDEN, OHNE DASS SYMPTOME AUFTRETEN?

Dies ist ungewöhnlich, aber möglich. Einige Experten sprechen heute von einem Zöliakie-Spektrum. An einem Ende befinden sich Menschen mit allen klassischen Symptomen der Krankheit, am anderen Ende Betroffene, die keine Symptome zeigen, aber dennoch eine geschädigte Dünndarmschleimhaut haben. Am besten befragen Sie dazu Ihren Arzt.

! STELLEN SIE KEINE SELBSTDIAGNOSEN

Selbsttests und Allergietests, die in manchen Reformhäusern oder per Mailorder angeboten werden, sind bei der Diagnose von Zöliakie nicht zuverlässig. Falls Sie glauben, an der Krankheit zu leicen, sollten Sie als Erstes einen Termin mit Ihrem Arzt vereinbaren.

AUF GLUTEN VERZICHTEN

WAS IST GLUTEN?

Gluten ist ein Proteingemisch, das sich in Weizen, Roggen und Gerste und Produkten aus diesen Getreiden wie Kuchen, Brot oder Nudeln befindet. Es hat beim Kochen und Backen nützliche Eigenschaften, denn es ist elastisch, bindet Wasser und wird bei starker Hitze fest.

WAS BEWIRKT GLUTEN?

Das Gluten in Mehl verleiht Backwaren wie Brot und Kuchen ihre typische Oberflächenbeschaffenheit und Konsistenz. Vermischt man Mehl mit Wasser, wird das Gluten elastisch und macht aus der Mischung einen weichen dehnbaren Teig, der geknetet und geformt werden kann. Durch Hefe oder Backpulver erzeugtes Kohlendioxid wird durch das Gluten im Teig gehalten, wodurch Brot und Kuchen aufgehen können und ihre lockere Konsistenz bekommen. Dank einer kleinen Wunderzutat namens Xanthan kann man jedoch die Wirkung von Gluten in Teigen aus glutenfreien Mehlen nachahmen. Und durch sorgfältiges Mischen glutenfreier Mehlsorten und die Zugabe von Aromazutaten können Sie Geschmack, Konsistenz und Aussehen aller Ihrer Lieblingsbackwaren in glutenfreien Varianten kopieren. Mehlmischungen und Zubereitungsmethoden siehe Seite 38–47.

Glutenhaltige Getreide

Zu den Getreiden, die Gluten enthalten, gehören Weizen, Dinkel (eine alte Form des Weizens), Gerste und Roggen. Triticale, der in manchen Bioläden angeboten wird, ist eine Kreuzung zwischen Weizen und Roggen, die ebenfalls Gluten enthält.

WICHTIGE GLUTENHALTIGE PRODUKTE

- Kekse, Brote, Kuchen, Kräcker, Muffins, Teige, Pizzaböden und Brötchen werden aus Weizen-, Roggen- oder Gerstenmehl hergestellt.
- Weizennudeln
- Frühstückscerealien mit Weizen
- Fleisch und Geflügel in einem Teig- oder Panademantel wie etwa Schinken im Brotmantel oder Hähnchennuggets
- Fisch oder Meeresfrüchte in einem Teig- oder Panademantel wie Fischstäbchen
- Quark oder Joghurt, der Müsli oder Cerealien enthält
- Gemüse und Obst, die mit Teig, Semmelbröseln oder Mehl zubereitet sind
- Kartoffelgerichte, die mit Teig, Semmelbröseln oder Mehl zubereitet sind wie Kroketten
- Sojasauce
- Eishörnchen und Eiswaffeln, mit Weizengrieß oder Weizenmehl zubereitete Desserts
- Mit Brotkrumen zubereitete Füllungen

DARF MAN BEI ZÖLIAKIE HAFER ESSEN?

Er enthält ein glutenähnliches Protein, das jedoch keine negativen Reaktionen hervorzurufen scheint. Man sollte dem Speisezettel zunächst kleine Mengen hinzufügen, bei Kindern und Menschen mit schwerer Zöliakie aber zuerst einen Ernährungsberater konsultieren. Haferprodukte sind oft mit Gluten verunreinigt.

WEIZEN »
Triticum spp.

Weizensorten haben oft unterschiedliche Namen. So sind Emmer, Kamut, Einkorn, Faro und Dinkel Weizentypen. Auch Bulgur (abgebildet), Couscous und Grieß werden aus Weizen hergestellt.

« GERSTE
Hordeum vulgare

Graupen werden mitunter Eintöpfen hinzugefügt, Gerstenflocken Müsli. Auch Bier, Malzbier und Malzmilch enthalten Gerste.

ROGGEN »
Secale cereale

Roggenbrot und Pumpernickel aus Roggenschrot sind vor allem in Deutschland und Osteuropa beliebt. Zudem wird Roggen für Knäckebrot und Kräcker verwendet.

« DINKEL
Triticum spelta

Alte Form des Weizens, die in den vergangenen Jahren vor allem bei Bioprodukten ein Comeback erlebt hat. Wird für Backwaren und Bier verwendet.

Verstecktes Gluten entdecken

Eine glutenfreie Ernährung ist nicht einfach dadurch gewährleistet, dass man auf naheliegende Produkte wie Brot oder Nudeln verzichtet. Glutenhaltige Getreide finden sich oft als Zutaten in anderen Lebensmitteln und mitunter werden glutenfreie Lebensmittel während Produktion oder Lagerung mit Gluten verunreinigt. Daher ist es bei bestimmten Produkten, bei denen das Risiko der Verunreinigung besteht, wichtig, das Etikett zu lesen und Marken zu wählen, die als glutenfrei ausgewiesen sind.

PRODUKTE, DIE GLUTEN ENTHALTEN KÖNNEN

Prüfen Sie die Verpackung der hier aufgeführten Produkte genau auf verstecktes Gluten.

GETREIDE UND MEHLE
Mitunter werden eigentlich glutenfreie Nahrungsmittel zusammen mit Weizen, Gerste oder Roggen gemahlen und dadurch verunreinigt. Zu ihnen gehören Buchweizen, Maronen, Kichererbsen, Senf, Hafer, Polenta, Kartoffeln, Quinoa, Reis, Hirse, Soja, Tapioka, Teff und Urdbohnen.

FRÜHSTÜCKSCEREALIEN
Cerealien auf der Basis von Buchweizen, Mais, Hirse und Reis und Cerealien, die Malzextrakt oder Hafer enthalten

BROTAUFSTRICHE
Erdnussbutter oder andere Nussbutter

OBST UND GEMÜSE
Obstkuchenfüllungen und verarbeitete Gemüsegerichte mit Saucen, die zum Beispiel mit Mehl zubereitet wurden

SUPPEN UND SAUCEN
Dosensuppen oder Päckchensuppen, Saucen aus dem Glas oder Päckchen

Gewürzmischungen, gekörnte Brühe, Suppenwürfel, Currypulver, Currypaste

Senfprodukte

Chutneys und Sauerkonserven

Dressings und Mayonnaise

GETRÄNKE
Trübe kohlensäurehaltige Getränke, Trinkschokolade, Malzmilch

MILCHPRODUKTE
Kaffee- und Teeweißer

Fruchtjoghurt und aromatisierter Joghurt, Frischkäsedesserts

Sojadesserts, Reismilch, Sojamilch

Einige streichfähige Weichkäsesorten

BACKZUTATEN
Kuchendekorationen, Marzipan, Fertig-Zuckerguss

Backpulver, Haushaltsnatron

Rindertalg, vegetarischer Talg

ETIKETTEN LESEN

Die Namen einiger von der Lebensmittelindustrie verwendeten Zusatzstoffe können die Tatsache verschleiern, dass sie aus glutenhaltigem Getreide hergestellt sind. Achten Sie auf Folgendes:

✘ **Zwieback** aus Weizen wird oft als Trägerstoff für Aroma- und Farbstoffe verwendet.

✘ **Getreidefüllstoffe** aus Brot oder Weizenmehl werden häufig Lebensmitteln wie Wurst zugesetzt.

✘ **Pflanzliche Proteine** sind Geschmacksverstärker, die oft aus Weizen gewonnen werden.

✘ **Stärke**, ob modifizierte Stärke, Speisestärke oder essbare Stärke, kann aus Weizen oder Roggen hergestellt sein. Oft wird sie als Dickungsmittel benutzt.

ZU MEIDENDE ZUTATEN: ... Getreidefüllstoffe...Stärke... Modifizierte Stärke...Speisestärke...Essbare Stärke...Pflanzliches Protein...Zwieback...Kleie...Malzextrakt...Malzaroma...

UNBEDENKLICHE ZUTATEN AUS WEIZEN: ...Glukose...Dextrose... Glukosepulver...Glukosesirup...Maltodextrin...Codex-Weizenstärke... Mononatriumglutamat (MSG)...

✘ **Malzextrakt oder -aroma** wird zum Backen und Brauen verwendet und aus Gerstenmalz hergestellt.

✔ Informationen zu **Codex-Weizenstärke** und **MSG** siehe Seite 20.

✔ **Dextrose und Glukose** sind Geschmacksverstärker und Konsistenzverbesserer. Sie können aus Weizen- oder Gerstenstärke hergestellt sein, sind aber ungefährlich, weil sie nur sehr wenig Protein enthalten.

✔ **Maltodextrin** ist ein Zusatzstoff für alkoholfreie Getränke und Süßigkeiten. Er kann aus Weizen hergestellt sein, enthält aber kaum Protein und ist daher unbedenklich.

NÜSSE UND PIKANTE SNACKS

Trocken geröstete Nüsse, Popcorn (nicht selbst gemacht), Kartoffel- und Gemüsechips, Salzbrezeln

Baked Beans und andere Bohnen in Sauce

KARTOFFELPRODUKTE

Tiefgefrorene Pommes frites und Kartoffelspalten, Instant-Kartoffelpüree, Kartoffelwaffeln, Fertig-Bratkartoffeln

FLEISCH UND FISCH

Jedes Fleisch oder Geflügel in einer Marinade oder Sauce, Burger, Pasten, Pasteten, Wurst

Fischpasten, Fischpasteten, Taramas und Fisch in Sauce

FLEISCHERSATZ

Marinierter Tofu, Sojahack, Falafel, Gemüseburger und Bohnenburger

KUCHEN UND KEKSE

Gekaufte Baisers, Makronen und Haferriegel sind häufig in Kontakt mit glutenhaltigen Kuchen gekommen.

SÜSSIGKEITEN UND DESSERTS

Schokolade, Eiscreme, Cremespeisen und alle Arten von Naschwerk, insbesondere Lakritze

WAS DARF ICH ESSEN? – FRAGEN UND ANTWORTEN

Sie sollten nun ein gutes Gespür dafür haben, auf welche Nahrungsmittel man komplett verzichten und welche man zuerst überprüfen muss, dennoch werden Sie zwangsläufig zahlreiche weitere Fragen zu Ihrer Ernährung haben. Hier versuchen wir die häufigsten zu beantworten.

KANN ICH SPEISEN ESSEN, DIE IN ÖL GEGART WURDEN, IN DEM SCHON SPEISEN IN GLUTENHALTIGEM TEIG ODER PANADE WAREN?

Nein. Das Öl kann mit Gluten aus dem Teigmantel von Fisch und anderen Speisen verunreinigt sein. Also Vorsicht in Fast-Food-Restaurants, auch Pommes frites können dort nicht ohne Weiteres verzehrt werden.

SIND ALS WEIZENFREI AUSGEWIESENE PRODUKTE FÜR EINE GLUTENFREIE ERNÄHRUNG GEEIGNET?

Nicht unbedingt. Weizen ist nicht das einzige glutenhaltige Getreide und Produkte können als Zutat Roggen oder Gerste oder mit Gluten verunreinigten Hafer enthalten.

WAS IST CODEX-WEIZENSTÄRKE?

Codex-Weizenstärke wird verarbeiteten Nahrungsmitteln zugesetzt, um Geschmack und Konsistenz zu verbessern. Aufgrund des Herstellungsverfahrens enthält sie aber weniger als 20 Millionstel Gluten. Diese winzige Menge ist für Zöliakiepatienten ungefährlich.

IST MONONATRIUMGLUTAMAT (MSG) GLUTENFREI?

MSG ist ein Geschmacksverstärker, der für Fertiggerichte, Brühwürfel und pikante Snacks verwendet wird. Er kann aus Weizen sein, aber bei seiner Herstellung wird das Glutenprotein vollständig zerstört. Daher ist er unbedenklich.

KANN ICH MALZESSIG VERWENDEN?

Obwohl Malzessig aus Gerste hergestellt wird, enthält das Endprodukt nur Spuren von Gluten, die für die meisten Menschen mit Zöliakie unbedenklich sind. Unbedenklich sind auch Balsamessig, Apfelessig, Sherryessig, Weißweinessig und Rotweinessig.

WAS IST MIT MEDIKAMENTEN UND NAHRUNGSERGÄNZUNGSMITTELN?

Die meisten Medikamente und Mittel sind glutenfrei. Obwohl einige Weizenstärke als Füllstoff enthalten können, ist diese aufgrund des Herstellungsprozesses ungefährlich. Beim Kauf von nicht verschreibungspflichtigen Mitteln sollten Sie sich jedoch von Ihrem Apotheker beraten lassen.

Glutenfreie Nahrungsmittel

Die Vorstellung, Gluten vom Speisezettel zu streichen, mag eine enorme Herausforderung scheinen, aber alle hier aufgeführten Nahrungsmittel sind von Natur aus glutenfrei.

FLEISCH, GEFLÜGEL UND FISCH »

- frisches Fleisch und Geflügel jeder Art
- gepökelter, gekochter und geräucherter Schinken (kein Formschinken)
- frischer, getrockneter und geräucherter Fisch, Dosenfisch in Lake, Öl oder Wasser, Meeresfrüchte

« OBST, GEMÜSE, NÜSSE UND SAMEN

- alle frischen, tiefgefrorenen und getrockneten Obst- und Gemüsearten und Dosenware
- Sauerkonserven
- alle gebackenen, gedämpften, gekochten oder pürierten Kartoffeln
- naturbelassene Nüsse, Samen und Hülsenfrüchte

MILCHPRODUKTE, EIER UND FETTE »

- Milch (flüssig und als Trockenmilch), Sahne (Schlagsahne, Sauerrahm, Crème fraîche), Buttermilch, einfacher Frischkäse, Naturjoghurt
- Butter, Speiseöle, Butterschmalz, Margarine, kalorienreduzierte Fette
- Käse, Eier

˄ REIS, QUINOA UND ANDERE GLUTENFREIE GETREIDESORTEN UND MEHLE

Alle Getreide, Mehle und Mehlmischungen mit der Aufschrift »glutenfrei« wie Amaranth, Buchweizen, Hafer (siehe Seite 17), Perlhirse, Kartoffelmehl, Kartoffelstärke, Kichererbsenmehl, Mais, Maisstärke, Maniok, Maronenmehl, Polenta (Maismehl), Quinoa, Reis, Reiskleie, Reismehl, Sago, Senfmehl, Sojamehl, Sorghumhirse, Tapiokamehl, Teff und Urdbohnenmehl – siehe auch Seite 32–37

LEBEWOHL ZU NUDELN, BROT, KUCHEN UND KEKSEN?

Da sich immer mehr Menschen glutenfrei ernähren, hat die Nahrungsmittelindustrie auf ihre Bedürfnisse mit einem wachsenden Angebot an glutenfreien Produkten reagiert, darunter Kuchen, Kekse, Nudeln, Fertigteige und Brot. Natürlich muss man keine Fertigprodukte verwenden. Man kann handelsübliche glutenfreie Mehlmischungen – oder eigene Mischungen (siehe Seite 38) benutzen, um selbst zu backen, Lieblingsrezepte zu modifizieren und neue auszuprobieren. Manche Fertigprodukte sind besser als andere, aber keines ist so gut wie Selbstgemachtes.

AUSGEWOGENE ERNÄHRUNG

Eine ausgewogene Ernährung ist für jeden wichtig und eine glutenfreie Diät kann sehr gesund sein, da sie viele frische und unverarbeitete Lebensmittel beinhaltet. Damit sie ausgewogen ist, sollte sie reichlich Obst und Gemüse, mäßige Mengen mageres Fleisch, ungesättigte Fettsäuren, Vollkorn, unraffinierte glutenfreie Kohlenhydrate, aber nur sehr wenig gesättigte Fettsäuren, Salz und Zucker enthalten.

NÄHRSTOFFMANGEL BEHEBEN

Zöliakie kann unbehandelt zu einem Mangel an Eisen, Calcium, Magnesium und Zink führen. Wenn Sie mit glutenfreier Ernährung beginnen, achten Sie darauf, dass sie reich an diesen Nährstoffen ist. Herkömmliche Frühstückscerealien und Brot werden oft mit ihnen angereichert, ebenso mit B-Vitaminen und Ballaststoffen, bei glutenfreien Varianten ist dies aber selten der Fall.

EISEN
Wird zur Bildung roter Blutkörperchen benötigt.
Gute Lieferanten sind mageres rotes Fleisch, Eier, Quinoa, Trockenfrüchte, Linsen und Kichererbsen, dunkelgrüne Gemüse.

CALCIUM
Notwendig für starke Knochen, besonders bei Kindern, Jugendlichen und jungen Erwachsenen.
Gute Lieferanten sind Joghurt, Milch, Käse, mit Gräten gegessener Dosenfisch (z.B. Sardinen), Mandeln, Sesam, Tofu.

MAGNESIUM
Hilfreich für Muskel- und Nervenfunktion, ein gesundes Immunsystem und starke Knochen.
Gute Lieferanten sind Nüsse, Samen, Hülsenfrüchte, brauner Reis, dunkelgrüne Gemüse.

ZINK
Wichtig für Wachstum und Entwicklung, Wundheilung und ein gesundes Immunsystem.
Gute Lieferanten sind mageres rotes Fleisch, Geflügel, Eier, Meeresfrüchte und Nüsse, insbesondere Paranüsse.

FOLSÄURE
Ist an der Bildung roter Blutkörperchen beteiligt. Kommt in Orangen, Grüngemüsen und Hülsenfrüchten vor.

EISEN
Findet sich in rotem Fleisch und Hülsenfrüchten. Aus vegetarischen Lebensmitteln wird es in Verbindung mit Vitamin-C-reichen Nahrungsmitteln leichter aufgenommen.

BALLASTSTOFFE
Unterstützen die Darmgesundheit und verhindern Verstopfung. Gute Lieferanten sind Hülsenfrüchte, Quinoa, Buchweizen, brauner Reis, Obst und Gemüse.

B-VITAMINE
Haben viele wichtige Funktionen. Sie finden sich zum Beispiel in Kartoffeln, Brokkoli und Bananen.

VITAMIN B_{12}
Vitamin B_{12} ist für ein gesundes Nervensystem wichtig. Es kommt in Fisch, magerem rotem Fleisch und Eiern vor.

CALCIUM
Findet sich in Milch, Joghurt, Käse und Dosensardinen. Wählen Sie möglichst kalorienarme und fettreduzierte Milchprodukte.

Den Speisezettel planen

Eine Wochenplanung erlaubt es Ihnen zu prüfen, ob alle Zutaten glutenfrei sind. Versuchen Sie vielfältig zu essen, um Ihren Nährstoffbedarf zu decken, entscheiden Sie sich für gesunde Speisen und einen gelegentlichen Leckerbissen und versuchen Sie Mahlzeiten stets frisch zuzubereiten. Hier ein Vorschlag für einen 7-Tage-Plan.

	FRÜHSTÜCK	MITTAGESSEN	ABENDESSEN
TAG 1	• 1 Glas Fruchtsaft • glutenfreier Porridge mit frischen oder getrockneten Früchten und Nüssen (Seite 53)	 • Masala dosa und grüner Salat (Seite 172) • Fruchtjoghurt	• Zitronen-Spargel-Nudeln (Seite 108) • Zitronensorbet mit frischen Beeren
TAG 2	• 1 Glas Fruchtsaft • Heidelbeer-Frühstücksmuffins (Seite 66)	• Glutenfreier Toast mit Hummus (Seite 140) • frischer Obstsalat	 • Hähnchenbrust-Crumble (Seite 136) • Reispudding
TAG 3	 • 1 Glas Fruchtsaft • Müsli mit Apfelchips (Seite 54)	• Quinoasalat mit Mango, Limette und Kokosnuss (Seite 100) • frisches Obst	• Asiatischer Knusperfisch (Seite 130) • glutenfreies Früchtecrumble (Seite 215)
TAG 4	• 1 Glas Fruchtsaft • glutenfreies Brot mit Konfitüre oder Honig (Seite 38)	• glutenfreie Minestrone (Seite 91) mit einem glutenfreien Brötchen • Fruchtjoghurt	 • Hähnchen-Kräuter-Pasteten (Seite 190) • frischer Obstsalat
TAG 5	• 1 Glas Fruchtsaft • glutenfreies Müsli mit Kokosnuss (Seite 52)	 • Rote-Rüben-Suppe (Seite 92) • Kümmelbrot (Seite 168) mit fettarmem Weichkäse	• süßsaure Hähnchenbrust (Seite 133) • glutenfreie Broteiscreme mit frischen Früchten (Seite 221)
TAG 6	 • 1 Glas Fruchtsaft • Früchteriegel (Seite 68)	• Blini mit Räucherforelle (Seite 78) • Joghurt mit Früchten	• Gegrillte Polenta mit Ofentomaten (Seite 154) • frisches Obst
TAG 7	• 1 Glas Fruchtsaft • Rühreier auf glutenfreiem Toast	• Soba-Nudel-Garnelen-Salat (Seite 102) • frisches Obst	 • Lachs im Teigmantel (Seite 126) • glutenfreie Brombeer-Apfel-Pie (Seite 206)

MUSS ICH VITAMIN-PRÄPARATE EINNEHMEN?

Eine Schädigung des Darms aufgrund unbehandelter Zöliakie führt häufig zu Nährstoffmangel. Nach der Erstdiagnose wird Ihr Diätspezialist vermutlich die Einnahme eines Vitamin- und Mineralstoffpräparats empfehlen. In schweren Fällen kann sogar die intravenöse Gabe von Vitaminen notwendig sein. Sprechen Sie auf jeden Fall mit Ihrem Diätspezialisten, ehe Sie Nahrungsergänzungsmittel einnehmen.

GLUTENFREIE ERNÄHRUNG FÜR KINDER

Eine glutenfreie Ernährung für ein Kind erfordert besondere Planung, um sicherzustellen, dass es alle erforderlichen Nährstoffe bekommt. Zudem müssen Sie mit Betreuungspersonen und Schulpersonal sprechen, damit das Kind auch außer Haus glutenfrei isst. Versuchen Sie ihm nach der Diagnose seine Krankheit verständlich zu erklären und beziehen Sie es in die Planung seiner Ernährung ein. Ermuntern Sie es, bei der Zubereitung der Speisen zu helfen. Ein Kind kann verunsichert werden, wenn es sich ausgegrenzt fühlt. Deshalb ist es wichtig, dass seine Ernährung zwar glutenfrei, aber möglichst normal ist. Ein Kind mit Zöliakie muss nicht auf Spaß verzichten. In diesem Buch werden Sie zahlreiche Rezepte finden, die sich perfekt für Partys eignen, ob es nun selbst Gastgeber ist oder mit glutenfreien Leckerbissen zu einer Party geht. Wir haben leicht abwandelbare, kindgerechte Rezepte für alle Tage besonders hervorgehoben, die der ganzen Familie schmecken werden. Und sobald ein Kind alt genug ist, sollte es die Verantwortung für seine Ernährung übernehmen.

GLUTEN IN BABYNAHRUNG EINFÜHREN

Glutenhaltige Getreide sollten erst in die Ernährung eines Babys eingeführt werden, wenn es sechs Monate alt ist, länger muss dies aber nicht hinausgeschoben werden. Nachdem das Baby entwöhnt ist, sollte es regelmäßig glutenhaltige Nahrung bekommen, denn nur dann kann eine mögliche Erkrankung diagnostiziert werden. Und wenn Ihr Kind tatsächlich an Zöliakie leidet, wird die Diagnose besser früher als später gestellt.

Glutenfreie Diät und Laktoseintoleranz

Laktoseintoleranz ist eine häufige Folge unbehandelter Zöliakie, denn das Enzym Laktase, das Laktose (Milchzucker) aufspaltet, wird in dem Bereich des Darms produziert, der durch Gluten geschädigt wurde. Ohne Laktase gelangt Laktose unverändert in den Dickdarm. Dort wird sie dann von Bakterien vergoren, wobei große Mengen Gase entstehen. Symptome für eine Laktoseintoleranz sind Aufgeblähtsein, Magenkrämpfe, Durchfall und Blähungen. Meist treten sie 30 Minuten bis 2 Stunden nach dem Genuss eines Milchprodukts auf. Laktoseintoleranz ist in Verbindung mit Zöliakie meist nicht von Dauer, da der Darm mit einer Umstellung auf glutenfreie Ernährung zu heilen beginnt. Aber es kann bis zu zwei Jahre dauern, bis die Laktaseproduktion wieder normal funktioniert. Laktoseintoleranz wird behandelt, indem man die Zufuhr laktosehaltiger Lebensmittel meidet oder begrenzt. Allerdings kann Laktose auch in Nahrungsmitteln wie in Chips und Keksen oder in Medikamenten versteckt sein. Studieren Sie daher Etiketten stets genau. Milchprodukte liefern viel Calcium, das dann aus laktosefreien Quellen zugeführt werden muss. Sprechen Sie mit Ihrem Arzt auch über Nahrungsergänzungsmittel.

LAKTOSEFREIE CALCIUM-LIEFERANTEN

NÜSSE UND SAMEN
Mandeln, Haselnüsse, Paranüsse und Walnüsse enthalten besonders viel Calcium, ebenso Sonnenblumenkerne und Sesam.

TROCKENFRÜCHTE
Trockenfrüchte enthalten meist mehr Calcium als frisches Obst. Besonders calciumreich sind Feigen, aber auch Aprikosen, Datteln und Backpflaumen sind empfehlenswert.

HARTKÄSE
Traditionell hergestellte Hartkäse wie Parmesan enthalten nur kleine Mengen Laktose und werden vielleicht besser vertragen.

DUNKELGRÜNE GEMÜSE
Grüngemüse wie Brokkoli, Kopfkohl und Mangold sind calciumreich. Verzichten Sie aber auf Spinat. Er enthält eine Substanz, die die Calciumaufnahme beeinträchtigt.

Glutenfreie Diät und Diabetes

Menschen mit Diabetes mellitus Typ 1 leiden häufiger an Zöliakie und Dermatitis herpetiformis, was möglicherweise an einer genetischen Veranlagung für diese Krankheiten liegt. Die Zöliakie in dieser Kombination erzeugt oft keine Symptome und wird häufig erst bei Screenings entdeckt. Nicht erklärbare Hypoglykämie (zu niedriger Blutzuckerspiegel) und eine schlechte Blutzuckereinstellung können vor allem bei kleinen Kindern mit Diabetes mellitus ein Symptom für unerkannte Zöliakie sein.

Sollten Sie unter beiden Krankheiten leiden, ist es für Sie noch wichtiger, regelmäßig einen Ernährungsberater aufzusuchen, der sich mit dieser doppelten Belastung auskennt, denn sie erfordert kontinuierliche Beobachtung. Nach der Erstdiagnose Zöliakie und der entsprechenden Diät muss bei einem Menschen mit Diabetes mellitus der Blutzuckerspiegel zunächst einmal genauer überwacht werden, denn wenn der Darm zu heilen beginnt, wird er mehr Kohlenhydrate aufnehmen, und dementsprechend muss oft die Insulindosis angepasst werden.

Die Regeln einer gesunden Ernährung bei Diabetes mellitus gelten auch für Menschen mit einer gleichzeitigen Glutenintoleranz, aber bei ihnen müssen unraffinierte Kohlenhydrate natürlich glutenfrei sein.

GESUNDE ERNÄHRUNG BEI DIABETES MELLITUS

« FÜNF AM TAG
Versuchen Sie täglich mindestens fünf Portionen Obst und Gemüse zu essen.

GESUNDE FETTE ESSEN »
Ersetzen Sie gesättigte Fettsäuren durch ungesättigte aus Nahrungsmitteln wie Nüssen, Samen, Avocados und Olivenöl.

SALZZUFUHR REDUZIEREN »
Verwenden Sie beim Kochen statt Salz aromatische Zutaten wie Chilischoten.

« WENIGER ZUCKER
Verzichten Sie auf Zucker oder verwenden Sie Alternativen mit niedrigerem Glykämischem Index wie Fruktose.

˄ MEHR GUTE KOHLENHYDRATE
Sie müssen glutenfrei sein und einen niedrigen Glykämischen Index haben, wie etwa brauner Reis.

GLUTENFREI UNTERWEGS

ESSEN IM RESTAURANT

Essen außer Haus mag problematisch erscheinen, wenn man mit einer glutenfreien Ernährung beginnt. Aber bei Beachtung einiger einfacher Regeln gibt es keinen Grund, weshalb man Restaurantbesuche nicht wie früher genießen sollte.

SECHS TIPPS ZUM ESSEN AUSSER HAUS

1 **Sich umhören** Sollten Sie einer Selbsthilfegruppe angehören, fragen Sie andere Mitglieder nach empfehlenswerten Restaurants mit glutenfreier Küche.

2 **Online schauen** Auf vielen Websites sind glutenfreie Restaurants aufgeführt. Oft findet man dort auch Speisenkarten, die man vorab durchsehen kann.

3 **Kontaktieren** Fragen Sie mindestens 24 Stunden vor Ihrem Besuch im Restaurant Ihrer Wahl nach, ob es auf glutenfreie Küche eingerichtet ist.

4 **Keine falsche Scheu** Machen Sie deutlich, dass Gluten für Sie tabu ist. Versuchen Sie beim Küchenchef Details über jedes einzelne Gericht zu erfahren.

5 **Nachfragen** Machen Sie klar, dass auch die kleinste Menge Gluten Ihnen schadet, und fragen Sie, ob in der Küche Kontaminationen ausgeschlossen sind.

6 **Mitbringen** Möchten Sie Ihr eigenes glutenfreies Brot mitbringen, sollten Sie dies vorher mitteilen und bei Ihrer Ankunft auch den Kellner informieren.

WAS IST MIT TAKE-AWAYS?

Hier muss man sicher sein, dass alle Speisen mit frischem Öl zubereitet werden. Fleischprodukte sind meist ungeeignet und tiefgefrorene Pommes frites oft mit Mehl überzogen. Gerichte von indischen Take-aways sind häufig unbedenklich, sofern sie aus frischen Zutaten und ganzen Gewürzen zubereitet wurden. Vorsicht vor Sojasauce beim Chinesen.

WIE ERNÄHRE ICH MICH IM AUSLAND GLUTENFREI?

Wenn Sie einer Zöliakie-Organisation angehören, sollten Sie dort länderspezifische Broschüren über glutenfreie Ernährung im Ausland erhalten und auch einen kleinen Sprachführer, der beim Essen im Restaurant hilfreich ist. Es empfiehlt sich jedoch, glutenfreie Snacks, Nudeln und Brot und auch Toasterbeutel mitzunehmen.

GLUTENFREIES LUNCHPAKET

Eine wachsende Zahl von Cafés und Imbissstuben beginnt, glutenfreie Speisen anzubieten, aber sie sind noch selten und möglicherweise teurer. Oft ist es am besten, eigene Snacks und Speisen mitzunehmen, und ein Lunchpaket für Ihr Kind gibt Ihnen die Sicherheit, dass es auch außer Haus gut und glutenfrei isst.

NÜSSE
Eine Handvoll Nüsse liefert gute Fette und Protein. Gerösteten Nüssen kann aber Mehl anhaften.

TROCKENFRÜCHTE
Trockenfrüchte, etwa Aprikosen, enthalten viele Ballaststoffe, aber auch viel Zucker. Daher sollte man hier Zurückhaltung üben.

FRISCHES OBST
Ein Apfel oder anderes frisches Obst ist absolut glutenfrei und perfekt als gesunder Snack geeignet.

FRÜHSTÜCKSRIEGEL
Müsliriegel aus Hafer und Reis eignen sich großartig als Frühstück für unterwegs oder Vormittagssnack (siehe Seite 67–68).

SANDWICH
Selbst gebackenes Brot macht das Essen von Sandwiches zum Genuss. Am besten bäckt man mehrere Brote und friert sie ein, um mehrere Wochen versorgt zu sein.

SELBST GEMACHTE SÜSSE SACHEN
Gönnen Sie sich zwei- bis dreimal pro Woche einen selbst gebackenen Keks oder ein Stück Kuchen. Eine gesunde fettarme Wahl ist Teekuchen.

SECHS SNACKTIPPS FÜR KINDER

1 **Glutenfrei ausrüsten** Geben Sie Ihrem Kind stets reichlich glutenfreie Snacks mit, falls es unterwegs kein geeignetes Essen bekommt.

2 **Vielfalt anbieten** Da Kinder immer gleicher Snacks leicht überdrüssig werden, sollten Sie versuchen, ihnen jeden Tag etwas anderes mitzugeben.

3 **Natürlich bleiben** Sollte Ihr Kind sich ausgegrenzt fühlen, geben Sie ihm von Natur aus glutenfreie Snacks wie Käse, Sesamriegel, Popcorn und Smoothies.

4 **Selbermachen** Kinder backen gern Kuchen und Kekse und essen mit Begeisterung Snacks, die sie selbst gemacht haben.

5 **Feste verschönern** Wenn Ihr Kind auf eine Party geht, geben Sie dort heimlich glutenfreie Leckereien ab, damit es auch ein Geschenk bekommen kann.

6 **Selbstständigkeit fördern** Sorgen Sie dafür, dass ältere Kinder wissen, worauf sie bei den Zutaten achten müssen, um selbst Snacks wählen zu können.

EINRICHTEN EINER GLUTENFREIEN KÜCHE

Zu den wichtigsten Dingen, die Sie nach der Diagnose Zöliakie lernen müssen, gehört, dass selbst winzige Spuren Gluten Probleme verursachen können. Wenn Sie sowohl glutenfreie als auch normale Mahlzeiten zubereiten, brauchen Sie daher eine Mehrzweckküche und müssen sich einige einfache Regeln beim Putzen und bei der Speisenzubereitung zu eigen machen, um Verunreinigungen zu vermeiden.

KÜCHENTIPPS

- Wenn Sie Ihre Küche mit anderen teilen, erklären Sie jedem Mitbenutzer die Regeln.
- Machen Sie beim Zubereiten von Mahlzeiten zuerst die glutenfreie Version, um eine mögliche Kreuzkontamination zu verhindern.
- Wischen Sie vor Arbeitsbeginn alle Oberflächen ab.
- Zudem sollten Töpfe und andere Utensilien vor Gebrauch mit Spülmittel und heißem Wasser gewaschen werden. Oder schaffen Sie einen zweiten Satz Küchenutensilien an, den Sie getrennt aufbewahren.
- Gluten bleibt beim Braten im Öl. Daher stets zuerst die glutenfreien Speisen braten.
- Um Verunreinigungen zu vermeiden, Ofengitter, Bleche und Grillpfannen vor Gebrauch mit sauberer Alufolie abdecken.

« **GRÜNDLICH PUTZEN**
Um eine Küche glutenfrei zu machen, räumen Sie zunächst alle Schränke aus und machen alle Arbeitsflächen leer. Dann putzen Sie die Küche gründlich von oben bis unten, um glutenhaltiges Mehl und Brotkrümel zu beseitigen. Wiederholen Sie dies in regelmäßigen Abständen.

GETRENNTE BRETTCHEN
Benutzen Sie für glutenfreies Brot und andere Backwaren eigene Schneidebretter. Kunststoff ist leichter zu reinigen als Holz, in dessen winzigen Poren Krümel zurückbleiben.

˄ AUFBEWAHREN

Bewahren Sie glutenhaltige und glutenfreie Lebensmittel wie Mehl und Nudeln in getrennten, luftdicht verschlossenen Behältern auf, möglichst in verschiedenen Schränken. Achten Sie darauf, dass alles sauber beschriftet ist, und kleben Sie Zubereitungsanleitungen nötigenfalls mit Klebstreifen auf die Behälter. Halten Sie immer zusätzliche Kunststoffbehälter für frische Lebensmittel wie Kekse, Kuchen und Speisereste auf Vorrat. Gekühlte oder tiefgefrorene Lebensmittel, die durch Verunreinigungen gefährdet sind, sollten in getrennten Behältern und beschrifteten Folienbeuteln aufbewahrt werden.

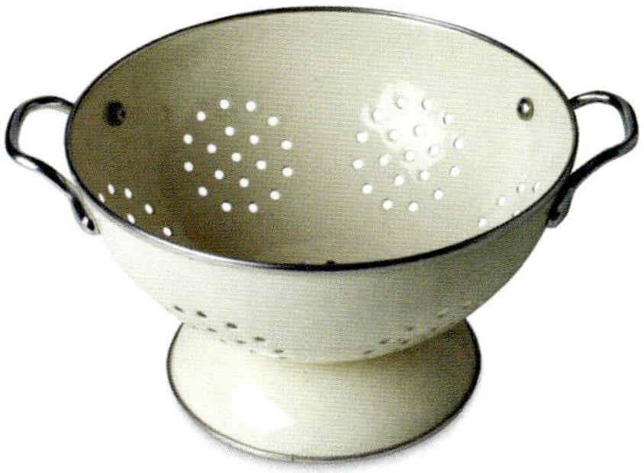

« FARBCODE

Bei Utensilien wie Durchschlägen, Servierzangen und Schaumlöffeln kann es schwierig sein, Gluten vollständig abzuwaschen. Deshalb empfiehlt sich ein Satz ausschließlich für die glutenfreie Küche. Kaufen Sie ihn in einer bestimmten Farbe, damit er unverwechselbar ist.

˄ TOAST EINTÜTEN

Im Idealfall hat man getrennte Toaster für glutenfreies und normales Brot, bei Platzmangel kann man aber auch durch Toastbeutel Verunreinigungen verhindern.

KEIN ZWEITES MAL! »

Benutzen Sie stets saubere Messer und Löffel, wenn Sie zum Beispiel Butter oder Marmelade auf Toast streichen. Gehen Sie nur einmal mit einem Besteck in ein Glas, um es nicht mit Krümeln zu verunreinigen.

BROTMASCHINEN

Wenn man eigenes glutenfreies Brot backen möchte, ist eine Brotmaschine eine bequeme Möglichkeit, um eine regelmäßige Versorgung sicherzustellen. Wählen Sie eine Maschine mit einer speziellen Einstellung für glutenfreie Brote und Kuchen und backen Sie kein anderes Brot darin.

GLUTENFREIE GETREIDE

In einem guten Bioladen oder großen Supermarkt werden Sie eine breite Palette glutenfreier Getreide finden, die nahrhaft, lecker und vielseitig sind. Die zahlreichen Sorten können die Umstellung auf glutenfreie Ernährung zu einer Entdeckungsreise in eine neue Welt der Aromen und Konsistenzen machen.

« AMARANTH
Amaranthus spp.

Amaranth ist kein echtes Getreide, enthält aber viel Protein, reichlich Calcium, Eisen und Magnesium und zudem mehr Ballaststoffe als andere glutenfreie Getreide. Amaranth hat einen leicht pfeffrigen, nussigen Geschmack und eine klebrige Konsistenz. Man kann ihn garen, zu Mehl vermahlen, für Popcorn verwenden, keimen oder rösten. Er kann pfannengerührten Gerichten, Suppen und Eintöpfen hinzugefügt werden, um sie anzudicken.

QUINOA »
Chenopodium quinoa

Quinoa war den Inka heilig und in Südamerika wird sie seit 3000 v. Chr. angebaut. Sie ist extrem proteinreich und enthält Phosphor, Calcium, Eisen, Vitamin E, B-Vitamine und Ballaststoffe. Sie hat einen herrlich nussigen Geschmack und eine angenehme Konsistenz und kann gekocht anstelle von Reis für Salate, Pilaws und Füllungen, als Beilage zu Eintöpfen oder in Frühstückscerealien verwendet werden. Sie wird auch zu Mehl verarbeitet.

« HAFER
Avena sativa

Hafer enthält mehr Protein und Fett als andere Cerealien, zudem B-Vitamine und die Mineralstoffe Calcium, Magnesium, Eisen und Zink. Hafer ist reich an Beta-Glucan, einem löslichen Ballaststoff, der dazu beiträgt, den Cholesterinspiegel zu senken. Ganzer Hafer und Hafergrütze benötigen 1¼ Stunden zum Garen und behalten ihre Form, werden aber cremig. Sie schmecken köstlich zu Fleisch oder Gemüseeintöpfen und können vorgegart in Brotteig gegeben werden.

« BUCHWEIZEN
Fagopyrum esculentum

Trotz seines Namens ist Buchweizen kein Verwandter des Weizens und enthält kein Gluten. Tatsächlich handelt es sich um die Samen einer Pflanze, die mit dem Rhabarber verwandt ist. Für Buchweizengrütze werden die Körner geschält und anschließend zerstoßen. Da unverarbeitete Grütze leicht bitter ist, sollte man sie vor dem Garen einige Minuten in Öl rösten. Dadurch wird die Bitterkeit beseitigt und ein angenehmer nussiger Geschmack entsteht. Buchweizengrütze kann als Ersatz für Couscous verwendet werden.

SAGO »
Metroxylon sagu

Sago wird aus dem Mark tropischer Palmen gewonnen, die in Papua-Neuguinea und Südostasien wachsen. Es handelt sich praktisch um reine Kohlenhydrate, fast ohne Proteine, Vitamine, Mineralstoffe oder Ballaststoffe. Die kleinen Kugeln des Perlsago ähneln Tapioka und können für Desserts verwendet werden. Zudem wird Sago zu Mehl verarbeitet, das für Pfannkuchen, Backwaren und Nudeln wie auch zum Eindicken von Eintöpfen und Saucen benutzt werden kann.

« KASCHA
Fagopyrum esculentum

Kascha ist der russische Name für einen Brei aus gerösteter Buchweizengrütze und sollte nicht mit Kamut verwechselt werden. Durch das Rösten verliert der Buchweizen seine natürliche Bitterkeit und erhält einen süßeren und nussigeren Geschmack. Im Handel ist grob, mittel und fein zerstoßenes Kascha erhältlich.

« PERLHIRSE
Pennisetum glaucum

Perlhirse ist ein kleines, rundes gelbes Getreide, das Proteine, Vitamine, Mineralstoffe und Ballaststoffe enthält. In vielen Teilen Afrikas und Asiens, wo sie als Brei oder für Brot verwendet wird, ist sie ein Grundnahrungsmittel. Sie schmeckt recht mild und kann für Frühstückscerealien und Gerichte wie Pilaw benutzt werden. Zudem wird sie zu Mehl vermahlen.

« REIS
Oryza sativa

Es gibt viele verschiedene Reissorten wie Basmatireis, Klebreis, braunen Reis und Risottoreis, die alle kein Gluten enthalten. Man kann Reis als Beilage verwenden, aber auch für süße und pikante Gerichte wie Pilaw, Risotto und Reispudding. Zudem werden aus ihm Reismehl, Nudeln, Pfannkuchen, Reisteigplatten und Reiswaffeln gemacht. Brauner Reis ist ungeschälter Reis und enthält mehr Vitamine, Mineralstoffe und Ballaststoffe als weißer Reis, bei dem Keimling und Silberhäutchen entfernt wurden.

« WILDREIS
Zizania spp.

Bei Wildreis handelt es sich nicht um Reis, sondern um die Samen eines Süßwassergrases. Sie enthalten doppelt so viel Protein wie Reis und größere Mengen B-Vitamine, Zink, Eisen und Ballaststoffe. Die langen schwarzen Samen haben einen nussigen, leicht holzigen Geschmack und Biss. Man kann sie gegart wie Reis servieren, ihre Garzeit ist jedoch 10 Minuten länger. Oder mischen Sie Wildreis mit Basmatireis.

GLUTENFREIE MEHLE

Es gibt nicht nur Weizenmehl. Rund um die Welt stellen Menschen, oft schon seit Tausenden Jahren, Mehle aus einer Reihe von anderen Getreiden, Samen, Nüssen, Bohnen und Gemüsen her. Lernen Sie mit ihnen zu kochen, machen Sie sich mit ihren besonderen Eigenschaften vertraut und stellen Sie aus ihnen Backmischungen her.

« MAISMEHL

Maimehl wird aus Zuckermaiskörnern hergestellt, die getrocknet, in Kalkwasser eingeweicht und zu grobem Mehl vermahlen werden. In Steinmühlen gemahlenes Mehl enthält noch Teile von Kleie und Keimling und hat daher meist mehr Geschmack und Nährstoffe. Maismehl eignet sich gut für die Panade frittierter Speisen und die Herstellung von Tortillas (dafür sollte man das mexikanische Mehl *Masa harina* ausprobieren), Pfannkuchen, Muffins und Maisbrot. Popcorn wird aus einer besonders harten Maissorte hergestellt und ist ein guter glutenfreier Snack.

MAISSTÄRKE »

Maisstärke darf nicht mit Maismehl verwechselt werden. Es handelt sich um reine Stärke aus Maiskörnern, die fast geschmacksneutral ist und sich gut mit Flüssigkeiten verrühren lässt. Meist wird sie zum Andicken von Saucen verwendet, man kann sie beim Backen aber auch mit Mehlen mischen.

˄ MAISMEHL (GROB)

Grob gemahlenes Maismehl oder Polenta kann als pikante Beilage gegart werden. Man kann sie als Brei zubereiten oder fest werden lassen und in Stücke geschnitten braten oder grillen. Zudem kann Maismehl beim Backen mit anderen Mehlen verwendet werden, Instant-Polenta hat jedoch eine recht grobkörnige Konsistenz, die für Kuchen weniger geeignet ist.

« BUCHWEIZENMEHL

Buchweizenmehl enthält mehr Protein als andere glutenfreie Mehle. Es hat einen kräftigen süßlichen Geschmack und ist gesprenkelt. Japanische Soba-Nudeln werden traditionell aus Buchweizenmehl hergestellt. Zudem eignet sich das Mehl gut für die Zubereitung von anderen Nudeln, Pfannkuchen und Blini.

TEFFMEHL »

Teffmehl enthält viele Proteine und Ballaststoffe und hat einen süßen, nussigen Geschmack. Es wird aus den Samen eines in Äthiopien heimischen Grases hergestellt. Das Mehl kann zusammen mit anderen glutenfreien Mehlen zum Backen verwendet werden. Ganze Samen können als Brei zubereitet, in Suppen oder Eintöpfe gegeben oder anstelle von Reis, Hirse oder Bulgur als Beilage serviert werden. Teff liefert Eisen, Calcium, Magnesium and Zink.

˄ HAFERMEHL

Hafermehl wird aus geschälten ganzen Haferkörnern hergestellt, wobei es unterschiedliche Mahlgrade gibt: Grobes Hafermehl kann für Füllungen, zum Andicken von Suppen und Eintöpfen und zum Bestreuen von Gratins verwendet werden. Mittelfeines Hafermehl eignet sich am besten zum Backen und verleiht frittiertem Fisch einen gleichmäßigen Überzug. Feines Hafermehl nimmt man für Pfannkuchen, Teige und Saucen. Das Mehl sollte als glutenfrei gekennzeichnet sein, da es bei der Herstellung mit Gluten verunreinigt werden kann.

« TAPIOKAMEHL

Tapiokamehl ist fast reine Stärke, ist fast geschmacklos und enthält wenig Protein und andere Nährstoffe. Man kann es zur Zubereitung von Pudding und zum Andicken von Suppen oder Saucen verwenden oder mit anderen glutenfreien Mehlen vermischt zum Backen einsetzen. In Panaden oder Ausbackteigen für frittierte Speisen verwendet, lässt Tapioka eine knusprige Kruste entstehen.

˅ MARONENMEHL

Dieses Mehl wird durch Vermahlen ganzer Maronen hergestellt. Es ist reich an Ballaststoffen, gesunden Fettsäuren und Proteinen. Kuchen und Keksen verleiht es zusätzliche Konsistenz, Feuchtigkeit und einen leicht süßlichen Geschmack. Es eignet sich gut für Pfannkuchen.

˄ MANDELMEHL

Mandelmehl besteht aus abgezogenen gemahlenen Mandeln. Es ist reich an Ballaststoffen, gesunden Fettsäuren und Protein und enthält Calcium. Man verwendet es zum Backen, um Teigen zusätzlich Geschmack, Feuchtigkeit und Konsistenz zu verleihen und um den Nährwert zu verbessern.

« SOJAMEHL

Sojamehl wird aus Sojabohnen hergestellt. Es gibt entfettete, fettarme und vollfette Sorten. Sojamehl ist ein ausgezeichneter Lieferant von Protein und B-Vitaminen. Da es stark nach Bohnen schmeckt, verwendet man es am besten zusammen mit anderen Mehlen.

WEISSES REISMEHL

Weißes Reismehl hat einen milden Geschmack und kann auf die gleiche Weise wie Maisstärke als Saucenbinder verwendet werden. Man rührt es einfach mit kaltem Wasser an, fügt es der Sauce hinzu und lässt es kochen, bis sie dick wird. Zudem wird es vor allem in der asiatischen Küche für Klöße, Pfannkuchen, Kuchen und Süßigkeiten verwendet. »Gemahlener Reis« wird ebenfalls aus weißem Reis hergestellt und hat eine etwas gröbere Konsistenz, durch die das Gebäck knusprig wird.

KARTOFFELMEHL »

Kartoffelmehl oder Kartoffelstärke hilft Feuchtigkeit zu halten und verleiht Backwaren eine feine, leichte Konsistenz. Zudem eignet es sich ausgezeichnet zum Eindicken. Wie Maisstärke und Tapioka enthält Kartoffelmehl viele raffinierte Kohlenhydrate, aber nur wenige Ballast- und Nährstoffe.

SORGHUMHIRSEMEHL

Mehl aus den Körnern der Sorghumhirse ist proteinreich, hat eine glatte Konsistenz und einen milden Geschmack. Am besten mischt man kleine Mengen unter anderes glutenfreies Mehl, um den Proteingehalt zu erhöhen.

BRAUNES REISMEHL

Braunes Reismehl kann wie weißes Reismehl verwendet werden, ist aber gröber und hat eine kräftigere nussige Note. Dadurch verleiht es Mehlmischungen die Konsistenz und den Geschmack von »Vollkorn«.

KICHERERBSENMEHL

Kichererbsenmehl ist reich an Protein und Ballaststoffen und hat einen typischen Bohnengeschmack. Es wird häufig in der indischen Küche für Bhajis und Pakoras wie auch für Papadams und Brot verwendet. Kichererbsenmehl ist auch zum Binden von Suppen und Saucen nützlich, sollte zum Backen aber mit anderen Mehlen gemischt werden.

URDBOHNENMEHL

Dieses Mehl ist ein proteinreiches Grundnahrungsmittel der südindischen Küche, wo man es für Dosas, Uttapams, Idlis und Papadams verwendet. Gemischt mit anderen Mehlen kann es auch für Fladenbrote benutzt werden und man fügt es als Bindemittel Suppen und Pürees hinzu, um sie mit Protein anzureichern.

Andere nützliche Zutaten

Die Umstellung auf glutenfreie Ernährung ist für viele Menschen eine wunderbare Gelegenheit, zum ersten Mal selbst zu backen. Abgesehen von Triebmitteln benötigt der glutenfreie Bäcker weitere Zutaten, um elastische Teige herzustellen.

GLUTENFREIES BACKPULVER

Wird zum Kuchenbacken verwendet. Durch den Kontakt mit flüssigen Zutaten kommt es zu einer chemischen Reaktion, wodurch Kohlendioxid entsteht, das den Teig aufgehen lässt.

GLUTENFREIES NATRON

Natron hat ähnliche Eigenschaften wie Backpulver, erfordert aber die Zugabe natürlicher Säuren, wie sie etwa in Buttermilch oder Joghurt vorkommen, um die gleiche chemische Reaktion zu bewirken.

HEFE

Hefe besteht aus lebenden Mikroorganismen, die in einem Teig Kohlendioxid erzeugen, durch das er geht. Sie ist frisch und als Trockenhefe erhältlich. Trockenhefe ist für den Anfänger vermutlich leichter zu handhaben.

XANTHAN

Xanthan hilft, dass glutenfreie Teige Bindung bekommen, und es verleiht ihnen eine gewisse Elastizität. Dadurch krümelt Brot weniger und Teig lässt sich leichter handhaben. Man bekommt es online, in Bioläden oder Drogerien. Guarkernmehl hat ähnliche Eigenschaften, ist aber schwerer zu bekommen.

PFEILWURZELMEHL

Das weiße Stärkemehl aus der tropischen Pfeilwurz ist ein Bindemittel und verleiht Backwaren eine gute Konsistenz. Zudem ist es nützlich als Bindemittel für klare Suppen und Saucen.

BROT BACKEN

Selbst gemachtes glutenfreies Weißbrot schmeckt viel besser als gekauftes Brot. Entscheidend sind die richtige Mehlmischung und die Zugabe von Xanthan, das den Teig gehen lässt. Sie können die hier aufgeführten Mehlmischungen verwenden, aber auch mit eigenen Mischungen experimentieren oder fertige Mischungen kaufen. Bewahren Sie eigene Mischungen in einem luftdicht verschlossenen Behälter auf.

ERGIBT	1 LAIB
ZUB.	20 MIN. PLUS GEHZEIT
BACKZEIT	45 MIN.
EINFRIEREN	3 MON.

Öl zum Einfetten
450 g glutenfreies Weißbrotmehl (siehe unten), sowie Mehl zum Bestäuben
2 TL Trockenhefe
1 TL Salz
1 EL Zucker
1 Ei
2 EL Pflanzenöl
1 TL Essig
1 Ei, verquirlt, zum Bestreichen

MEHLMISCHUNGEN
Ergibt 700 g
Weißbrotmehl
450 g weißes Reismehl
115 g Kartoffelmehl
60 g Tapiokamehl
60 g Maisstärke
4 TL Xanthan

Dunkles Brotmehl
450 g braunes Reismehl
115 g Kartoffelmehl
60 g Tapiokamehl
60 g Maisstärke
4 TL Xanthan

WEISSBROT

Dieses feuchte elastische Brot eignet sich großartig für Sandwiches und Toast. In einem Folienbeutel aufbewahrt, hält es sich zwei bis drei Tage. Reste können zu Semmelbröseln verarbeitet und im Gefriergerät aufbewahrt werden, um sie für Füllungen, Panade und andere Dinge zu verwenden. Falls gewünscht, können Sie die Zutatenmengen verdoppeln, zwei Laibe backen und dann einen Laib einfrieren.

1 Eine 500 g fassende Kastenform dünn einölen. Mehl, Hefe und Salz in eine große Schüssel sieben. Den Zucker untermischen. 300 ml lauwarmes Wasser in einen Krug geben. Ei, Öl und Essig hinzufügen und alles mit einer Gabel verrühren.

2 In der Mitte der Mehlmischung eine Mulde machen und die flüssigen Zutaten hineingeben. Das Mehl mit einem Holzlöffel in die Flüssigkeit ziehen, gut untermischen und dann die Mischung mit den Händen zu einem Teig formen.

3 Den Teig auf die dünn bemehlte Arbeitsfläche legen und etwa 5 Minuten kneten, bis er glatt ist. Dabei die Kugel mit einer Hand festhalten und mit der anderen Hand dehnen. Wieder zusammennehmen, umdrehen und auf die gleiche Weise weiterkneten.

4 Den Teig zu einem Rechteck etwa in Größe der Backform zusammendrücken und hineinsetzen. Drei- oder viermal mit einem scharfen Messer einschneiden. Locker mit eingeölter Frischhaltefolie abgedeckt 1 Stunde an einem warmen Platz gehen lassen. Er wird sein Volumen dann verdoppelt haben.

5 Den Backofen auf 220 °C vorheizen. Die Oberseite des Brots mit Ei bestreichen – dadurch verleiht man dem Brot Farbe, da glutenfreies Brot nach dem Backen meist blasser ist als normales Brot – und anschließend mit etwas Mehl bestäuben.

6 Das Brot 35 Minuten backen, bis es aufgegangen und goldbraun ist. Aus der Backform nehmen, auf ein Backblech setzen und weitere 10 Minuten backen, damit es knusprig wird. Herausnehmen und auf einem Kuchengitter auskühlen lassen.

RÜHRKUCHEN BACKEN

Wunderbare, im Handel erhältliche glutenfreie Mehlmischungen machen heute das Backen von glutenfreien Kuchen erheblich leichter. Beim traditionellen Backen ist es jedoch wichtig, die Teigmasse sorgfältig zu schlagen, um Luft einzuarbeiten. Bei der Herstellung eigener Mehlmischungen fügt man pro 700 Gramm Mehl 3–4 Teelöffel Xanthan und 11 Teelöffel Backpulver hinzu.

PORTIONEN	8
ZUB.	15 MIN.
BACKZEIT	25–30 MIN.
EINFRIEREN	3 MON. NUR DIE BÖDEN

175 g weiche Butter, sowie Butter zum Einfetten
175 g Zucker
3 Eier
175 g glutenfreies Mehl
1 gehäufter TL Backpulver
3 EL Milch
1 TL Vanilleextrakt, ersatzweise 1 Päckchen Vanillezucker
5 EL Erdbeerkonfitüre
Puderzucker zum Bestäuben

VARIANTEN

Orange

Anstelle von Vanillezucker und Milch mit dem Mehl abgeriebene Schale und Saft von 1 Bio-Orange hinzufügen. Als Füllung gute Orangenmarmelade verwenden.

Schokolade

60 g Mehl durch Kakaopulver ersetzen. Den Kuchen wie beschrieben backen und abkühlen lassen. Als Füllung glutenfreie Schokocreme oder Schlagsahne verwenden.

KÖNIGIN-VICTORIA-KUCHEN

Dieser Rührkuchen hat eine leichte fluffige Konsistenz und kann (wenn er nicht gleich aufgegessen wird) drei bis vier Tage in einem luftdicht verschlossenen Behälter aufbewahrt werden. Die Erdbeerkonfitüre kann man durch eine beliebige Konfitüre aus dem Vorratsschrank ersetzen. Oder man verwendet geschlagene Sahne und frische Früchte. Dann ist der Kuchen aber nicht lagerfähig.

1 Den Backofen auf 180 °C vorheizen. Zwei 20 cm große runde Backformen dünn einfetten und die Böden mit Backpapier belegen. Butter und Zucker mit dem elektrischen Handrührgerät schaumig schlagen.

2 Die Eier nacheinander sorgfältig unterrühren, bis die Masse locker und leicht ist. Mit dem letzten Ei nötigenfalls 1–2 Esslöffel Mehl untermischen, damit die Masse nicht ausflockt.

3 Restliches Mehl mit dem Backpulver mischen und mit Milch und Vanilleextrakt in die Schüssel geben. Mit dem elektrischen Handrührgerät 1 Minute weiterschlagen, bis eine glatte Masse entstanden ist.

4 Die Masse gleichmäßig auf die beiden vorbereiteten Backformen verteilen. Mit einem Löffel oder Spatel von der Mitte aus bis zu den Rändern verteilen und anschließend glatt streichen.

5 Die Kuchen 25–30 Minuten backen. Sie sind fertig, wenn sie goldbraun sind und bei leichtem Druck auf die Mitte zurückfedern. Oder wenn an einem Holzspieß, der in die Mitte gesteckt wird, beim Herausziehen kein Teig mehr haftet. 5 Minuten in den Formen abkühlen lassen.

6 Die Kuchen vorsichtig aus den Formen nehmen und nach dem Abziehen des Backpapiers auf einem Kuchengitter auskühlen lassen. Einen Kuchen auf einen Serviertelle heben und mit Konfitüre bestreichen. Den zweiten Kuchen daraufsetzen und mit Puderzucker bestäuben.

NUDELN HERSTELLEN

Die Herstellung von Nudeln ist zeitaufwändig, aber lohnend, und das Ergebnis ungleich besser als die im Handel erhältlichen glutenfreien Nudeln. Sollten Sie Nudelfan sein, schaffen Sie sich am besten eine Nudelmaschine an. Nehmen Sie sich Zeit, um große Mengen zuzubereiten, die Sie portionsweise einfrieren. Frische Nudeln sind dazu gut geeignet und werden anschließend noch gefroren ins Garwasser gegeben.

FRISCHE EIERNUDELN

ERGIBT 350 G
ZUB. 40 MIN.
BACKZEIT 3–4 MIN.

85 g Tapiokamehl
85 g Maisstärke
3 EL Kartoffelmehl
3 TL Xanthan
½ TL Salz
3 Eier
2 EL Olivenöl
glutenfreies Mehl zum Bestäuben

Hier werden Tagliatelle hergestellt. Weitere Aufsätze für die Nudelmaschine ergeben Spaghetti und Fettuccine, man kann aus dem ausgerollten Teig aber jede beliebige Nudelform schneiden. Wird Teig nicht sofort verwendet, kann man ihn auf einem mit Maismehl bestäubten Tablett mit Frischhaltefolie abgedeckt vier Stunden aufbewahren.

1 Die ersten fünf Zutaten in eine große Schüssel sieben. In einer zweiten Schüssel Eier und Öl verquirlen. Eine Mulde in das Mehl drücken und die Eimischung hineingeben.

2 Mit einer Palette das Mehl in die Flüssigkeit ziehen und alles gut vermischen. Zum Schluss die Masse mit den Händen zusammendrücken und zu einer Teigkugel formen.

3 Den Teig auf die dünn bemehlte Arbeitsfläche setzen und behutsam kneten, bis er glatt ist. In Frischhaltefolie eingewickelt 10 Minuten ruhen lassen. Den Teig auspacken und in vier Stücke gleicher Größe teilen.

4 Eines der Stücke mit dem Nudelholz zu einem etwa 12 cm breiten und 5 mm dicken Streifen ausrollen. Beiseitelegen und mit einem sauberen feuchten Küchenhandtuch abdecken. Mit dem übrigen Teig ebenso verfahren.

5 Die Streifen gut mit Mehl bestäuben und nacheinander je viermal durch die Nudelmaschine drehen. Den Abstandhalter zwischendurch verstellen, damit der Teig wirklich dünn wird. Die Platten mit Mehl bestäuben und beiseitelegen.

6 Den Tagliatelle-Aufsatz befestigen und die bemehlten Streifen durch die Maschine drehen. In einem großen Topf Wasser zum Wallen bringen. Die Nudeln hineingeben und 3–4 Minuten garen. Sie sollten noch Biss haben.

TEIG HERSTELLEN

Glutenfreier Teig ist etwas schwieriger zu handhaben als herkömmlicher Teig, aber mit etwas Übung werden Sie die Kunst seiner Herstellung bald beherrschen und das Ergebnis ist die Mühe wert. Ei und Xanthan geben dem Teig Bindung, erleichtern das Ausrollen und verleihen dem gebackenen Teig eine Knusprigkeit, durch die er von Teig aus Weizenmehl fast nicht zu unterscheiden ist.

ERGIBT 400 G AUSREICHEND FÜR EINE MITTELGROSSE TARTEFORM
ZUB. 20 MIN.
BACKZEIT 20 MIN. PLUS KÜHLZEIT

225 g glutenfreies Mehl, sowie Mehl zum Bestäuben
1 TL Xanthan
1 Prise Salz
100 g kalte Butter, gewürfelt
1 Ei, verquirlt

VARIANTE
Süßer Mürbeteig
Mit dem Mehl 2 Esslöffel Puderzucker hinzufügen. Nach dem Blindbacken den Boden mit 1 verquirlten Ei bestreichen und noch einmal 5 Minuten backen, damit er knusprig wird.

MÜRBETEIG

Der hier verwendete Teig wird zum Blindbacken von Böden für Tartes und Quiches verwendet, eignet sich aber auch perfekt für Pies. Sollten einige Risse und Löcher entstehen, wenn der Teig in die Form gehoben wird, flickt man diese einfach entweder mit Teigresten oder klebt sie mit etwas Wasser gewissermaßen wieder zusammen.

1 Den Backofen auf 200 °C vorheizen. Mehl, Xanthan und Salz in eine Schüssel sieben und vermischen. Die Butter hinzufügen und mit den Fingerspitzen einarbeiten, bis Krümel entstehen. Oder den Teig in einer Küchenmaschine zubereiten.

2 Das Ei dazugeben und mit einer Palette oder einem runden Messer untermischen. Nach und nach 1–2 Esslöffel kaltes Wasser hinzufügen. Immer nur einige Tropfen dazugeben und untermischen, gerade so viel, bis ein Teig entsteht.

3 Den Teig auf die bemehlte Arbeitsfläche setzen und behutsam kurz kneten, bis er glatt ist. In Frischhaltefolie einwickeln und 10 Minuten kalt stellen. Den Teig auf der dünn bemehlten Arbeitsfläche ausrollen, bis er etwa 5 mm dick und ausreichend groß für die Kuchenform ist.

4 Den Teig behutsam um das Nudelholz legen, auf die Form heben und entrollen. Behutsam an den Boden und die Wände der Form, bei einer geriffelten Form in die Rillen drücken. Die Ränder begradigen, Löcher gegebenenfalls wieder schließen. Den Boden mit einer Gabel einstechen.

5 Den Boden mit Backpapier belegen und mit Backlinsen beschweren (es können aber auch getrocknete Hülsenfrüchte wie Erbsen und Bohnen verwendet werden). Die Form auf ein Backblech stellen und den Boden im vorgeheizten Ofen 15 Minuten backen.

6 Die Form aus dem Backofen nehmen und vorsichtig Backpapier und Backlinsen entfernen. Den Boden noch einmal für 5 Minuten in den Ofen schieben, damit er knusprig wird. Eine Füllung der Wahl daraufgeben und den Kuchen nach den Anweisungen im Rezept fertig backen.

ERGIBT 400 G
ZUB. 30 MIN.
PLUS KÜHLZEIT

BLITZ-BLÄTTERTEIG

175 g glutenfreies Mehl, sowie Mehl zum Bestäuben
1 TL Xanthan
1 große Prise Salz
115 g Butter, in Alufolie gewickelt für 1 Stunde in das Gefrierfach gelegt, oder bis sie hart ist

1 Mehl, Xanthan und Salz in eine große Schüssel sieben. Die Butter halb auspacken, an der Folie festhalten (so lässt die Wärme Ihrer Finger sie nicht schmelzen) und in das Mehl raspeln.

2 Butter und Mehl verrühren, bis sie gut vermischt sind. Nach und nach mit einer Palette oder einem runden Messer 120 ml eiskaltes Wasser untermischen, bis ein Teig entsteht.

3 Den Teig auf der dünn bemehlten Arbeitsfläche kurz kneten, zu einer Kugel formen, in Frischhaltefolie wickeln und für 10 Minuten in den Kühlschrank legen. Dann zu einem 20 × 35 cm großen Rechteck ausrollen.

4 Den Teig gedanklich in drei gleich große Stücke teilen oder die Drittel mit dem Rücken eines Messers vorsichtig markieren. Das untere Drittel des Teigs über das mittlere Drittel falten.

5 Nun das obere Teigdrittel über das untere Drittel falten. Die Teigränder leicht zusammendrücken.

6 Den Teig um 45 Grad drehen, ausrollen und wieder falten. In Frischhaltefolie wickeln und für mindestens 20 Minuten kalt stellen.

ERGIBT 500G
ZUB. 20 MIN.

PASTETENTEIG

- 350g glutenfreies Mehl, sowie Mehl zum Bestäuben
- 2 TL Xanthan
- 1 TL Salz
- 3 EL Milch
- 100g Schweineschmalz oder weißes Pflanzenfett

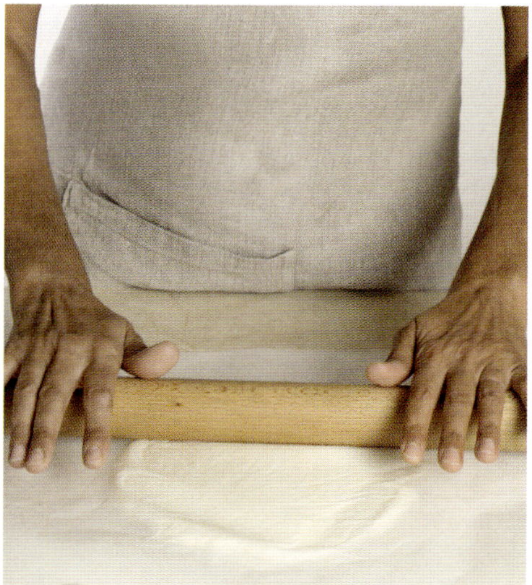

1 Mehl, Xanthan und Salz in eine große Schüssel sieben. 250ml Wasser mit Milch und Schmalz sanft zum Kochen bringen, zu dem Mehl geben und rasch mit einem Holzlöffel unterschlagen.

2 Den Teig auf die dünn bemehlte Arbeitsfläche setzen und behutsam kneten, bis er glatt ist. Da er klebrig sein kann, lässt er sich möglicherweise besser zwischen zwei Stücken Backpapier ausrollen.

REZEPTE

Die für dieses Buch ausgewählten und getesteten Rezepte sind leckere glutenfreie Alternativen zu beliebten Gerichten, die normalerweise mit glutenhaltigen Getreiden zubereitet werden, oder Fertiggerichten, die häufig Glutenzusätze enthalten. Zudem bieten wir ein breites Spektrum von Gerichten an, für die Zutaten aus glutenfreien Getreiden verwendet werden, und auch einige glutenfreie Varianten von Speisen aus Take-aways.

Die »Richtwerte pro Portion« bei jedem Rezept zeigen auf einen Blick, wie viele Kalorien, gesättigte Fettsäuren und Salz ein Gericht enthält, die drei wichtigsten Dinge, auf die man bei einer gesunden Ernährung achten muss. Bei drei Punkten sind die Werte hoch, bei zwei Punkten mittel, bei einem Punkt niedrig. Falls Sie ein Rezept auswählen, bei dem einer dieser Werte hoch ist, sollten Sie sich zu den anderen Mahlzeiten des Tags für Speisen entscheiden, bei denen er mittel oder niedrig ist. In jedem Rezept gibt zudem die Übersicht »Nährwerte pro Portion« enthaltene Kalorien, Proteine, Fette, Kohlenhydrate, Zucker, Ballaststoffe und Salz an. Sollten Sie hier tatsächlich rechnen müssen, hilft Ihnen diese Information, ausgewogene Mahlzeiten zusammenzustellen.

Bei Mehlen und anderen Zutaten aus glutenfreien Getreiden wie Reisnudeln und Maisstärke setzt man voraus, dass sie glutenfrei sind. Prüfen Sie jedoch stets auf dem Etikett, ob sie bei der Herstellung durch anderes Getreide verunreinigt worden sein könnten.

FRÜHSTÜCK UND SNACKS

MÜSLI MIT KOKOSNUSS

RICHTWERTE PRO PORTION

●●● KALORIEN

●●● GES. FETTSÄUREN

●○○ SALZ

PORTIONEN 6 **ZUBEREITUNG** 15 MIN. **GARZEIT** 5 MIN.

Datteln verleihen dieser supergesunden Mischung aus Getreideflocken, Samen, Früchten und Nüssen Süße.

75 g Reisflocken
75 g Buchweizenflocken
75 g gemahlene Leinsamen
175 g entsteinte Soft-Datteln, gehackt
75 g getrocknete Sauerkirschen
125 g Paranusskerne, grob gehackt
50 g geschälte Sonnenblumenkerne
100 g Kokosraspeln
Milch, griechischer Joghurt und frische Früchte der Saison nach Wahl zum Servieren

1 Getreideflocken, Leinsamen, Datteln, Kirschen, Paranusskerne und Sonnenblumenkerne in eine große Schüssel geben und vermischen.

2 Die Kokosraspeln in eine Pfanne geben und ohne Fett einige Minuten behutsam rösten, bis sie goldbraun sind, dabei rühren, damit sie nicht anbrennen.

3 Das Müsli auf sechs Portionsschalen verteilen und mit den Kokosraspeln bestreuen. Ausreichend Milch dazugießen. Falls gewünscht, griechischen Joghurt und frische Früchte daraufgeben.

TIPP

Es können auch größere Mengen Müsli zubereitet werden. In einem luftdicht verschlossenen Behälter hält es sich bis zu drei Wochen. Wird Müsli aufbewahrt, die Kokosraspeln vor dem Untermischen abkühlen lassen.

NÄHRWERTE PRO PORTION

Brennwert 557 kcal/2322 kJ

Protein 12 g

Fett 34 g
Ges. Fettsäuren 14 g

Kohlenhydrate 49 g
Zucker 29 g

Ballaststoffe 10 g

Salz Spuren

« **Getrocknete Sauerkirschen** Diese Kirschen schmecken wunderbar säuerlich und doch fruchtig. Sie eignen sich auch als Snack oder zum Backen. In einem fest verschlossenen Behälter halten sie sich sechs Monate.

PORRIDGE MIT KOMPOTT

PORTIONEN 6 **ZUBEREITUNG** 10 MIN. **GARZEIT** 20 MIN.

Klassischer Porridge, den man mit Früchten serviert, die mit Anis aromatisiert wurden, schmeckt einfach lecker. Für die leichtere Version ersetzt man Sahne durch Milch.

RICHTWERTE PRO PORTION

●●● KALORIEN
●●● GES. FETTSÄUREN
●○○ SALZ

SUPER FÜR KIDS

200 g Haferflocken
750 ml Milch, nötigenfalls mehr
250 ml Kaffeesahne

Für das Kompott
200 g entsteinte Soft-Backpflaumen
75 g Sauerkirschen
300 ml frisch gepresster Orangensaft
1 Sternanis

1 Für das Kompott Backpflaumen, Kirschen, Orangensaft und Sternanis in einen Topf geben, zum Kochen bringen und nach Reduzieren der Hitze 15 Minuten köcheln lassen. Beiseitestellen und ziehen lassen.

2 In der Zwischenzeit Haferflocken und 500 ml Milch in einem Topf sorgfältig verrühren. Unter ständigem Rühren langsam zum Kochen bringen, bis die Haferflocken die Milch aufgenommen haben. Nach und nach restliche Milch und die Sahne unterrühren. Die Mischung wieder zum Kochen bringen und unter Rühren 10–15 Minuten köcheln lassen oder bis sie dick und cremig ist. Nötigenfalls noch Milch hinzufügen.

3 Die Früchte abtropfen lassen. Den Sternanis entfernen, die Flüssigkeit aufbewahren. Den Porridge in tiefe Schalen schöpfen. Die abgetropften Früchte und etwas Saft darübergeben.

NÄHRSTOFF-KRACHER
Backpflaumen sind ballaststoffreich – gut für Verdauung und Cholesterinspiegel.

VARIATIONEN

Zu den Haferflocken mit der Milch 1 Zimtstange und 2 Teelöffel gemahlenen Zimt hinzufügen. Nach dem Kochen die Zimtstange entfernen und den Brei mit Zimt bestreut und etwas Sahne servieren. Für das Kompott können auch getrocknete Aprikosen und Sultaninen oder Feigen und Cranberrys verwendet werden.

TIPP

Das Kompott hält sich in einem verschlossenen Behälter gekühlt bis zu einer Woche.

NÄHRWERTE PRO PORTION

Brennwert 403 kcal/1692 kJ
Protein 11 g
Fett 16 g
Ges. Fettsäuren 8 g
Kohlenhydrate 54 g
Zucker 31 g
Ballaststoffe 7 g
Salz 0,3 g

RICHTWERTE PRO PORTION

●●● KALORIEN

●○○ GES. FETTSÄUREN

●○○ SALZ

MÜSLI MIT APFELCHIPS

PORTIONEN 8 **ZUBEREITUNG** 20 MIN. **GARZEIT** 1½–2 STD.

Dieses Müsli hat gerade die richtige Süße und sorgt für einen energiereichen Start in den Tag.

4–6 Tafeläpfel, nach Entfernen des Kerngehäuses in sehr dünne Ringe geschnitten
Saft von 1 Zitrone
1 TL Demerarazucker
3 TL gemahlener Zimt
200 g Buchweizenflocken
200 g Reisflocken
etwas flüssiger Honig oder Ahornsirup
3 EL Sonnenblumenöl
200 g abgezogene Mandeln
300 g getrocknete Aprikosen, gehackt
100 g getrocknete Cranberrys
Milch und Naturjoghurt zum Servieren

1 Für die Apfelchips den Backofen auf 150 °C vorheizen. Die Apfelscheiben im Zitronensaft wenden und nebeneinander auf mit Backpapier belegten Blechen verteilen. Mit dem Zucker und 1 Teelöffel Zimt bestreuen. In den Backofen schieben und etwa 1–1½ Stunden garen, dabei im Auge behalten. Nach der Hälfte der Zeit wenden. Wenn sie zu dunkel werden, die Temperatur auf 140 °C reduzieren. Herausnehmen und zum Abtrocknen auf sauberem Backpapier verteilen. Oder nach Ausschalten des Ofens über Nacht im leicht geöffneten Backofen lassen, damit sie noch etwas knuspriger werden.

2 Die Backofentemperatur auf 180 °C schalten. Buchweizenflocken, Reisflocken und restlichen Zimt in eine große Schüssel geben (es können auch andere glutenfreie Getreide wie Quinoaflocken, Quinoa-Pops, Hirseflocken und Sojaflocken verwendet werden). Honig oder Ahornsirup mit dem Öl verrühren, über die Getreidemischung geben und sorgfältig unterheben. Die Mischung auf einem Backblech verteilen und 10 Minuten rösten, bis sie goldbraun ist. Durchrühren, die Mandeln hinzufügen und alles noch einmal 20 Minuten backen, bis die Nüsse leicht geröstet sind. Herausnehmen und die Trockenfrüchte unterrühren, dann abkühlen lassen. Mit Apfelchips, Milch und etwas Joghurt servieren.

NÄHRWERTE PRO PORTION

Brennwert 446 kcal/1868 kJ

Protein 8,5 g

Fett 12,4 g
Ges. Fettsäuren 1,1 g

Kohlenhydrate 64,2 g
Zucker 27 g

Ballaststoffe 7,4 g

Salz Spuren

TIPP

Man kann auch die doppelten Mengen Müsli und Apfelchips zubereiten und getrennt in fest verschlossenen Behältern aufbewahren. Sie sind drei Wochen haltbar.

RICHTWERTE PRO PORTION

KALORIEN

GES. FETTSÄUREN

SALZ

MARONENPFANNKUCHEN MIT SCHOKOLADE UND PFLAUMEN

PORTIONEN 4 **ZUB.** 20 MIN. PLUS RUHEZEIT **GARZEIT** 20 MIN. **EINFRIEREN** 1 MO.

Maronenmehl ist in italienischen Lebensmittelgeschäften und im Internet erhältlich.

75 g Maronenmehl
75 g glutenfreies Mehl
1 Prise Salz
1 TL Zucker
1 TL glutenfreies Natron
300 ml Milch, nötigenfalls auch mehr
1 Ei
Sonnenblumenöl zum Ausbacken

Für die Füllung
250 g entsteinte Soft-Backpflaumen
100 g dunkle Schokolade (70 % Kakaoanteil), in Stücke gleicher Größe gebrochen

1 Für den Teig beide Mehle, Salz, Zucker und Natron in einer großen Schüssel vermischen. Milch und Ei in einem Krug behutsam verquirlen. Langsam zu dem Mehl gießen und ununterbrochen schlagen, bis die Zutaten gut vermischt sind. Sollte der Teig zu dick sein, noch etwas Milch dazugeben. Für 30 Minuten oder über Nacht in den Kühlschrank stellen.

2 Für die Füllung die Backpflaumen in einem kleinen Topf gerade mit Wasser bedecken. Etwa 10 Minuten köcheln lassen, damit sie weich werden. Mit einem Schaumlöffel herausheben und die Früchte halbieren. Beiseitestellen.

3 Die Schokolade in einer hitzebeständigen Schüssel auf einen Topf mit gerade köchelndem Wasser setzen und unter gelegentlichem Rühren schmelzen lassen. Die Schüssel vom Topf nehmen und beiseitestellen.

4 Eine beschichtete Pfanne oder Crêpepfanne erhitzen. Etwas Öl in die Pfanne geben. Die Pfanne schwenken und überschüssiges Öl in einen Krug gießen. Auf mittlere bis schwache Hitze reduzieren. Eine Kelle Teig in die Pfanne geben und die Pfanne kippen, damit er sich verteilt. 2 Minuten garen, bis sich der Crêpe von den Seiten löst. Mit einem Spatel wenden und die andere Seite garen, bis sie knusprig wird. Auf einen Teller gleiten lassen. Einige Pflaumen daraufsetzen und Schokolade darüberträufeln. Den Crêpe falten oder aufrollen. Mit den übrigen Zutaten ebenso verfahren.

NÄHRWERTE PRO PORTION

Brennwert 422 kcal/1766 kJ

Protein 9 g

Fett 18 g
Ges. Fettsäuren 7,2 g

Kohlenhydrate 68 g
Zucker 44 g

Ballaststoffe 8 g

Salz 1,4 g

BUCHWEIZENPFANNKUCHEN MIT ORANGEN

PORTIONEN 4 **ZUB.** 15 MIN. PLUS RUHEZEIT **GARZEIT** 30 MIN. **EINFRIEREN** 1 MO.

Der leicht nussige Geschmack von Buchweizenmehl harmoniert wunderbar mit Orangen.

100 g Buchweizenmehl
25 g Reismehl
1 Prise Salz
1 TL Zucker
1 Ei, verquirlt
200 ml Milch
3 Orangen, geschält und in dünne Scheiben geschnitten, Saft aufbewahrt
1½ EL Ahornsirup, sowie zusätzlicher Ahornsirup
Sonnenblumenöl zum Ausbacken

1 Für den Teig beide Mehle mit Salz und Zucker in einer Schüssel vermischen. In die Mitte eine Mulde drücken und das Ei hineingeben. Sorgfältig unterrühren. Die Milch mit 150 ml Wasser in einem Krug verrühren. Langsam mit einem Schneebesen unter das Mehl schlagen, bis ein glatter Teig entsteht. Für 30 Minuten oder über Nacht kalt stellen.

2 Eine Grillpfanne bei hoher Temperatur erhitzen. Aufbewahrten Orangensaft mit dem Ahornsirup vermischen. Die Orangenscheiben rundum mit der Mischung bestreichen. Die Scheiben portionsweise in die Pfanne legen und auf jeder Seite 2 Minuten garen, bis sie leicht gebräunt sind.

3 Den Teig umrühren. In einer beschichteten Pfanne oder Crêpepfanne 1 Esslöffel Öl bei hoher Temperatur erhitzen. Die Pfanne schwenken, um den Boden zu überziehen, das restliche Öl in einen Krug gießen. Auf mittlere bis schwache Hitze reduzieren und eine Kelle Teig in die Pfanne geben. Die Pfanne kippen, damit sich der Teig verteilt. Den Crêpe auf jeder Seite 2 Minuten garen, bis er hell goldbraun ist. Orangenscheiben und etwas Ahornsirup daraufgeben. Mit den übrigen Zutaten ebenso verfahren.

TIPP

Zum Einfrieren Pfannkuchen mit Zwischenlagen aus Butterbrotpapier in einen Gefrierbeutel geben. Zum Verzehr langsam auftauen lassen und wieder erhitzen.

RICHTWERTE PRO PORTION

●●○ KALORIEN
●○○ GES. FETTSÄUREN
●○○ SALZ

NÄHRSTOFF-KRACHER
Dieses Gericht ist reich an Vitamin C.

NÄHRWERTE PRO PORTION

Brennwert 258 kcal/1078 kJ
Protein 6 g
Fett 8 g
Ges. Fettsäuren 2 g
Kohlenhydrate 40 g
Zucker 16 g
Ballaststoffe 3,4 g
Salz Spuren

RICHTWERTE PRO PORTION

- ●●○ KALORIEN
- ●○○ GES. FETTSÄUREN
- ●●○ SALZ

SUPER FÜR KIDS

BUTTERMILCHPFANNKUCHEN

PORTIONEN 4 **ZUB.** 5 MIN. **GARZEIT** 10 MIN. **EINFRIEREN** 6 MO.

Ein Stapel Pfannkuchen mit Ahornsirup und frischem Obst ist als Familienfrühstück kaum schlagbar. Die Pfannkuchen langsam erhitzen, damit sie in der Mitte garen.

85 g Reismehl
1 TL Xanthan
1 EL Zucker
1½ TL glutenfreies Backpulver
1 Prise Salz
150 ml Buttermilch
4 EL Milch
2 große Eier, getrennt
einige Tropfen Vanilleextrakt
Pflanzenöl zum Ausbacken
Ahornsirup und frisches Beerenobst zum Servieren

1 Mehl, Xanthan, Zucker, Backpulver und Salz in einer Schüssel vermischen. Buttermilch, Milch, Eigelbe und Vanillezucker hinzufügen und sorgfältig unterschlagen.

2 In einer sauberen Schüssel die Eiweiße mit dem elektrischen Handrührgerät steif schlagen. Einen großen Löffel Eischnee zum Lockern unter den Teig rühren, den Rest behutsam unterheben.

3 Eine große schwere Pfanne bei mittelhoher Temperatur erhitzen. Einige Tropfen Öl hineingeben und mit einem Stück Küchenpapier in der Pfanne verteilen. 4 gehäufte Esslöffel Teig mit reichlich Zwischenraum in die heiße Pfanne setzen. Die Pfannkuchen sollten zum Schluss etwa 8 cm Durchmesser haben. Die Pfannkuchen bei schwacher Hitze etwa 2–3 Minuten garen, bis die Unterseite goldbraun ist. Umdrehen und die andere Seite ebenfalls 2 Minuten garen.

4 Die Pfannkuchen zum Warmhalten in ein sauberes Küchenhandtuch wickeln. Vier weitere Pfannkuchen zubereiten. Die Pfannkuchen warm mit etwas Ahornsirup beträufelt und mit einer Handvoll frischer Beeren bestreut servieren.

NÄHRWERTE PRO PORTION

Brennwert 218 kcal/912 kJ

Protein 8 g

Fett 10 g
Ges. Fettsäuren 2 g

Kohlenhydrate 22 g
Zucker 6 g

Ballaststoffe 0,6 g

Salz 1 g

FRANZÖSISCHE CRÊPES

RICHTWERTE PRO CRÊPE

- ●○○ KALORIEN
- ●●○ GES. FETTSÄUREN
- ●○○ SALZ

SUPER FÜR KIDS

PORTIONEN 6 **ZUBEREITUNG** 10–15 MIN. **GARZEIT** 10–15 MIN.

Diese Klassiker sollten möglichst dünn sein! Auf die Crêpe gibt man eine Füllung der Wahl.

60 g glutenfreies Mehl
½ TL Xanthan
1 Prise Salz
250 ml Milch
2 Eier
15 g Butter, zerlassen
Pflanzenöl zum Ausbacken

1 Mehl, Xanthan und Salz in eine große Schüssel sieben. Milch und Eier in einem Krug verrühren. Mit der Butter zu der Mehlmischung geben und schlagen, bis ein glatter Teig entstanden ist. Er sollte die Konsistenz dünner Sahne haben. Beim Stehen wird der Teig dicker. Daher nötigenfalls noch etwas Wasser hinzufügen, damit er dünnflüssig bleibt.

2 Eine beschichtete Pfanne bei hoher Temperatur erhitzen. Einige Tropfen Öl hineingeben und in der Pfanne verteilen. So viel Teig in die Pfanne schöpfen, dass der Boden dünn überzogen wird. Die Pfanne kippen, damit sich der Teig gleichmäßig verteilt.

3 Wenn die Oberseite fest ist, den Pfannkuchen drehen und die andere Seite goldbraun backen. Die Crêpe auf einen Teller heben, mit Alufolie abdecken und warm stellen. Fünf weitere Crêpes herstellen. Die Crêpes mit einer Füllung der eigenen Wahl servieren (siehe unten).

NÄHRWERTE PRO CRÊPE

Brennwert	126 kcal/525 kJ
Protein	5 g
Fett	8 g
Ges. Fettsäuren	3 g
Kohlenhydrate	9 g
Zucker	2 g
Ballaststoffe	0,4 g
Salz	0,4 g

FÜLLUNGEN

Klassisch Einen kräftigen Spritzer Zitronensaft und etwas feinen Zucker darübergeben.

Banane und Schokolade 1 Esslöffel Schoko-Haselnuss-Creme verteilen und Bananenscheiben darauflegen, dann die Crêpe aufrollen.

Brie und Schinken Reifen Brie (etwa 30 g pro Person) in dünne Scheiben schneiden und verteilen. Eine Scheibe Schinken darauflegen und die Crêpe aufrollen.

Champignons und Blauschimmelkäse Pro Person 30 g Champignons in etwas Butter braten. 1 Esslöffel Crème fraîche und 15 g zerkrümelten Blauschimmelkäse pro Person dazugeben und etwas einkochen lassen. Die Mischung auf den Crêpes verteilen und diese aufrollen.

BUTTERMILCHPLÄTZCHEN

PORTIONEN 4 **ZUB.** 10 MIN. **GARZEIT** 12–15 MIN. **EINFRIEREN** 6 MO.

Diese amerikanischen Kekse sind eine Kreuzung zwischen Plätzchen und Scones und werden traditionell mit Sauce serviert, schmecken aber auch mit Butter oder Konfitüre.

RICHTWERTE PRO PORTION

●●● KALORIEN

●●● GES. FETTSÄUREN

●●● SALZ

Pflanzenöl zum Einfetten
225 g glutenfreies Mehl, sowie Mehl zum Bestäuben
2 TL Xanthan
1 EL glutenfreies Backpulver
½ TL glutenfreies Natron
Salz
115 g weißes Pflanzenfett oder Butter, gewürfelt
200 ml Buttermilch, sowie Buttermilch zum Bestreichen
Cayennepfeffer zum Bestreuen (nach Belieben)

1 Den Backofen auf 200 °C vorheizen. Ein Backblech dünn einölen. Mehl, Xanthan, Backpulver, Natron und ½ TL Salz in einer Küchenmaschine sorgfältig vermischen. Das Pflanzenfett dazugeben und sorgfältig untermischen. (Oder die trockenen Zutaten in eine Schüssel sieben und das Fett mit den Fingern einarbeiten, bis die Mischung an Semmelbrösel erinnert.)

2 Die Mischung in eine Schüssel füllen. Die Buttermilch dazugeben und einarbeiten, bis ein weicher Teig entsteht. Den Teig auf die dünn bemehlte Arbeitsfläche setzen und kurz durchkneten, dann 2 cm dick ausrollen. Eine 6 cm große runde Ausstechform in Mehl tauchen und Kreise aus dem Teig ausstechen.

3 Die Plätzchen mit etwas Abstand auf das vorbereitete Blech legen. Mit Buttermilch bestreichen, dann mit etwas Salz und, sofern gewünscht, mit Cayennepfeffer bestreuen. Die Plätzchen 12–15 Minuten backen, bis sie aufgegangen und hell goldbraun sind. Warm servieren.

NÄHRWERTE PRO PORTION

Brennwert 444 kcal/1856 kJ

Protein 8 g

Fett 26 g
Ges. Fettsäuren 16 g

Kohlenhydrate 46 g
Zucker 4 g

Ballaststoffe 1,8 g

Salz 2,2 g

RICHTWERTE PRO PORTION

●○○ KALORIEN

●○○ GES. FETTSÄUREN

●●○ SALZ

BATATENKÜCHLEIN MIT SCHWARZKÜMMEL

PORTIONEN 6 **ZUB.** 30 MIN. **GARZEIT** 20–30 MIN. **EINFRIEREN** 1 MO.

Schwarzkümmel verleiht den Küchlein feine Würze und nimmt den Bataten die Schwere. Die Küchlein sind eine kohlenhydratarme Alternative zu Kartoffelpuffern.

2 mittelgroße Bataten mit Schale
2 Eier, verquirlt
175 g Reismehl
3 TL glutenfreies Backpulver
½ TL frisch geriebene Muskatnuss
1 EL Schwarzkümmelsamen
Salz und schwarzer Pfeffer
etwas Butter zum Ausbacken
gebratener Speck und gebratene Tomaten zum Servieren

1 Die Bataten in einem Topf mit Salzwasser etwa 15–20 Minuten garen, bis sie weich sind. Abtropfen und etwas abkühlen lassen, dann schälen und zerstampfen. Die Eier hinzufügen und sorgfältig untermischen. Die Masse beiseitestellen.

2 Mehl und Backpulver in eine Schüssel sieben. Die Muskatnuss untermischen. Die Bataten hinzufügen und sorgfältig unterrühren, aber behutsam, weil die Masse sonst nicht gleichmäßig bäckt. Schwarzkümmel, Salz und Pfeffer dazugeben.

3 In einer beschichteten Pfanne bei mittlerer Temperatur etwas Butter erhitzen, bis sie schäumt. 1 gehäuften Esslöffel Batatenmasse hineingeben und mit einer Palette etwas flacher drücken. Das Küchlein 4–5 Minuten garen, bis die Unterseite goldbraun ist. Umdrehen und die andere Seite die gleiche Zeit backen, bis sie gebräunt ist. Mit der restlichen Masse ebenso verfahren. Die Küchlein mit gebratenem Speck und Tomaten servieren.

NÄHRSTOFF-KRACHER
Bataten sind reich an dem Antioxidans Betacarotin.

VARIANTE

1 fein gehackte grüne Chilischote hinzufügen. Für eine süßere Variante Schwarzkümmel und andere Gewürze weglassen und stattdessen 1 Teelöffel gemahlenen Zimt dazugeben. Die Küchlein mit Ahornsirup servieren.

NÄHRWERTE PRO PORTION

Brennwert 210 kcal/880 kJ

Protein 6 g

Fett 5 g
Ges. Fettsäuren 1,6 g

Kohlenhydrate 36 g
Zucker 4 g

Ballaststoffe 2 g

Salz 0,8 g

KARTOFFELBROT

SUPER FÜR KIDS

PORTIONEN 4 **ZUB.** 15 MIN. **GARZEIT** 40 MIN. **EINFRIEREN** 1 MO.

Dieses irische Kartoffelbrot ist in der Mitte wunderbar cremig und außen herrlich knusprig.

RICHTWERTE PRO PORTION

●●● KALORIEN

●●● GES. FETTSÄUREN

●○○ SALZ

675 g mehligkochende Kartoffeln
50 g Butter
Salz und schwarzer Pfeffer
150 g glutenfreies Mehl, sowie Mehl zum Bestäuben
3 EL Olivenöl und etwas Butter zum Ausbacken
knusprig gebratener Speck und Spiegeleier zum Servieren

1 Die Kartoffeln ungeschält in einem großen Topf mit kochendem Salzwasser 20–25 Minuten garen, bis sie weich sind. Abtropfen und etwas abkühlen lassen, dann schälen und zerstampfen. Die Butter dazugeben und ein glattes Püree herstellen.

2 Das Mehl hineinsieben. Das Püree großzügig salzen und pfeffern. Die Masse mit den Händen zusammendrücken. Auf die bemehlte Arbeitsfläche setzen und etwa 5 mm dick ausrollen oder mit der Hand flach drücken. Die Masse in 4 × 6 cm große Rechtecke schneiden und diese in Dreiecke.

3 In einer großen beschichteten Pfanne die Hälfte des Öls oder der Butter bei mittelhoher Temperatur erhitzen. Die Hälfte der Kartoffelküchlein darin auf jeder Seite 2 Minuten backen, bis sie goldbraun sind. Auf Küchenpapier abtropfen lassen. Mit den restlichen Küchlein ebenso verfahren. Oder eine Grillplatte mit etwas Öl einpinseln und erhitzen. Die Küchlein portionsweise auf jeder Seite 2–3 Minuten grillen. Auf Küchenpapier abtropfen lassen. Zum Frühstück mit knusprig gebratenem Speck und Spiegeleiern servieren.

TIPP

Werden Kartoffeln in der Schale gegart, bleiben sie trockener. Man kann auch übrig gebliebenen Kartoffelbrei verwenden, der aber zuerst etwas erwärmt werden muss. Zum Wiedererhitzen tiefgefrorener Küchlein diese über Nacht auftauen lassen und in einer Pfanne oder im Mikrowellengerät bei mittlerer Temperatur 2 Minuten bzw. im Backofen bei 180 °C 10–15 Minuten erhitzen.

NÄHRWERTE PRO PORTION

Brennwert	422 kcal/1765 kJ
Protein	7 g
Fett	19 g
Ges. Fettsäuren	8 g
Kohlenhydrate	55 g
Zucker	1,5 g
Ballaststoffe	4,5 g
Salz	0,2 g

EIER BENEDICT

PORTIONEN 4 **ZUB.** 20 MIN. PLUS GEHZEIT **GARZEIT** 35 MIN. **EINFRIEREN** 3 MO.

Wer weiße Muffins lieber mag, verwendet die Weißbrotmischung auf Seite 38 und fügt 2 Esslöffel Zucker hinzu.

RICHTWERTE PRO PORTION

- ●●● KALORIEN
- ●●● GES. FETTSÄUREN
- ●●○ SALZ

450 g glutenfreie dunkle Brotmehlmischung (siehe Seite 38), sowie Mehlmischung zum Bestäuben
2 TL Trockenhefe
1 TL Xanthan
Salz und schwarzer Pfeffer
300 ml Milch
90 g Butter, sowie etwas Butter zum Bestreichen
2 EL Zuckerrohrmelasse
5 Eier, sowie 2 Eigelb
3 EL Weißweinessig

1 Mehl, Hefe, Xanthan und 1 Prise Salz in eine Schüssel sieben und vermischen. Die Milch erhitzen, bis sie lauwarm ist. 15 g Butter, Melasse und 1 Ei hinzufügen und mit einer Gabel unterschlagen. In die Mitte der Mehlmischung eine Mulde drücken. Die flüssigen Zutaten hineingießen und untermischen. Den Teig auf die bemehlte Arbeitsfläche setzen und 5 Minuten kneten, bis er glatt ist. 2 cm dick ausrollen und 8 Kreise mit 8 cm Durchmesser ausstechen. Auf ein bemehltes Blech legen und mit eingeölter Klarsichtfolie abdecken. 1 Stunde an einem warmen Platz gehen lassen.

2 Eine große schwere Pfanne erhitzen. Die Muffins darin bei mittlerer Hitze 6–7 Minuten garen, bis die Unterseiten goldbraun sind. Umdrehen und zugedeckt noch einmal 7–8 Minuten backen, bis sie goldbraun sind.

3 Eine Pfanne bei schwacher Hitze auf den Herd stellen und 5 cm kochendes Wasser mit 1 Esslöffel Essig hineingießen. Nacheinander 4 Eier in die Pfanne schlagen und 1 Minute köcheln lassen. Die Eier von der Kochstelle nehmen und 10 Minuten gar ziehen lassen.

4 Für eine Hollandaise den restlichen Essig in einem kleinen Topf auf die Hälfte reduzieren. Mit den Eigelben in eine hitzebeständige Schüssel geben und auf einen Topf mit köchelndem Wasser setzen. Die Eigelbe schaumig aufschlagen. 75 g Butter in kleinen Stückchen langsam unter die Eigelbmasse schlagen, bis sich alles zu einer dicken glatten Sauce verbindet. Von der Kochstelle nehmen und würzen. Die Muffins halbieren und mit Butter bestreichen. Auf jede Hälfte ein Ei setzen und mit Sauce beschöpfen.

NÄHRWERTE PRO PORTION

Brennwert 753 kcal/3167 kJ
Protein 28 g
Fett 38 g
Ges. Fettsäuren 19 g
Kohlenhydrate 75 g
Zucker 11 g
Ballaststoffe 13,5 g
Salz 0,8 g

RICHTWERTE PRO PORTION

●●○ KALORIEN

●●○ GES. FETTSÄUREN

●○○ SALZ

NÄHRSTOFF-KRACHER
Heidelbeeren enthalten Antioxidantien, die Krebs entgegenwirken.

HEIDELBEER-FRÜHSTÜCKSMUFFINS

SUPER FÜR KIDS

PORTIONEN 6 **ZUB.** 10 MIN. **GARZEIT** 25–30 MIN. **EINFRIEREN** 6 MO.

Beginnen Sie den Tag mit gesunden frischen Heidelbeermuffins und servieren Sie ein Glas Milch dazu!

175 g glutenfreies Mehl
60 g Polenta oder feines Maismehl
115 g Zucker
1 TL Xanthan
1½ TL glutenfreies Backpulver
½ TL glutenfreies Natron
1 Prise Salz
140 g Heidelbeeren
abgeriebene Schale von 1 Bio-Zitrone
100 ml Pflanzenöl
100 ml Milch
3 Eier

1 Den Backofen auf 180 °C vorheizen. In eine tiefe Muffinform mit zwölf Mulden Papierbackförmchen setzen. Mehl, Polenta, Zucker, Xanthan, Backpulver, Natron und Salz in einer großen Schüssel vermischen.

2 Heidelbeeren und abgeriebene Zitronenschale untermischen. Öl, Milch und Eier verrühren. Zu den trockenen Zutaten geben und kurz untermischen.

3 Den Teig in die Papierförmchen füllen. Die Muffins 25–30 Minuten backen, bis sie aufgegangen und goldbraun sind. 5 Minuten in der Muffinform abkühlen lassen, dann auf ein Kuchengitter heben. Am besten noch leicht warm servieren.

NÄHRWERTE PRO PORTION

Brennwert 390 kcal/1640 kJ

Protein 8 g

Fett 17 g
Ges. Fettsäuren 3 g

Kohlenhydrate 48 g
Zucker 22 g

Ballaststoffe 2 g

Salz 0,6 g

« **Heidelbeeren**
Heidelbeeren haben ein zartes Aroma, das beim Garen viel intensiver wird, weshalb man sie gern zum Backen nimmt. Für dieses Rezept können auch Himbeeren oder in Stücke geschnittene Erdbeeren verwendet werden.

FRÜHSTÜCKSRIEGEL MIT FRÜCHTEN UND NÜSSEN

PORTIONEN 8 **ZUBEREITUNG** 15 MIN. **GARZEIT** 30–35 MIN.

Diese energiereichen Haferriegel sind ein perfektes Frühstück und ein großartiger Vormittagssnack.

Pflanzenöl zum Einfetten
115 g verzehrfertige Trockenaprikosen
85 g Haselnusskerne, die braune Haut entfernt
85 g Mandelkerne
85 g Rosinen oder Sultaninen
85 g getrocknete Cranberrys
1 Dose gezuckerte Kondensmilch (397 g)
200 g Haferflocken
85 g Puffreis

1 Den Backofen auf 160 °C vorheizen. Ein Backblech dünn einölen und mit Backpapier belegen.

2 Die Aprikosen mit einer Schere in kleine Stücke schneiden und in eine Schüssel geben. Haselnüsse und Mandeln grob hacken und mit den Rosinen oder Sultaninen und Cranberrys ebenfalls in die Schüssel füllen.

3 Die Kondensmilch in einem großen schweren Topf bei schwacher Hitze zum Kochen bringen. Dabei ständig rühren, da sie anbrennen kann. Von der Kochstelle nehmen. Früchte, Nüsse, Haferflocken und Puffreis hineingeben und mit einem Holzlöffel sorgfältig verrühren. Die Mischung auf das Backblech geben und mit dem Rücken eines nassen Löffels glatt streichen. Für 30–35 Minuten in den Backofen schieben, bis sie hell goldbraun ist.

4 Herausnehmen und 5 Minuten abkühlen lassen, dann auf ein großes Brett stürzen. In 16 Riegel schneiden und auskühlen lassen. In einem luftdicht verschlossenen Behälter halten die Riegel bis zu einer Woche.

VARIANTE

Schokoladenriegel Vor den übrigen Zutaten 2 Esslöffel Kakaopulver in die Milch rühren und 60 g grob gehackte dunkle Schokolade (70 % Kakaoanteil) dazugeben.

RICHTWERTE PRO PORTION

●●● KALORIEN
●●○ GES. FETTSÄUREN
●○○ SALZ

SUPER FÜR KIDS

NÄHRSTOFF-KRACHER
Mandeln sind reich an Calcium, Vitamin E und herzfreundlichen Fetten.

NÄHRWERTE PRO PORTION

Brennwert 534 kcals/2244 kJ
Protein 12 g
Fett 20 g
Ges. Fettsäuren 4 g
Kohlenhydrate 66 g
Zucker 40 g
Ballaststoffe 6 g
Salz 0,4 g

RICHTWERTE PRO PORTION

●●● KALORIEN

●●○ GES. FETTSÄUREN

●○○ SALZ

SUPER FÜR KIDS

FRÜCHTERIEGEL

PORTIONEN 8 **ZUB.** 10 MIN. **GARZEIT** 30–35 MIN.

Ganz einfach zuzubereiten und jederzeit griffbereit für ein Frühstück unterwegs!

Öl zum Einfetten
1 Dose gezuckerte Kondensmilch (397 g)
300 g getrocknete Beerenfrüchte, wie Cranberrys, Heidelbeeren und Sauerkirschen
250 g Haferflocken
50 g Puffreis
30 g geschälte Sonnenblumenkerne
30 g geschälte Kürbiskerne

1 Den Backofen auf 160 °C vorheizen. Eine etwa 23 × 33 cm große rechteckige Backform dünn einölen.

2 Die Kondensmilch in einem großen schweren Topf behutsam erhitzen und langsam zum Kochen bringen. Von der Kochstelle nehmen. Früchte, Haferflocken, Puffreis, Sonnenblumenkerne und Kürbiskerne hineingeben und mit einem Holzlöffel sorgfältig verrühren.

3 Die Mischung in die vorbereitete Backform füllen und mit dem Rücken eines nassen Löffels glatt streichen. Für 30–35 Minuten in den Backofen schieben, bis sie hell goldbraun ist.

4 Aus dem Backofen nehmen und 5 Minuten in der Form abkühlen lassen. In 16 Riegel schneiden und diese zum Auskühlen auf ein Kuchengitter heben. In einem luftdicht verschlossenen Behälter aufbewahrt halten sie sich bis zu einer Woche.

NÄHRSTOFF-KRACHER
Haferflocken liefern Kohlenhydrate mit niedrigem GI.

TIPP

Ganz nach persönlichem Geschmack können anstelle von Beeren die gleiche Menge gehackte Trockenaprikosen, Sultaninen oder Rosinen verwendet werden oder Sie ersetzen Sonnenblumen- und Kürbiskerne durch gehackte Haselnüsse.

NÄHRWERTE PRO PORTION

Brennwert 476 kcal/2000 kJ

Protein 11 g

Fett 12 g
Ges. Fettsäuren 4 g

Kohlenhydrate 80 g
Zucker 44 g

Ballaststoffe 7 g

Salz 0,3 g

VORSPEISEN, PARTYFOOD UND DIPS

RICHTWERTE PRO PORTION

●●○ KALORIEN

●●● GES. FETTSÄUREN

●●○ SALZ

BROTSTANGEN MIT PAPRIKADIP

ERGIBT 18 **ZUBEREITUNG** 15 MIN. PLUS GEHZEIT **GARZEIT** 40–50 MIN.

Partyknabberei in drei Geschmacksrichtungen, man kann aber auch einfach nur glutenfreie Polenta darüberstreuen.

- 350 g glutenfreie Weißbrotmehlmischung (siehe Seite 38), sowie Mehlmischung zum Bestäuben
- 2 TL Trockenhefe
- 2 TL Xanthan
- 2 TL Zucker
- 1 TL Salz
- 2 Eier
- 2 EL Olivenöl
- Pflanzenöl zum Einölen
- 4 EL Mohnsamen
- 4 EL Sesam
- 6 EL fein geriebener Parmesan

Für den Paprikadip

- 2 große rote Paprikaschoten, geviertelt, Stielansatz, Samen und Scheidewände entfernt
- 4 ungeschälte Knoblauchzehen
- 3 EL Olivenöl
- 1 TL geräuchertes Paprikapulver (Pimentón)
- ½ TL Zucker
- ½ TL gemahlener Kreuzkümmel
- ½ TL Salz
- 1 Spritzer Tabasco

1 Den Backofen auf 220 °C vorheizen. Mehl, Hefe, Xanthan, Zucker und Salz in eine Schüssel sieben. 1 Ei, Olivenöl und 250 ml lauwarmes Wasser verquirlen. Zu der Mehlmischung geben und einen Teig herstellen. Den Teig auf der dünn bemehlten Arbeitsfläche 5 Minuten kneten. Wieder in die Schüssel legen, mit eingeölter Frischhaltefolie abdecken und 1 Stunde an einem warmen Platz gehen lassen, bis er sein Volumen verdoppelt hat.

2 In der Zwischenzeit die Paprikaviertel mit der Haut nach oben 15–20 Minuten im Ofen rösten, bis sie leicht geschwärzt sind. Den Knoblauch hinzufügen und 10 Minuten garen. Paprika und Knoblauch unter einem feuchten Küchentuch abkühlen lassen, dann die Haut abziehen. Alle Zutaten für den Dip in einer Küchenmaschine grob zerkleinern.

3 Zwei Backbleche dünn einölen. Den Teig zu einer dicken Wurst rollen und in 18 Stücke teilen. Jedes Stück zu einer 12 cm langen Stange rollen. Mohn, Sesam und Parmesan auf drei getrennten Tellern verteilen. Das verbliebene Ei verquirlen und auf die Stangen streichen. Jeweils ein Drittel in Mohn, Sesam und Parmesan wälzen. Mit etwas Abstand auf die Bleche legen und 15–20 Minuten backen, bis sie goldbraun und knusprig sind.

NÄHRWERTE PRO PORTION

Brennwert 158 kcal/662 kJ

Protein 6 g

Fett 9,5 g
Ges. Fettsäuren 2,5 g

Kohlenhydrate 16 g
Zucker 2,5 g

Ballaststoffe 1,5 g

Salz 0,4 g

KÄSESTANGEN MIT TOMATEN-BASILIKUM-DIP

ERGIBT 18 **ZUBEREITUNG** 15 MIN. PLUS KÜHLZEIT **GARZEIT** 15–20 MIN.

Aus übrig bleibenden Teigresten kann man kleine Kekse formen, die ebenfalls großartig schmecken.

RICHTWERTE PRO PORTION

●●○ KALORIEN

●●● GES. FETTSÄUREN

●●○ SALZ

225 g glutenfreies Mehl, sowie Mehl zum Bestäuben
100 g Butter, gewürfelt
2 TL Senfpulver
1 TL Xanthan
½ TL Salz
85 g alter Cheddar, gerieben, oder Blauschimmelkäse, zerkrümelt
1 Ei, verquirlt
Milch zum Bestreichen
3 EL fein geriebener Parmesan
Paprikapulver zum Bestreuen

Für den Dip

4 mittelgroße Tomaten
2 EL fein gehacktes Basilikum
1 EL Olivenöl
1 EL Tomatenmark
½ TL Zucker
Salz und schwarzer Pfeffer

1 Mehl, Butter, Senfpulver, Xanthan und Salz in eine Küchenmaschine geben und das Gerät laufen lassen, bis eine krümelige Mischung entstanden ist. In eine Schüssel füllen. Den Käse unterrühren, dann das Ei mit 4 Esslöffeln kaltem Wasser hinzufügen. Mit einem runden Messer einarbeiten, um eine Teigkugel herzustellen. Auf der bemehlten Arbeitsfläche kurz kneten, dann in Frischhaltefolie einwickeln und 30 Minuten kalt stellen.

2 Den Backofen auf 200 °C vorheizen. Den Teig auf der dünn bemehlten Arbeitsfläche zu einem 23 × 36 cm großen Rechteck ausrollen. Die Ränder begradigen. Die Teigplatte mit der Milch bestreichen, dann mit Parmesan und Paprikapulver bestreuen. 2 cm breite Streifen abschneiden und auf Backbleche legen. Die Streifen 15–20 Minuten backen, bis sie goldbraun und aufgegangen sind. Abkühlen lassen.

3 Für den Dip die Tomaten unten einritzen und 30 Sekunden in kochendes Wasser legen. Die Haut abziehen, die Tomaten auf einem Brett grob hacken. Das Fruchtfleisch mit dem Saft, aber möglichst ohne Kerne in einer kleinen Schüssel mit den übrigen Zutaten sorgfältig verrühren. Den Dip bei Zimmertemperatur servieren, dazu die Käsestangen reichen.

NÄHRWERTE PRO PORTION

Brennwert 133 kcal/554 kJ
Protein 4 g
Fett 8,5 g
Ges. Fettsäuren 5 g
Kohlenhydrate 10 g
Zucker 1 g
Ballaststoffe 0,8 g
Salz 0,4 g

RICHTWERTE PRO PORTION

- ●●● KALORIEN
- ●●● GES. FETTSÄUREN
- ●●○ SALZ

LAVASH MIT AUBERGINENDIP

PORTIONEN 8 **ZUBEREITUNG** 20 MIN. **GARZEIT** 1 STD. 10 MIN.

Lavash ist knuspriges iranisches Brot, das sich mit einem Auberginendip großartig als Snack oder Vorspeise eignet.

150 g glutenfreies Mehl, sowie Mehl zum Bestäuben
2 TL Xanthan
½ TL Salz
2 Eiweiß
15 g Butter, zerlassen
2 EL Sesam
1 EL Mohnsamen

Für den Dip
2 mittelgroße Auberginen
2 Knoblauchzehen, zerdrückt
Schale und Saft von 1 Bio-Zitrone
3 EL Tahin
½ TL Salz
90 ml Olivenöl
3 EL fein gehacktes Koriandergrün
4 EL griechischer Joghurt
schwarzer Pfeffer

1 Den Backofen auf 200 °C vorheizen. Die Auberginen auf einem Backblech 30–40 Minuten garen, bis sie weich und leicht geschwärzt sind.

2 In der Zwischenzeit für das Brot Mehl, Xanthan und Salz in eine große Schüssel sieben. 1 Eiweiß mit 90 ml Wasser verquirlen und mit der zerlassenen Butter sorgfältig unter die Mehlmischung rühren, um einen Teig herzustellen. Den Teig auf der bemehlten Arbeitsfläche leicht kneten und in 6 Kugeln teilen. Die Kugeln sehr dünn ausrollen und auf Bleche legen.

3 Die Brote mit dem restlichen Eiweiß bestreichen, mit Sesam und Mohn bestreuen und portionsweise je 10–15 Minuten backen, bis sie goldbraun und knusprig sind.

4 Die Auberginen halbieren und das Fleisch in eine Küchenmaschine löffeln. Mit den übrigen Zutaten zu einem groben Dip zerkleinern. Abschmecken, in eine Schüssel füllen und mit dem Brot servieren.

TIPP

Nach dem Abkühlen hält sich das Brot in einem luftdicht verschlossenen Behälter 2–3 Tage. Vor dem Verzehr im Backofen aufbacken. Der Dip kann in einem luftdicht verschlossenen Behälter 2–3 Tage im Kühlschrank aufbewahrt werden.

NÄHRWERTE PRO PORTION

Brennwert 226 kcal/994 kJ
Protein 5,5 g
Fett 17 g
Ges. Fettsäuren 3,5 g
Kohlenhydrate 15,5 g
Zucker 1,5 g
Ballaststoffe 3 g
Salz 0,6 g

RICHTWERTE PRO PORTION

●●○ KALORIEN

●●● GES. FETTSÄUREN

●●○ SALZ

OLIVENSCHNECKEN

ERGIBT 16 **ZUB.** 20 MIN. **GARZEIT** 15–20 MIN. **EINFRIEREN** 3 MO.

Glutenfreier Blätterteig, mit Tapenade bestrichen, aufgerollt und goldbraun gebacken, ist ein leckerer Partysnack.

400 g glutenfreier Blätterteig (siehe Seite 46–47)
1 Ei, verquirlt, zum Bestreichen

Für die Tapenade
150 g entsteinte schwarze Oliven
2 Knoblauchzehen, grob gehackt
Salz und schwarzer Pfeffer
100 ml bestes Olivenöl
Saft von ½ Zitrone

1 Den Backofen auf 200 °C vorheizen. Für die Tapenade Oliven, Knoblauch sowie Salz und Pfeffer nach Geschmack in einer Küchenmaschine sorgfältig zerkleinern. Bei laufendem Motor so viel Öl hineinträufeln, dass eine weiche Paste entsteht – möglicherweise ist nicht das gesamte Öl erforderlich. Etwas Zitronensaft nach Geschmack dazugeben. Die Paste beiseitestellen.

2 Den Teig zu einem etwa 30 × 35 cm großen Rechteck ausrollen. Zwischen zwei Stücken Frischhaltefolie ist diese Arbeit einfacher. Die Tapenade auf den Teig streichen, dabei rundum einen 2,5 cm breiten Rand lassen.

3 Den Teig an einer der kürzeren Seiten beginnend möglichst fest aufrollen, dann in 16 Scheiben schneiden. Die Schnecken nebeneinander auf ein dünn eingeöltes Backblech legen und mit etwas Ei bestreichen. Für 15 Minuten in den Backofen schieben, bis sie hell goldbraun und etwas aufgegangen sind. Als Snack mit Getränken servieren.

TIPP

Diese Schnecken können im Voraus zubereitet und roh eingefroren werden. Zum Verzehr schiebt man sie einfach noch tiefgefroren in den Backofen. Die Tapenade kann durch glutenfreies Pesto (siehe Seite 109), durch Tomatensauce oder einfach durch geriebenen Käse ersetzt werden.

NÄHRWERTE PRO SCHNECKE

Brennwert 154 kcal/642 kJ

Protein 2 g

Fett 12,5 g
Ges. Fettsäuren 4 g

Kohlenhydrate 9 g
Zucker 0,3 g

Ballaststoffe 0,4 g

Salz 0,4 g

ZWIEBEL-CHILI-BHAJIS MIT RAITA

PORTIONEN 4 **ZUBEREITUNG** 20 MIN. PLUS RUHEZEIT **GARZEIT** 20 MIN.

RICHTWERTE PRO PORTION

●●○ KALORIEN
●●○ GES. FETTSÄUREN
●○○ SALZ

Ohne Chilischote und mit einem milden Garam masala zubereitet werden Kinder diese Bhajis lieben.

1 mittelgroße rote Zwiebel, in dünne Scheiben geschnitten
1 rote Chilischote, nach Entfernen von Stielansatz, Scheidewänden und Samen fein gehackt
1 Prise Kurkuma
2 TL Garam masala
1 TL Schwarzkümmel
Salz und schwarzer Pfeffer
Saft von ½ Zitrone
etwa 200 g Kichererbsenmehl
1 Handvoll Koriandergrün, gehackt
Pflanzenöl zum Frittieren, ausreichend, um den Topf zur Hälfte zu füllen

Für die Raita

200 g griechischer Joghurt
½ Salatgurke, geschält, längs halbiert und nach Entfernen der Samen fein gehackt
1 Handvoll Minzeblätter, fein gehackt
Salz und schwarzer Pfeffer

SUPER FÜR KIDS

1 Zwiebel, Chilischote, Kurkuma, Garam masala und Schwarzkümmel in eine Schüssel geben, mit Salz und Pfeffer nach Geschmack würzen und den Zitronensaft hinzufügen. Nach und nach das Mehl und 100–150 ml kaltes Wasser untermischen, bis eine dicke Mischung entstanden ist, die zusammenhält. Nicht zu viel Wasser hinzufügen. Das Koriandergrün unterrühren und die Mischung 5 Minuten im Kühlschrank ruhen lassen.

2 In der Zwischenzeit für die Raita Joghurt, Gurke und Minze vermischen und großzügig salzen und pfeffern. Beiseitestellen.

3 Das Öl in einem tiefen Topf bei hoher Temperatur erhitzen. Den Topf im Auge behalten. Von der Kochstelle ziehen, wenn er nicht in Gebrauch ist, und eine Löschdecke bereithalten, falls das Öl Feuer fängt. Etwas Zwiebelmischung in das Öl geben, um zu prüfen, ob es heiß genug ist – es sollte zischen. Eine Portion etwa in Größe eines Golfballs hineingeben und 4–5 Minuten frittieren, bis das Bällchen Farbe annimmt. Mit einem Schaumlöffel herausnehmen und auf Küchenpapier abtropfen lassen. Mit der übrigen Mischung ebenso verfahren. Die Bhajis mit der Raita servieren.

NÄHRWERTE PRO BHAJI

Brennwert	139 kcal/580 kJ
Protein	5 g
Fett	9 g
Ges. Fettsäuren	2 g
Kohlenhydrate	10 g
Zucker	3 g
Ballaststoffe	2,5 g
Salz	0,15 g

RICHTWERTE PRO PORTION

●●○ KALORIEN

●●● GES. FETTSÄUREN

●●○ SALZ

BLINI MIT RÄUCHERFORELLE UND SCHARFSAURER GURKE

PORTIONEN 10 **ZUB.** 15 MIN. PLUS MARINIERZEIT **GARZEIT** 10–15 MIN. **EINFRIEREN** 6 MO. NUR DIE BLINI

Servieren Sie diese kleinen Pfannkuchen als Kanapees mit einem Belag aus Gurke, Forelle und Sauerrahm.

85 g Buchweizenmehl
85 g glutenfreies Mehl
½ TL glutenfreies Backpulver
1 TL Trockenhefe
Salz
200 ml Milch
1 Ei, getrennt
15 g Butter, zerlassen
250 g Salatgurke, geschält, halbiert und nach Entfernen der Samen in dünne Scheiben geschnitten
½ TL weiße Senfkörner
½ TL Sichuanpfefferkörner
3 EL Apfelessig
1 EL fein gehackter Dill
1 EL Zucker
½ TL getrocknete Chiliflocken
Pflanzenöl zum Braten
140 g Räucherforelle, fein gehackt
150 g Sauerrahm

1 Mehl, Backpulver, Hefe und ½ Teelöffel Salz in eine große Schüssel sieben. Die Milch leicht erwärmen, dann mit Eigelb und zerlassener Butter sorgfältig unter das Mehl mischen. Den Teig abgedeckt 30 Minuten stehen lassen.

2 Die Gurke in eine Schüssel geben. Senfkörner und Pfefferkörner im Mörser grob zerstoßen. Mit Essig, Dill, Zucker, ½ Teelöffel Salz und Chiliflocken zu der Gurke geben und untermischen. Abgedeckt für 20 Minuten zum Durchziehen beiseitestellen.

3 Den Teig durchrühren. Das Eiweiß in einer sauberen Schüssel schlagen, bis sich steife Spitzen bilden. Unter den Teig heben. Eine beschichtete schwere Pfanne erhitzen. Einige Tropfen Öl hineingeben und mit Küchenpapier verteilen. Den Teig esslöffelweise in die Pfanne setzen. Die Blini sollten etwa 5 cm Durchmesser haben. Bei mittlerer Hitze 1–2 Minuten backen, bis sich oben Bläschen bilden und die Unterseite goldbraun ist. Umdrehen und noch einmal 1 Minute garen. Insgesamt 35–40 Blini herstellen. Warm mit Gurke, Räucherforelle und Sauerrahm servieren.

NÄHRWERTE PRO PORTION

Brennwert 171 kcal/714 kJ
Protein 6,5 g
Fett 8,5 g
Ges. Fettsäuren 4 g
Kohlenhydrate 16 g
Zucker 3,5 g
Ballaststoffe 0,6 g
Salz 0,9 g

RICHTWERTE PRO PERSON

●●● KALORIEN

●●○ GES. FETTSÄUREN

●○○ SALZ

GEMÜSE-TEMPURA

PORTIONEN 6 **ZUBEREITUNG** 25 MIN. **GARZEIT** 10 MIN.

Da der Teig für diesen japanischen Snack sofort verarbeitet werden muss, bereitet man zunächst das Gemüse vor.

1 rote Paprikaschote, geputzt und in Streifen geschnitten
1 kleiner Kopf Brokkoli, in Röschen geteilt
1 mittelgroße Zwiebel, geachtelt
2 Möhren, in Stäbchen geschnitten
1 EL Maisstärke
Sonnenblumenöl zum Frittieren

Für den Dip

2 EL glutenfreier Mirin (süßer Reiswein)
3 EL Tamari (glutenfreie Sojasauce)
1–2 EL Zucker nach Geschmack
1 EL Limettensaft

Für den Teig

1 Eigelb
120 ml eiskaltes Mineralwasser mit Kohlensäure
100 g Reismehl, gesiebt
Salz und schwarzer Pfeffer

1 Für den Dip Mirin, Tamari und Zucker in einer Schüssel vermischen. Limettensaft und 3 Esslöffel Wasser unterrühren. Abschmecken und nötigenfalls noch Wasser hinzufügen. Beiseitestellen. Für den Teig das Eigelb in eine Schüssel geben und mit einer Gabel verquirlen. Das Mineralwasser untermischen. Reismehl sowie etwas Salz und Pfeffer kurz unterrühren.

2 Das vorbereitete Gemüse in der Maisstärke wenden. Etwa 8 cm hoch Öl in einen Wok gießen und erhitzen. Den Wok im Auge behalten. Wenn er nicht gebraucht wird, von der Kochstelle ziehen. Eine Löschdecke bereithalten, falls das Öl Feuer fängt. Die Gemüse nacheinander dünn mit Teig überziehen und in das Öl geben. Den Wok nicht überfüllen. Die Gemüse nach etwa 2–3 Minuten mit einem Schaumlöffel herausheben, sobald der Teig goldbraun und knusprig ist. Auf Küchenpapier abtropfen lassen. Mit dem übrigen Gemüse ebenso verfahren. Heiß mit dem Dip servieren.

NÄHRWERTE PRO PORTION

Brennwert 221 kcal/918 kJ

Protein 3 g

Fett 13 g
Ges. Fettsäuren 2 g

Kohlenhydrate 22 g
Zucker 0,5 g

Ballaststoffe 3 g

Salz 0,3 g

« **Tamari**
Meist wird Sojasauce aus fermentierten Sojabohnen und geröstetem Weizen hergestellt, Tamari jedoch nur aus Bohnen. Daher ist es glutenfrei.

SESAM-GARNELEN-TOASTS

ERGIBT 64 **ZUBEREITUNG** 15 MIN. **GARZEIT** 15–20 MIN.

Diese großartigen Kanapees, die man zu Getränken reicht, sind in wenigen Minuten fertig. Lässt man die Chilischote weg, eignen sie sich auch als Snack für Kinder.

RICHTWERTE PRO PORTION

- ●○○ KALORIEN
- ●○○ GES. FETTSÄUREN
- ●○○ SALZ

SUPER FÜR KIDS

- 250 g gegarte und geschälte Garnelen
- 1 rote Chilischote, nach Entfernen von Stielansatz, Samen und Scheidewänden fein gehackt
- 1 Handvoll Koriandergrün, fein gehackt
- Salz und Pfeffer
- 8 Scheiben glutenfreies Weißbrot (siehe Seite 38), leicht getoastet
- 4 EL Sesam, nötigenfalls auch mehr
- 4–5 EL Sonnenblumenöl, nötigenfalls auch mehr

1 Die Garnelen mit Chilischote, Koriander, Salz und Pfeffer in eine Küchenmaschine geben und sorgfältig zerkleinern. Die Rinde von dem Brot abschneiden und zurückstellen (siehe Tipp).

2 Die Garnelenmischung auf die Toasts streichen und gut andrücken, damit sie haften bleibt. Die Toasts in Viertel schneiden und diese in Dreiecke. Den Sesam auf einem Teller verteilen und die Toasts mit der bestrichenen Seite hineindrücken.

3 In einer Pfanne 1 Esslöffel Öl bei mittlerer Temperatur erhitzen. Die Toasts portionsweise mit der unbestrichenen Seite hineinlegen und 1–2 Minuten braten. Anschließend wenden und die bestrichene Seite für 1–2 Minuten backen, bis sie goldbraun ist. Herausnehmen und auf Küchenpapier abtropfen lassen. Sesam in der Pfanne gegebenenfalls entfernen und die übrigen Toasts braten. Nötigenfalls noch Öl hinzufügen.

TIPP

Aus der Brotrinde können Semmelbrösel hergestellt werden. Die Rinde in einer Küchenmaschine zerkleinern. Im Kühlschrank halten die Brösel sich drei Tage, im Gefriergerät bis zu drei Monate.

NÄHRWERTE PRO TOAST

Brennwert 43 kcal/182 kJ

Protein 2 g

Fett 3 g
Ges. Fettsäuren 0,5 g

Kohlenhydrate 3 g
Zucker 0,2 g

Ballaststoffe 0,3 g

Salz 0,2 g

RICHTWERTE PRO PORTION

- ●●○ KALORIEN
- ●○○ GES. FETTSÄUREN
- ●●○ SALZ

GEMÜSE-FRÜHLINGSROLLEN

ERGIBT 10 **ZUBEREITUNG** 30 MIN. **GARZEIT** 15–20 MIN.

Sie können die Rollen im Voraus frittieren und vor dem Verzehr im heißen Backofen wieder aufbacken.

15 g getrocknete Shiitake, 20 Minuten in kochendem Wasser eingeweicht
1 kleine Möhre, in Stifte geschnitten
3 Frühlingszwiebeln, in Stifte geschnitten
85 g Weißkohl, in Streifen geschnitten
2 Knoblauchzehen, zerdrückt
2 cm Ingwerwurzel, geschält und gerieben
2 EL Tamari (glutenfreie Sojasauce)
1 EL chinesischer Shaoxing-Reiswein
½ TL chinesisches Fünfgewürzpulver
1 EL Pflanzenöl
60 g Bohnensprossen
20 Reisteighüllen (Asienladen)
Pflanzenöl zum Frittieren

Für den Chilidip
60 g Zucker
90 ml Reisessig
2 Knoblauchzehen, gehackt
2 rote Chilischoten, nach Entfernen von Stielansatz, Samen und Scheidewänden fein gehackt

1 Die Pilze abtropfen lassen, fein hacken und mit den nachfolgenden 5 Zutaten vermischen. In einem kleinen Krug Tamari, Reiswein und Fünfgewürzpulver verrühren. Das Öl in einer Pfanne oder einem Wok erhitzen. Alle Gemüse darin 1 Minute unter Rühren braten. Die Tamarimischung dazugeben und 30 Sekunden köcheln lassen. Die Gemüse von der Kochstelle nehmen und abkühlen lassen.

2 Für den Dip die Zutaten mit 4 Esslöffeln Wasser in einem kleinen Topf zum Kochen bringen und 5 Minuten köcheln lassen, bis die Sauce etwas eingedickt ist. Abkühlen lassen.

3 Eine Teighülle 10–15 Sekunden in warmes Wasser tauchen, bis sie weich ist. Auf ein feuchtes Küchenhandtuch legen und betupfen, bis sie etwas klebrig wird. 1 Esslöffel Füllung in die Mitte setzen. Die Teighülle unten über die Füllung klappen, dann seitlich. Die Hülle fest aufrollen. Eine zweite Teighülle einweichen und um die erste wickeln. Mit den übrigen Zutaten ebenso verfahren. Das Öl in einer Fritteuse oder einem großen Topf auf 180 °C erhitzen. Jeweils 2 Frühlingsrollen darin 3–4 Minuten frittieren, bis sie goldbraun sind. Mit einem Schaumlöffel herausheben und auf Küchenpapier abtropfen lassen. Warm stellen, während die übrigen Rollen frittiert werden. Die Frühlingsrollen heiß mit dem Chilidip servieren.

NÄHRWERTE PRO ROLLE

Brennwert 105 kcal/440 kJ
Protein 1,1 g
Fett 6 g
Ges. Fettsäuren 0,7 g
Kohlenhydrate 12 g
Zucker 8 g
Ballaststoffe 1 g
Salz 0,7 g

RICHTWERTE PRO PORTION

●●● KALORIEN

●●○ GES. FETTSÄUREN

●●● SALZ

KNUSPRIGE KÖNIGSGARNELEN MIT TERIYAKISAUCE

PORTIONEN 4 **ZUBEREITUNG** 15 MIN. **GARZEIT** 10–15 MIN.

Verwenden Sie für dieses einfache Gericht gute saftige Garnelen, denn sie sind die Stars der Show.

3 EL Tamari (glutenfreie Sojasauce)
1 EL glutenfreier Mirin (süßer Reiswein, Asienladen)
1 TL Zucker
2–3 EL Maisstärke
Salz und schwarzer Pfeffer
1 Prise getrocknete Chiliflocken
12 große rohe Königsgarnelen, geschält und die Därme entfernt, Schwanzfächer belassen
5 EL Sonnenblumenöl

1 Zuerst für die Teriyakisauce Tamari, Mirin und Zucker vermischen. Die Sauce abschmecken und beiseitestellen.

2 Maisstärke, Salz, Pfeffer und Chiliflocken vermischen und zu den Garnelen geben. Die Garnelen gut durchziehen, um sie vollständig mit der Würzmischung zu bedecken.

3 Das Öl in einem Wok oder Topf erhitzen, bis es heiß ist. Einige Garnelen hineingeben und etwa 3–5 Minuten garen, bis sie rosa sind. Mit einem Schaumlöffel herausheben. So fortfahren, bis alle Garnelen gegart sind. Zum Servieren etwas Sauce über die Garnelen schöpfen, den Rest getrennt als Dip reichen.

NÄHRWERTE PRO PORTION

Brennwert	234 kcal/971 kJ
Protein	11 g
Fett	17 g
Ges. Fettsäuren	2 g
Kohlenhydrate	8 g
Zucker	2 g
Ballaststoffe	Spuren
Salz	2,4 g

« **Königs- oder Tigergarnelen** Diese Garnelen kommen hauptsächlich im Pazifik und Indischen Ozean vor. Zur Vorbereitung Beine und Fühler abschneiden. Den Kopf abdrehen und den Schwanzteil herausziehen.

KREBSFLEISCHKÜCHLEIN MIT SÜSSSAURER SAUCE

PORTIONEN 4 **ZUB.** 15 MIN. PLUS KÜHLZEIT **GARZEIT** 30 MIN. **EINFRIEREN** 3 MO. NUR DIE KÜCHLEIN

Saftiges Krebsfleisch, das mit Chilischote und Koriandergrün aromatisiert wurde, ist ein echter Leckerbissen.

400g frisches Krebsfleisch oder Krebsfleisch aus der Dose
1 Bund Frühlingszwiebeln, geputzt und fein gehackt
1 Handvoll Koriandergrün, grob gehackt
1 Chilischote, nach Entfernen der Samen fein gehackt
1 Ei, verquirlt
1–2 EL Reismehl zum Bestäuben
Sonnenblumenöl zum Braten

Für die süßsaure Sauce
5 EL Reisessig
2 TL Maisstärke
150ml Ananassaft
2 EL passierte Tomaten
1–2 TL Zucker oder je nach Geschmack
Salz und schwarzer Pfeffer

1 Zuerst die Sauce zubereiten. Alle Zutaten in einen kleinen Topf geben und behutsam unter ständigem Rühren zum Kochen bringen. Die Hitze reduzieren und die Sauce 10 Minuten köcheln lassen, bis sie eingedickt ist. Nach Geschmack salzen und pfeffern, beiseitestellen.

2 Für die Küchlein Krebsfleisch, Frühlingszwiebeln, Koriandergrün und Chilischote in eine Küchenmaschine geben und gut zerkleinern. Salz und Pfeffer hinzufügen und untermischen. Die Masse in eine Schüssel geben und langsam das Ei untermischen, am besten mit den Händen. So viel Ei dazugeben, dass die Masse weich und formbar, aber nicht breiig wird.

3 Die Hände dünn mit Mehl bestäuben und aus der Masse etwa 16 Kugeln formen. Die Kugeln flach drücken. Auf ein mit Backpapier belegtes Blech setzen und für 30 Minuten in den Kühlschrank stellen.

4 In einer beschichteten Pfanne etwas Öl erhitzen. Die Küchlein darin portionsweise auf beiden Seiten braten, bis sie goldbraun sind, insgesamt etwa 5–6 Minuten. Fertige Küchlein zum Abtropfen auf Küchenpapier heben. Die Küchlein mit der Sauce servieren.

RICHTWERTE PRO PORTION

●●● KALORIEN
●●○ GES. FETTSÄUREN
●●○ SALZ

NÄHRSTOFFE PRO PORTION

Brennwert	248kcal/1037kJ
Protein	22g
Fett	13g
Ges. Fettsäuren	2g
Kohlenhydrate	10g
Zucker	5g
Ballaststoffe	0,5g
Salz	1,1g

RICHTWERTE PRO PORTION

●●● KALORIEN

●●● GES. FETTSÄUREN

●●○ SALZ

SUPER FÜR KIDS

MINI-FISCHFRIKADELLEN MIT KORIANDERMAYONNAISE

PORTIONEN 4 **ZUB.** 30 MIN. PLUS KALT STELLEN **GARZEIT** 30 MIN. **EUINFRIEREN** 3 MO. NUR DIE FISCHFRIKADELLEN

Falls Sie wegen der Salmonellengefahr rohe Eier lieber meiden, verzichten Sie auf die Mayonnaise.

2 Eigelb
1 TL Dijonsenf
Salz und schwarzer Pfeffer
1 EL Weißweinessig
300 ml Sonnenblumenöl, sowie Öl zum Braten
1 Handvoll Koriandergrün, nur die Blätter, fein gehackt
450 g Lachsfilet ohne Haut
300 ml Milch
200 g Kartoffelpüree
1 kleine Handvoll Dill, fein gehackt
abgeriebene Schale und Saft von ½ Bio-Zitrone
¼–½ TL Cayennepfeffer
½ grüne Paprikaschote, geputzt und fein gehackt
2–3 EL Reisstärke
1 Ei, verquirlt
100 g glutenfreies Weißbrot (siehe Seite 38), fein zerkrümelt

NÄHRSTOFF-KRACHER
Fettfische wie Lachs sind reich an Omega-3-Fettsäuren – gut für das Herz.

1 Für die Mayonnaise Eigelb, Senf, etwas Salz und Pfeffer und den Essig in eine Küchenmaschine geben. Bei laufendem Motor das Öl in einem dünnen, gleichmäßigen Strahl dazugießen, bis die Mischung emulgiert und dick wird. Abschmecken und nötigenfalls noch Essig, Salz oder Pfeffer hinzufügen. In eine Servierschüssel füllen und den Koriander unterrühren. Abgedeckt beiseitestellen.

2 Den Lachs in eine tiefe Pfanne geben, mit der Milch übergießen und salzen und pfeffern. Zum Kochen bringen und 4–6 Minuten köcheln lassen, bis er nicht mehr glasig ist. Mit einem Schaumlöffel in eine Schüssel heben und zerpflücken. Kartoffelpüree, Dill, Schale und Saft der Zitrone, Cayennepfeffer, Paprikaschote sowie Salz und Pfeffer untermischen. ½ Esslöffel der Mischung zu einer Mini-Frikadelle formen. Auf diese Weise etwa 20 Frikadellen herstellen. Auf ein mit Backpapier belegtes Blech setzen.

3 Die Frikadellen im Mehl wenden, in das Ei tauchen und mit den Semmelbröseln überziehen. Für 30 Minuten kalt stellen. In einer beschichteten Pfanne 1 Esslöffel Öl erhitzen. Die Frikadellen portionsweise auf jeder Seite 3–4 Minuten goldbraun braten, dann mit der Mayonnaise servieren.

NÄHRWERTE PRO PORTION

Brennwert 766 kcal/2534 kJ
Protein 32 g
Fett 37 g
Ges. Fettsäuren 7,5 g
Kohlenhydrate 37 g
Zucker 7 g
Ballaststoffe 2,5 g
Salz 1 g

SUPPEN UND SALATE

FRANZÖSISCHE ZWIEBELSUPPE

RICHTWERTE PRO PORTION

- ●○○ KALORIEN
- ●●● GES. FETTSÄUREN
- ●○○ SALZ

PORTIONEN 6 **ZUB.** 25 MIN. **GARZEIT** 1½–1¾ STD.

Diese Suppe ist so sättigend, dass sie auch als Hauptgericht serviert werden kann.

2 EL Olivenöl
6 mittelgroße Zwiebeln, geschält, halbiert und in dünne Scheiben geschnitten
Salz und schwarzer Pfeffer
1 Lorbeerblatt
1 EL Demerarazucker
120 ml trockener Weißwein
1,2 l heiße glutenfreie Rinder- oder Gemüsebrühe

Für die Toasts
6 Scheiben glutenfreies Weißbrot (siehe Seite 38), nach Entfernen der Rinde leicht getoastet
150 g Gruyère, gerieben

1 Das Öl in einer großen feuerfesten Kasserolle erhitzen. Die Zwiebeln hinzufügen und gut durchrühren. Salz, Pfeffer und Lorbeerblatt dazugeben. Die Zwiebeln bei schwacher Hitze etwa 15 Minuten garen, bis sie weich werden. Die Temperatur etwas erhöhen und den Zucker unterrühren. Die Zwiebeln weitere 35 Minuten garen, bis sie goldbraun und karamellisiert sind. Gelegentlich umrühren und nötigenfalls die Hitze reduzieren, damit sie nicht anbrennen.

2 Bei mittelhoher Temperatur den Wein hinzufügen und rühren, um den Bodensatz zu lösen. Den Topfinhalt 1–2 Minuten garen, dann die Brühe dazugießen und zum Kochen bringen. Die Hitze reduzieren und alles unbedeckt noch einmal 20–30 Minuten garen. Das Lorbeerblatt herausnehmen und die Suppe mit Salz und Pfeffer abschmecken.

3 Den Backofen auf 180 °C vorheizen. 1 Handvoll Käse in die Suppe geben und sorgfältig unterrühren. Die getoasteten Brotscheiben auf die Suppe setzen und den restlichen Käse auf ihnen verteilen. Den Topf ohne Deckel in den Backofen stellen, bis der Käse zu blubbern beginnt und goldbraun wird. Die Suppe auf Schalen verteilen und jeweils ein Käsetoast daraufsetzen.

NÄHRWERTE PRO PORTION

Brennwert 298 kcal/1249 kJ
Protein 13 g
Fett 13 g
Ges. Fettsäuren 6 g
Kohlenhydrate 28 g
Zucker 9 g
Ballaststoffe 3 g
Salz 0,9 g

MINESTRONE

SUPER FÜR KIDS

PORTIONEN 8 **ZUB.** 40 MIN. **GARZEIT** 1¾–2¼ STD. **EINFRIEREN** 3 MO.

Diese Suppe kann je nach Jahreszeit mit einer Vielzahl von Gemüsen zubereitet werden.

RICHTWERTE PRO PORTION

- ●○○ KALORIEN
- ●○○ GES. FETTSÄUREN
- ●○○ SALZ

NÄHRSTOFF-KRACHER
Dosen-Hülsenfrüchte sind exzellente Lieferanten von löslichen Ballaststoffen.

- 1 Schweinshachse oder eine Packung durchwachsener Speck, in Stücke geschnitten
- 1 EL Olivenöl
- 1 mittelgroße Zwiebel, fein gehackt
- 2 Lorbeerblätter
- 3 große Möhren, gewürfelt
- 1 Fenchelknolle, fein gehackt
- 2 Knoblauchzehen, fein gehackt
- schwarzer Pfeffer
- 4 große reife Tomaten, gehackt
- Blätter von einigen Thymianzweigen
- 1 Prise frisch geriebene Muskatnuss
- 1 Dose Kichererbsen (400 g), abgetropft und abgespült
- 1 Dose weiße Bohnen (400 g), abgetropft und abgespült
- 100 g enthülste Dicke Bohnen, frisch oder aufgetaut
- 100 g enthülste Erbsen, frisch oder aufgetaut
- 200 g kleine glutenfreie Nudeln, fertig gekauft oder frisch zubereitet (siehe Seite 42–43)
- 100 g Spinat
- geriebener Parmesan oder Pecorino

1 Die Hachsenstücke in einen großen Topf geben. Fast bis zum Rand kaltes Wasser auffüllen und zum Kochen bringen. Auf mittelschwache Hitze reduzieren und die Hachse mit halb aufgelegtem Deckel 1–1½ Stunden garen, bis sie weich wird. Die Brühe durch ein Sieb gießen, Fleisch und Knochen aufbewahren. Die Brühe noch einmal durch ein feines Sieb in einen Messbecher gießen. Es sollten 1,2 Liter vorhanden sein. Nötigenfalls Wasser ergänzen. Beiseitestellen. Das Fleisch von den Knochen lösen und beiseitestellen, die Knochen wegwerfen.

2 Das Öl in einem großen schweren Topf erhitzen. Die Zwiebel mit den Lorbeerblättern hineingeben und bei mittelschwacher Hitze 5–7 Minuten garen, bis sie weich ist. Möhren und Fenchel hinzufügen und 8 Minuten garen, bis sie weich sind. Den Knoblauch sowie Pfeffer nach Geschmack unterrühren. Die Tomaten dazugeben und bei schwacher Hitze 10 Minuten garen. Nötigenfalls noch etwas Brühe hinzufügen. Thymian, Muskatnuss, Kichererbsen, Bohnen und Erbsen unterrühren. Alles mit Brühe bedecken und 10 Minuten köcheln lassen. Nudeln, Fleisch und restliche Brühe dazugeben und zum Kochen bringen. Den Topfinhalt köcheln lassen, bis die Nudeln gar sind. Den Spinat unterrühren. Die Suppe abschmecken und mit dem geriebenen Käse servieren.

NÄHRWERTE PRO PORTION

Brennwert 215 kcal/910 kJ
Protein 11 g
Fett 4 g
Ges. Fettsäuren 0,5 g
Kohlenhydrate 34 g
Zucker 7 g
Ballaststoffe 9,5 g
Salz 0,8 g

RICHTWERTE PRO PERSON

●○○ KALORIEN

●●○ GES. FETTSÄUREN

●●○ SALZ

NÄHRSTOFF-KRACHER
Rote Rüben sind reich an Antioxidanzien und Folsäure.

NÄHRWERTE PRO PORTION

Brennwert	113 kcal/475 kJ
Protein	4 g
Fett	5,5 g
Ges. Fettsäuren	2 g
Kohlenhydrate	12 g
Zucker	12 g
Ballaststoffe	4 g
Salz	0,7 g

ROTE-RÜBEN-SUPPE

PORTIONEN 4 **ZUBEREITUNG** 10 MIN. **GARZEIT** 55 MIN.

Rote Rüben verleihen Suppe stets eine wunderbare Farbe. Hier bekommt die Suppe durch Ingwer angenehme Würze und durch Wasabi feurige Schärfe.

- 500 g rohe Rote Rüben, Blattstiele entfernt
- 1 Prise Zucker
- Salz
- 1 EL Olivenöl
- 1 Bund Frühlingszwiebeln, geputzt und fein gehackt
- 5 cm Ingwerwurzel, geschält und gerieben
- Salz und schwarzer Pfeffer
- 750 ml heiße glutenfreie Gemüsebrühe
- 3 EL Sauerrahm
- ¼ TL Wasabipaste, nach Geschmack auch mehr

1 Die Roten Rüben mit dem Zucker in einen Topf mit Salzwasser geben und das Wasser zum Kochen bringen. Die Rüben bei schwacher bis mittlerer Hitze mit halb aufgelegtem Deckel 40 Minuten garen, bis sie so weich sind, dass sie sich mit einem scharfen Messer einstechen lassen. Abtropfen und etwas abkühlen lassen, dann schälen und grob hacken.

2 In einem sauberen Topf das Öl erhitzen. Die Frühlingszwiebeln darin bei mittlerer Hitze 2–3 Minuten garen, bis sie weich werden. Den Ingwer hinzufügen und 1 Minute garen. Die Roten Rüben dazugeben. Gut umrühren, um sie mit Öl zu überziehen, dann salzen und pfeffern. Die Brühe dazugießen und zum Kochen bringen.

3 Die Hitze so weit reduzieren, dass der Topfinhalt noch köchelt. Etwa 10 Minuten sanft garen, dann in einer Küchenmaschine oder mit dem Stabmixer glatt pürieren. Nötigenfalls noch etwas Salz und Pfeffer hinzufügen. Sauerrahm und Wasabi verrühren. Die Suppe in Schalen schöpfen und etwas Wasabirahm daraufgeben.

TIPP

Anstelle von Wasabipaste kann man auch geriebenen Meerrettich verwenden.

RICHTWERTE PRO PORTION

●●○ KALORIEN

●●● GES. FETTSÄUREN

●○○ SALZ

FENCHELSUPPE MIT PARMESANKRÄCKERN

PORTIONEN 4 **ZUBEREITUNG** 20 MIN. **GARZEIT** 45 MIN.

Parmesankräcker sind ganz einfach zuzubereiten und machen aus dieser cremigen Suppe einen echten Knüller.

1–2 EL Olivenöl
50 g Butter
1 Zwiebel, fein gehackt
Salz und Pfeffer
1 Stange Staudensellerie, fein gehackt
1 Möhre, fein gehackt
2 Knoblauchzehen, fein gehackt
3–4 Fenchelknollen, geputzt und fein gehackt, das Grün aufbewahrt
750 ml heiße glutenfreie Gemüsebrühe (siehe gegenüber)
4 EL fein geriebener Parmesan
200 g Sahne
1 Prise frisch geriebene Muskatnuss

1 In einem großen Topf 1 Esslöffel Öl und die Butter erhitzen. Die Zwiebel darin bei schwacher Hitze 5–6 Minuten garen, bis sie weich ist. Salzen und pfeffern. Sellerie und Möhre dazugeben und 10 Minuten bei schwacher Hitze garen, bis sie goldbraun sind. Knoblauch und Fenchel hinzufügen und bei sehr schwacher Hitze 5 Minuten garen, bis der Fenchel weich wird. Nötigenfalls noch Öl dazugeben. Etwas Brühe angießen und zum Kochen bringen. Die restliche Brühe dazugeben und aufwallen lassen. Die Hitze reduzieren und alles noch einmal 20 Minuten köcheln lassen.

2 Für die Parmesankräcker 4 Parmesanhäufchen gleicher Größe bei schwacher Hitze in eine große beschichtete Pfanne geben und mit dem Rücken eines Löffels flach drücken. Einige Minuten garen, bis der Parmesan zu schmelzen beginnt und eine Kruste bildet. Wenn er unten knusprig wird und an den Rändern Bläschen erscheinen, die Kräcker mit einer Palette behutsam umdrehen. Noch einige Minuten rösten, dann von der Kochstelle nehmen. In der Pfanne lassen, damit sie warm bleiben.

3 Die Suppe in eine Küchenmaschine geben, glatt pürieren und wieder in den Topf füllen. Salzen und pfeffern. Die Sahne hinzufügen und die Suppe behutsam erhitzen. In breiten Schalen mit einer Prise Muskatnuss, einem Parmesankräcker und etwas Fenchelgrün garniert servieren.

NÄHRWERTE PRO PORTION

Brennwert 465 kcal/1917 kJ

Protein 9 g

Fett 45 g
Ges. Fettsäuren 26 g

Kohlenhydrate 6 g
Zucker 5 g

Ballaststoffe 4 g

Salz 0,6 g

TOMATEN-BROT-SUPPE

PORTIONEN 4 **ZUBEREITUNG** 15 MIN. **GARZEIT** 25–30 MIN.

Für diese rustikale Suppe lassen sich großartig Brotreste verwerten. Tomaten sind im Sommer am aromatischsten.

RICHTWERTE PRO PORTION

KALORIEN

GES. FETTSÄUREN

2 EL Olivenöl
1 Zwiebel, fein gehackt
Salz und schwarzer Pfeffer
2 Knoblauchzehen, fein gehackt
900 g Tomaten, enthäutet und grob gehackt
4 dicke Scheiben altbackenes glutenfreies Brot (siehe Seite 38), grob zerzupft
1 Handvoll Basilikumblätter
bestes Olivenöl zum Beträufeln

Für die Gemüsebrühe
4 Möhren, grob gehackt
4 Zwiebeln, grob gehackt
4 Stangen Staudensellerie, grob gehackt
2 Lorbeerblätter
1 große Handvoll Pfefferkörner
Salz

SUPER FÜR KIDS

1 Für die Gemüsebrühe alle Zutaten mit 2 Litern Wasser und Salz in einen großen Topf geben und zum Kochen bringen. Die Hitze reduzieren und den Topfinhalt mit halb aufgelegtem Deckel 1 Stunde köcheln lassen. Durch ein Sieb in einen großen Krug gießen. Es sollten etwa 1,2 Liter vorhanden sein. Im Kühlschrank aufbewahrt, hält sich die Brühe bis zu drei Tage.

2 Das Olivenöl in einem großen Topf erhitzen. Die Zwiebel darin bei schwacher Hitze 5–6 Minuten garen, bis sie weich ist. Salz, Pfeffer und Knoblauch unterrühren und 1 Minute garen. Tomaten mit Saft hinzufügen und bei schwacher Hitze 5 Minuten garen. 750 ml Brühe und das Brot dazugeben. Das Brot mit einem Löffel in die Brühe drücken.

3 Alles mit halb aufgelegtem Deckel etwa 15 Minuten sanft garen. Die Suppe sollte so dick sein, dass man sie fast mit einer Gabel essen kann, nötigenfalls aber heißes Wasser hinzufügen. Abschmecken und das Basilikum unterrühren. In Schalen schöpfen und mit etwas Olivenöl servieren.

NÄHRSTOFF-KRACHER
Tomaten sind reich an Lycopen, das vor einigen Krebsarten schützen soll.

TIPP

Zum Einfrieren übrig bleibender Brühe diese zunächst 10 Minuten kräftig kochen lassen, um das Aroma zu intensivieren. Nach dem Abkühlen in einen Gefrierbeutel oder in Eiswürfelbehälter füllen. Innerhalb eines Monats verbrauchen.

NÄHRWERTE PRO PORTION

Brennwert 225 kcal/947 kJ
Protein 6,5 g
Fett 10 g
Ges. Fettsäuren 1,5 g
Kohlenhydrate 27 g
Zucker 9 g
Ballaststoffe 4 g
Salz 0,6 g

SCHELLFISCHTOPF

RICHTWERTE PRO PORTION

●●● KALORIEN

●●● GES. FETTSÄUREN

●●● SALZ

PORTIONEN 4 **ZUBEREITUNG** 20 MIN. **GARZEIT** 30 MIN.

Diese herzhafte Suppe mit zartem weißfleischigem Fisch und saftigen Garnelen ist eine vollwertige Mahlzeit.

25 g Butter
1 Zwiebel, fein gehackt
Salz und schwarzer Pfeffer
200 g Räucherspeck, in Stücke geschnitten
1 Lorbeerblatt
3 mittelgroße festkochende Kartoffeln, geschält und in mundgerechte Stücke geschnitten
2 EL Reismehl
1 Glas trockener Weißwein
300 ml Kaffeesahne
600 ml heiße glutenfreie Fisch- oder Gemüsebrühe (Seite 95)
1 Dose Mais (400 g), abgetropft und abgespült
350 g ungefärbter geräucherter Schellfisch, enthäutet und grob gehackt
250 g geschälte rohe Garnelen

1 Die Butter in einem großen Topf erhitzen. Die Zwiebel mit etwas Salz und Pfeffer hinzufügen und bei niedriger Temperatur 2–3 Minuten garen, bis sie weich ist. Die Temperatur etwas erhöhen. Speck und Lorbeerblatt dazugeben und 4–5 Minuten garen.

2 Die Temperatur herunterschalten. Die Kartoffeln hinzufügen und sorgfältig untermischen. Das Mehl dazugeben und ebenfalls gut unterrühren. Den Wein hinzufügen und nach Erhöhen der Hitze unter gelegentlichem Rühren köcheln lassen. Sahne und Brühe dazugießen und zum Kochen bringen.

3 Die Hitze reduzieren. Den Mais dazugeben und den Topfinhalt etwa 15 Minuten köcheln lassen, bis die Kartoffeln gar sind. Fisch und Garnelen hinzufügen und zugedeckt 4–6 Minuten garen, bis beide nicht mehr glasig sind. Die Suppe abschmecken.

NÄHRWERTE PRO PORTION

Brennwert 693 kcal/2908 kJ
Protein 44 g
Fett 33,5 g
Ges. Fettsäuren 17 g
Kohlenhydrate 43 g
Zucker 10 g
Ballaststoffe 3,5 g
Salz 3 g

TIPP

Das Geheimnis des Erfolgs besteht bei dieser Suppe darin, dass der Fisch nicht übergart wird. Er ist nach wenigen Minuten fertig und gart in der heißen Brühe noch weiter, nachdem der Topf vom Herd genommen wurde.

RICHTWERTE PRO PORTION

●○○ KALORIEN

●○○ GES. FETTSÄUREN

●●● SALZ

KREBSFLEISCH-NUDELSUPPE

PORTIONEN 4 **ZUBEREITUNG** 15 MIN. PLUS KÜHLZEIT **GARZEIT** 30 MIN.

Mit der Zubereitung dieser Suppe beginnt man am Vortag, damit sich die Aromen entfalten können.

1 EL Sonnenblumenöl
1 Bund Frühlingszwiebeln, schräg in Scheiben geschnitten
1–2 rote Chilischoten, nach Entfernen von Stielansatz, Samen und Scheidewänden fein gehackt
1–2 Knoblauchzehen, fein gehackt
3 Möhren, schräg in Scheiben geschnitten
1 Dose Mais (340 g), abgetropft
Salz und schwarzer Pfeffer
2 EL Tamari (glutenfreie Sojasauce)
750 ml heiße glutenfreie Gemüsebrühe (siehe Seite 95)
100 g dünne Reisnudeln
400 g weißes Krebsfleisch
1 kleines Bund Schnittlauch, fein gehackt
1 kleines Bund Koriandergrün, grob gehackt

1 Das Öl in einem großen Topf erhitzen. Die Frühlingszwiebeln darin bei mittlerer Hitze 1 Minute garen, bis sie weich sind. Chilischote, Knoblauch, Möhren und Mais hinzufügen und durchrühren. Salzen und pfeffern.

2 Das Tamari dazugeben und sorgfältig unterrühren. Etwas Brühe hinzufügen und zum Kochen bringen. Die restliche Brühe dazugießen und aufwallen lassen. Den Topfinhalt mit halb aufgelegtem Deckel bei schwacher Hitze 15–20 Minuten köcheln lassen, bis die Möhren weich sind. Abkühlen lassen, dann über Nacht kalt stellen, damit sich die Aromen entfalten.

3 Die Nudeln in einer großen Schüssel mit kochendem Wasser bedecken. Nach Gebrauchsanweisung quellen und dann abtropfen lassen.

4 Die Suppe erhitzen. Nudeln, Krebsfleisch und die Hälfte der Kräuter hineingeben und rühren, bis die Suppe dampfend heiß ist. In Schalen schöpfen, mit den restlichen Kräutern bestreuen und servieren.

TIPP

Verwenden Sie hier nicht nur die Korianderblätter, sondern auch die Stängel, die sehr aromatisch sind und der Suppe mehr Geschmack verleihen als die Blätter.

NÄHRWERTE PRO PORTION

Brennwert 369 kcal/1550 kJ

Protein 24 g

Fett 9,5 g
Ges. Fettsäuren 1 g

Kohlenhydrate 44 g
Zucker 13 g

Ballaststoffe 4 g

Salz 3 g

CHINESISCHE HÜHNERSUPPE MIT GARNELENKLÖSSCHEN

PORTIONEN 4 **ZUBEREITUNG** 20 MIN. **GARZEIT** 50 MIN.

Wer keine Zeit für die Zubereitung von Klößchen hat, rührt die Garnelen einfach gehackt in die Suppe.

RICHTWERTE PRO PORTION

Bewertung	
●○○	KALORIEN
●○○	GES. FETTSÄUREN
●●●	SALZ

2 große Hähnchenbrustfilets
Salz und schwarzer Pfeffer
5 Frühlingszwiebeln, schräg in Scheiben geschnitten
5 cm Ingwerwurzel, geschält und in Stifte geschnitten
1–2 EL Tamari (glutenfreie Sojasauce)
½–1 rote Chilischote, schräg in dünne Scheiben geschnitten
150 g Shiitake, in Scheiben geschnitten
125 g gegarter Reis

Für die Klößchen
350 g Garnelen, gegart und geschält
5 cm Ingwerwurzel, geschält und grob gehackt
1 rote Chilischote, nach Entfernen von Stielansatz, Samen und Scheidewänden fein gehackt
1 kleine Handvoll Korianderblätter, sowie Blätter zum Garnieren
2 TL glutenfreie Nam pla (Fischsauce)
2 EL Maisstärke, nötigenfalls mehr

1 Für die Brühe 1,5 Liter Wasser, Hähnchenbrustfilets sowie Salz und Pfeffer in einen großen Topf geben und zum Kochen bringen. Das Fleisch mit schwacher bis mittlerer Hitze halb zugedeckt 15–20 Minuten köcheln lassen, bis es gar ist. Mit einem Schaumlöffel herausnehmen und zum Abkühlen beiseitestellen. Die Brühe durch ein Sieb in einen sauberen Topf gießen. Es sind etwa 1,2 Liter notwendig. Das Fleisch in Streifen schneiden.

2 Für die Klößchen alle Zutaten mit Salz und Pfeffer in eine Küchenmaschine geben und zerkleinern. Golfballgroße Portionen abnehmen und zu Kugeln rollen – möglicherweise ist noch etwas Maisstärke erforderlich. Die Klößchen auf einen Teller legen und kalt stellen.

3 Die Brühe bei schwacher bis mittlerer Temperatur erhitzen. Frühlingszwiebeln, Ingwer, Tamari, Chilischote und Pilze hineingeben und etwa 20 Minuten garen. Die Suppe kosten und nötigenfalls nachwürzen.

4 Reis und Hähnchenfleisch unterrühren und 2 Minuten köcheln lassen. Die Klößchen hinzufügen und 5–8 Minuten garen. Die Suppe in Schalen schöpfen und mit den Korianderblättern bestreut servieren.

NÄHRWERTE PRO PORTION

Brennwert	250 kcal/1047 kJ
Protein	36 g
Fett	2 g
Ges. Fettsäuren	0,5 g
Kohlenhydrate	19 g
Zucker	1 g
Ballaststoffe	0,9 g
Salz	2,5 g

RICHTWERTE PRO PORTION

●●○ KALORIEN

●●● GES. FETTSÄUREN

●○○ SALZ

QUINOASALAT MIT MANGO, LIMETTE UND KOKOSNUSS

PORTIONEN 4 **ZUBEREITUNG** 15 MIN. **GARZEIT** 10 MIN.

Ein gesunder Salat voller tropischer Aromen und leuchtender Farben. Versuchen Sie reife, aromatische Mangos zu bekommen, auch wenn sie etwas teurer sind.

- 50 g Kokosraspeln
- 300 g Quinoa
- 1 Dose weiße Bohnen (400 g), abgetropft und abgespült
- ½ rote Zwiebel, fein gehackt
- 1 große Mango, geschält, entsteint und in mundgerechte Stücke geschnitten
- 1 Limette, geschält und filetiert, Filets halbiert
- 1 Handvoll Minze, fein gehackt
- 1 Handvoll glatte Petersilie, fein gehackt

Für das Dressing

- 3 EL Olivenöl
- 1 EL Weißweinessig
- 1 Prise Zucker
- Salz und schwarzer Pfeffer

NÄHRSTOFF-KRACHER
Mango ist ein exzellenter Lieferant von Betacarotin.

1 Die Kokosraspeln ohne Fett in einer Pfanne bei mittlerer Temperatur 2–3 Minuten rösten, bis sie goldbraun sind, dabei rühren, damit sie nicht anbrennen. Von der Kochstelle nehmen und abkühlen lassen.

2 Für das Dressing alle Zutaten in eine kleine Schüssel oder einen Krug geben und verschlagen. Abschmecken und nötigenfalls nachwürzen.

3 Die Quinoa nach den Anweisungen auf der Packung garen. Gut abtropfen lassen und in eine große Servierschüssel füllen. Solange die Quinoa noch warm ist, weiße Bohnen, Zwiebel, Mango, Limette, Minze, Petersilie sowie Salz und Pfeffer nach Geschmack unterheben.

4 Das Dressing darübergießen und sorgfältig unterheben. Den Salat mit den gerösteten Kokosraspeln bestreuen und sofort servieren.

NÄHRWERTE PRO PORTION

Brennwert 460 kcal/1935 kJ

Protein 15 g

Fett 20 g
Ges. Fettsäuren 8 g

Kohlenhydrate 54 g
Zucker 12,5 g

Ballaststoffe 7,5 g

Salz 0,8 g

RICHTWERTE PRO PORTION

●○○ KALORIEN

●○○ GES. FETTSÄUREN

●●○ SALZ

SOBA-NUDEL-GARNELEN-SALAT

SUPER FÜR KIDS

PORTIONEN 4 **ZUBEREITUNG** 15 MIN. **GARZEIT** 25 MIN.

Hier wurden nussig schmeckende Soba-Nudeln mit Tigergarnelen und Orangen-Ingwer-Dressing kombiniert.

200 g Soba-Nudeln (siehe Tipp)
Salz und schwarzer Pfeffer
1 EL Sonnenblumenöl
250 g rohe Tigergarnelen, geschält, die Schwanzfächer entfernt
300 g TK-Sojabohnen
4 Frühlingszwiebeln, fein gehackt
1 rote Chilischote, nach Entfernen von Samen und Scheidewänden in schmale Ringe geschnitten
1 Handvoll Korianderblätter, grob gehackt
1 Handvoll Minzeblätter, grob gehackt

Für das Dressing

Saft von 1 Orange
5 cm Ingwerwurzel, geschält und gerieben
1 EL Tamari (glutenfreie Sojasauce)
2 Knoblauchzehen, zerdrückt
1 Prise Zucker

1 Die Nudeln in einem großen Topf mit kochendem Salzwasser nach Anweisung auf der Packung garen. Abtropfen lassen und in eine Servierschüssel füllen. In einer Schüssel alle Zutaten für das Dressing sowie Salz und Pfeffer nach Geschmack verschlagen. Das Dressing beiseitestellen.

2 Das Öl in einer Pfanne erhitzen. Die Garnelen hineingeben, salzen und pfeffern. Bei relativ hoher Temperatur 3–4 Minuten garen, bis sie rosa sind. Mit einem Schaumlöffel herausnehmen und etwas abkühlen lassen. Längs halbieren und zu den Nudeln geben.

3 Die Sojabohnen in einem Topf mit kochendem Salzwasser 3–5 Minuten garen, bis sie weich sind. Abtropfen lassen und unter kaltem Wasser abschrecken. Sojabohnen, Frühlingszwiebeln, Chilischote und die Hälfte der Kräuter in die Schüssel geben. Das Dressing darübergießen und sorgfältig unterheben. Den Salat mit den übrigen Kräutern bestreut servieren.

NÄHRSTOFF-KRACHER
Sojabohnen liefern Ballaststoffe, Protein, Eisen und Folsäure.

NÄHRWERTE PRO PORTION

Brennwert	396 kcal/1670 kJ
Protein	27 g
Fett	12 g
Ges. Fettsäuren	1,5 g
Kohlenhydrate	45 g
Zucker	5 g
Ballaststoffe	4 g
Salz	1,2 g

TIPP

Soba-Nudeln sind glutenfreie japanische Nudeln aus Buchweizen.

SPINAT-PINIENKERNE-SALAT

PORTIONEN 4 **ZUBEREITUNG** 15 MIN. **GARZEIT** 10 MIN.

Knusprige Brotkrumen und geröstete Samen krönen diesen frischen Salat, der für sich oder als Beilage zu gegrillten Lammkoteletts serviert werden kann.

250 g junge Spinatblätter
1 Handvoll dicke Rosinen (nach Belieben)
100 g sonnengetrocknete Tomaten, grob gehackt
50 g Pinienkerne, geröstet

Für das Dressing
3 EL Olivenöl
1 EL Orangensaft
1 Prise Zucker
Salz und schwarzer Pfeffer

Für die Brotkrumen
2–3 Scheiben glutenfreies Brot (siehe Seite 38), zerzupft
1 Prise getrocknete Chilischoten

1 Für das Dressing die Zutaten in einer Schüssel verrühren. Das Dressing probieren und nötigenfalls nachwürzen. Beiseitestellen. Den Backofen auf 200 °C vorheizen.

2 Für die Brotkrumen das Brot in eine Küchenmaschine geben und zu Krümeln zerkleinern. Die Krümel in einem Bräter verteilen und für 5–10 Minuten in den Backofen schieben, bis sie golden, aber noch nicht braun sind. Chiliflocken sowie Salz und Pfeffer nach Geschmack untermischen. Beiseitestellen.

3 Zum Zusammenstellen des Salats das Dressing in eine große Salatschüssel gießen und in der Schüssel schwenken. Die Spinatblätter dazugeben und die Schüssel rütteln, um den Spinat mit Dressing zu überziehen. Rosinen (sofern gewünscht) und Tomaten hinzufügen und behutsam unterheben. Erst die Pinienkerne, dann die Brotkrumen über den Salat streuen und servieren.

TIPP

Für einen sättigenderen Salat etwas gehobelten Parmesan, zerkrümelten Feta oder zerzupften Büffelmilchmozzarella hinzufügen.

RICHTWERTE PRO PORTION

- ●○○ KALORIEN
- ●○○ GES. FETTSÄUREN
- ●○○ SALZ

NÄHRSTOFF-KRACHER
Spinat ist reich an Beta-Carotin, das der Körper in Vitamin A umwandelt.

NÄHRWERTE PRO PORTION

Brennwert 270 kcal/1124 kJ
Protein 6 g
Fett 19 g
Ges. Fettsäuren 2 g
Kohlenhydrate 17,5 g
Zucker 9,5 g
Ballaststoffe 4 g
Salz 0,8 g

RICHTWERTE PRO PORTION

●●○ KALORIEN

●●○ GES. FETTSÄUREN

●○○ SALZ

SALAT VON ROTEM REIS, KICHERERBSEN UND ARTISCHOCKEN

PORTIONEN 4 **ZUBEREITUNG** 10 MIN. **GARZEIT** 35 MIN.

Ein sättigender Hauptspeisensalat, der sich aber auch gut als Beilage zu gegrilltem Lachs oder Hähnchen eignet.

400 g roter Camargue-Reis
1 Dose Kichererbsen (400 g), abgetropft und abgespült
1 Glas gegrillte Artischocken (280 g), abgetropft
1 rote Chilischote, nach Entfernen von Stielansatz, Samen und Scheidewänden fein gehackt
1 Handvoll Koriandergrün, fein gehackt
1 Handvoll glatte Petersilie, fein gehackt
2 EL Pinienkerne, geröstet
75 g Feta, zerkrümelt

Für das Koriander-Orangen-Dressing

6 EL bestes Olivenöl
2 EL Weißweinessig
Saft von 1 großen Orange
1½ TL Koriandersamen, grob zerstoßen
1 TL Dijon-Senf
1 Prise Zucker
Salz und schwarzer Pfeffer

NÄHRSTOFF-KRACHER

Lösliche Ballaststoffe in Kichererbsen wirken positiv auf Blutzucker und Cholesterin.

1 Für das Dressing alle Zutaten in eine kleine Schüssel oder einen kleinen Krug geben und sorgfältig vermischen. Das Dressing abschmecken.

2 Den Reis in einen großen Topf mit Salzwasser geben und nach der Anweisung auf der Packung garen, bis er weich ist. Gut abtropfen lassen und in eine Servierschüssel füllen.

3 Kichererbsen, Artischocken, Chilischote und Kräuter zu dem noch warmen Reis geben und sorgfältig untermischen. Das Dressing über den Salat gießen und unterheben. Den Salat abschmecken. Pinienkerne und Feta über den Salat streuen, dann servieren.

NÄHRWERTE PRO PORTION

Brennwert	710 kcal/2958 kJ
Protein	17 g
Fett	28 g
Ges. Fettsäuren	5,5 g
Kohlenhydrate	90 g
Zucker	7 g
Ballaststoffe	5 g
Salz	1,3 g

TIPP

Roter Camargue-Reis hat einen leicht nussigen Geschmack. Man kann auch gleiche Teile Camargue-Reis und Basmatireis verwenden.

NUDELN UND REIS

RICHTWERTE PRO PORTION

●○○ KALORIEN

●○○ GES. FETTSÄUREN

●○○ SALZ

ZITRONEN-SPARGEL-NUDELN

PORTIONEN 4 **ZUBEREITUNG** 5 MIN. **GARZEIT** 15–20 MIN.

Verwenden Sie für dieses einfache Gericht möglichst absolut frischen Spargel der Saison.

250 g Spargel, geschält, die Stangen halbiert
90 ml Olivenöl
Salz und schwarzer Pfeffer
350 g glutenfreie Tagliatelle (fertig gekauft oder selbst hergestellt, siehe Seite 42–43)
2 Knoblauchzehen, zerdrückt
abgeriebene Schale und Saft von 1 großen Bio-Zitrone
1 rote Chilischote, nach Entfernen von Stielansatz, Samen und Scheidewänden fein gehackt
½ TL frisch geriebene Muskatnuss
3 EL fein gehackte glatte Petersilie
frisch geriebener Parmesan zum Servieren

1 In einem kleinen Topf Salzwasser zum Kochen bringen. Den Spargel darin 2 Minuten blanchieren. Abtropfen lassen und mit kaltem Wasser abschrecken.

2 Eine Grillpfanne erhitzen. Den blanchierten Spargel mit etwas Olivenöl beträufeln und großzügig salzen und pfeffern. Den Spargel in der heißen Pfanne 5–6 Minuten garen, bis er dunkle Streifen hat, zwischendurch ab und zu wenden. Beiseitestellen.

3 In einem großen Topf Salzwasser zum Kochen bringen. Die Nudeln hineingeben und nach der Anweisung auf der Packung garen. Am Anfang durchrühren, damit sie nicht verkleben.

4 In einer großen Pfanne das restliche Öl erhitzen. Knoblauch, Zitronenschale und Chilischote hineingeben und 30 Sekunden braten. Zitronensaft, reichlich schwarzen Pfeffer und die Muskatnuss hinzufügen. Die Pfanne von der Kochstelle nehmen.

5 Die Nudeln abtropfen lassen. Mit Spargel und Petersilie in die Pfanne geben und die Zutaten sorgfältig unterheben. Das Gericht auf Teller verteilen und mit Parmesan bestreut servieren.

NÄHRWERTE PRO PORTION

Brennwert 420 kcal/1770 kJ

Protein 12 g

Fett 13 g
Ges. Fettsäuren 2 g

Kohlenhydrate 63 g
Zucker 3 g

Ballaststoffe 5 g

Salz Spuren

LINGUINE MIT PESTO

PORTIONEN 4 **ZUBEREITUNG** 10 MIN. **GARZEIT** BIS ZU 12 MIN.

Linguine mit einem rasch zubereiteten Pesto sind ein zeitloser Klassiker aus der italienischen Stadt Genua.

2 Knoblauchzehen, grob gehackt
1 große Handvoll Basilikumblätter
100 g Parmesan, fein gerieben
100 g Pecorino, fein gerieben
85 g Pinienkerne, geröstet
Salz
etwa 200 ml bestes Olivenöl
350 g glutenfreie Linguine
(flache Spaghetti, fertig gekauft oder selbst hergestellt, siehe Seite 42–43)
Tomatensalat zum Servieren

1 Für das Pesto den Knoblauch mit Basilikum, Parmesan, Pecorino, Pinienkernen und Salz nach Geschmack in eine Küchenmaschine geben und pürieren. Das Gerät so lange laufen lassen, bis die Zutaten eine einigermaßen homogene Masse ergeben.

2 Langsam das Olivenöl dazugeben und mit der Pulsfunktion untermischen. Aufhören, wenn das Pesto die gewünschte Konsistenz hat – es sollte aber nicht flüssig werden. Das Pesto abschmecken. Oder im Mörser ein Pesto mit gröberer Konsistenz herstellen.

3 Die Nudeln in einen großen Topf mit kochendem Salzwasser geben und nach der Anweisung auf der Packung garen. Am Anfang umrühren, damit sie nicht verkleben. Abtropfen lassen und mit etwas Garwasser wieder in den Topf geben. So viel Pesto hinzufügen und unterheben, dass die Nudeln gerade überzogen werden. Das Gericht mit einem frischen Tomatensalat servieren.

TIPP

Für eine gehaltvollere Mahlzeit können gegarte und gehackte grüne Bohnen sowie gegarte und gewürfelte Kartoffeln dazugegeben werden.

RICHTWERTE PRO PORTION

●●○ KALORIEN
●●● GES. FETTSÄUREN
●●○ SALZ

NÄHRWERTE PRO PORTION

Brennwert 658 kcal/2766 kJ
Protein 32 g
Fett 31 g
Ges. Fettsäuren 11 g
Kohlenhydrate 63 g
Zucker 3 g
Ballaststoffe 4 g
Salz 1 g

RICHTWERTE PRO PORTION

●●○ KALORIEN

●●● GES. FETTSÄUREN

●○○ SALZ

RICOTTA-KÜRBIS-RAVIOLI

PORTIONEN 4 **ZUB.** 30 MIN. PLUS KÜHLZEIT **GARZEIT** 40–45 MIN. **EINFRIEREN** 1 MO.

Die Ravioli am Vortag zubereiten, mit Polenta bestäuben und auf einem Tablett mit Folie abgedeckt kalt stellen.

175 g Butternusskürbis, geschält und nach Entfernen der Samen in 5 cm große Würfel geschnitten
1 EL Olivenöl
Salz und schwarzer Pfeffer
85 g Ricotta
30 g Parmesan, fein gerieben
1 Knoblauchzehe, zerdrückt
½ TL frisch geriebene Muskatnuss
350 g glutenfreier Nudelteig (siehe Seite 42–43)
glutenfreies Mehl zum Bestäuben
Polenta oder feines Maismehl zum Bestäuben

Für die Salbeibutter
3 EL Olivenöl
60 g Butter
abgeriebene Schale von ½ Bio-Zitrone
2 TL grob gehackte Salbeiblätter
fein geriebener Parmesan zum Servieren

1 Den Backofen auf 200 °C vorheizen. Die Kürbiswürfel in einem Bräter verteilen. Öl, 3 Esslöffel Wasser, Salz und Pfeffer darübergeben. Den Bräter mit Alufolie abdecken und die Kürbiswürfel 30–35 Minuten garen, bis sie weich sind. In einer Küchenmaschine glatt pürieren. Das Püree im Bräter verteilen und abkühlen lassen. Ricotta, Parmesan, Knoblauch und Muskatnuss in eine Schüssel geben. Das Kürbispüree sowie Salz und Pfeffer nach Geschmack untermischen. Die Füllung kalt stellen.

2 Den Nudelteig auf der dünn bemehlten Arbeitsfläche 3 mm dick ausrollen. Mit einem 6 cm großen runden Ausstecher 64 Kreise ausstechen. Auf die Hälfte ½ Teelöffel Füllung setzen. Die Ränder mit etwas Wasser bestreichen und die anderen Kreise daraufsetzen. Die Ränder zusammendrücken. Die Ravioli mit Polenta bestreuen und abgedeckt kalt stellen.

3 In einem großen Topf Salzwasser zum Kochen bringen. Die Ravioli darin 4–5 Minuten garen, bis sie al dente sind. Eine große Pfanne erhitzen. Olivenöl, Butter, Zitronenschale und Salbei hineingeben und 30 Sekunden braten. Vom Herd nehmen und großzügig Pfeffer dazugeben. Die Ravioli in einem Durchschlag abtropfen lassen, in die Pfanne geben und gut durchmischen. Mit Parmesan bestreut servieren.

NÄHRWERTE PRO PORTION

Brennwert 640 kcal/2670 kJ
Protein 16 g
Fett 40 g
Ges. Fettsäuren 15 g
Kohlenhydrate 53 g
Zucker 3 g
Ballaststoffe 3 g
Salz 1,2 g

RICHTWERTE PRO PORTION

●●○ KALORIEN

●●○ GES. FETTSÄUREN

●○○ SALZ

SUPER FÜR KIDS

NUDELN MIT FLEISCHBÄLLCHEN

PORTIONEN 4 **ZUBEREITUNG** 20 MIN. PLUS KALT STELLEN **GARZEIT** 40 MIN.

Sardellen geben den Bällchen Aroma, aber keinen fischigen Geschmack. Für eine kinderfreundliche Variante den Rotwein durch 150 ml glutenfreie Rinderbrühe ersetzen.

1 rote Zwiebel, fein gehackt
300 g Rinderhackfleisch
1 Prise getrocknete Chiliflocken
1 Handvoll glatte Petersilie, gehackt
3 Sardellenfilets, gehackt (nach Belieben)
Reismehl für die Hände
2–3 EL Olivenöl
300 g glutenfreie Spaghetti oder Tagliatelle (siehe Seite 42–43)

Für die Sauce
1 EL Olivenöl
1 Zwiebel, fein gehackt
Salz und schwarzer Pfeffer
1 kleines Glas Rotwein
1 Dose Tomatenstücke (400 g)
1 Prise getrockneter Oregano
frisch geriebener Parmesan zum Servieren

1 Zwiebeln, Fleisch, Chiliflocken, Petersilie und Sardellenfilets (sofern gewünscht) in eine große Schüssel geben, mit den Händen vermischen und gut durchkneten. Mit bemehlten Händen golfballgroße Portionen abnehmen und zu Kugeln formen. Es sollten etwa 12 Bällchen werden. Auf einen Teller legen und kalt stellen, damit sie fest werden.

2 In einer großen beschichteten Pfanne mit Deckel etwas Öl erhitzen. Die Bällchen portionsweise bei mittelhoher Temperatur etwa 6–8 Minuten rundum bräunen. Zwischendurch nötigenfalls noch Öl hinzufügen. Fertige Bällchen zum Abtropfen auf einen mit Küchenpapier belegten Teller heben.

3 Für die Sauce in der gleichen Pfanne das Öl erhitzen. Die Zwiebel mit Salz und Pfeffer hinzufügen und bei schwacher Hitze 3–4 Minuten garen, bis sie weich ist. Den Wein dazugeben und nach Erhöhen der Temperatur 2–3 Minuten kochen lassen. Die Hitze so weit reduzieren, dass er noch köchelt. Tomaten und Oregano hinzufügen und 5 Minuten sanft garen. Die Fleischbällchen dazugeben und bei schwacher Hitze halb zugedeckt 20 Minuten garen, dabei gelegentlich drehen. Nötigenfalls noch etwas heißes Wasser dazugeben. Die Nudeln nach Gebrauchsanweisung garen. Die Sauce abschmecken. Mit den Nudeln und mit Parmesan bestreut servieren.

NÄHRSTOFF-KRACHER
Mageres rotes Fleisch ist ein ausgezeichneter Eisenlieferant.

NÄHRWERTE PRO PORTION

Brennwert 601 kcal/2521 kJ

Protein 28 g

Fett 24 g
Ges. Fettsäuren 7,5 g

Kohlenhydrate 61 g
Zucker 8 g

Ballaststoffe 5 g

Salz 0,7 g

RICHTWERTE PRO PORTION

- ●○○ KALORIEN
- ●●○ GES. FETTSÄUREN
- ●○○ SALZ

EINTOPF VON SCHÄLERBSEN, NUDELN UND GEMÜSEN

PORTIONEN 4 **ZUB.** 15 MIN. **GARZEIT** 1 STD. **EINFRIEREN** 1 MO.

Schälerbsen müssen recht kräftig gewürzt werden, um ihre Aromen zu entfalten. Sparen Sie daher bei diesem nahrhaften Gericht nicht an Salz und Pfeffer.

85 g Reisnudeln
1 EL Olivenöl
1 Zwiebel, fein gehackt
Salz und schwarzer Pfeffer
2 Knoblauchzehen, fein gehackt
1 TL Kurkuma
1 TL Koriandersamen, zerstoßen
3 Möhren, gewürfelt
2 Zucchini, gewürfelt
225 g gelbe Schälerbsen, gewaschen
200 ml Kokosmilch
1 l heiße glutenfreie Gemüsebrühe (siehe Seite 95)
1 große Handvoll Korianderblätter, grob gehackt, zum Garnieren

1 Die Nudeln nach Anweisung auf der Packung 5 Minuten in kochendem Wasser quellen und anschließend abtropfen lassen. Beiseitestellen. Das Öl in einer großen schweren Pfanne erhitzen und die Zwiebel darin bei schwacher Hitze 2–3 Minuten garen. Großzügig salzen und pfeffern. Knoblauch, Kurkuma und Koriandersamen hinzufügen und 2 Minuten garen.

2 Möhren und Zucchini unterrühren und 5 Minuten garen. Die Schälerbsen untermischen, dann die Kokosmilch. Die Hitze erhöhen und alles 1 Minute kochen lassen. Die Brühe dazugießen und zum Kochen bringen.

3 Den Topfinhalt bei schwacher Hitze halb zugedeckt 40–50 Minuten köcheln lassen, bis die Schälerbsen weich werden. Nötigenfalls heißes Wasser ergänzen. 5 Minuten vor Ende der Garzeit die Nudeln dazugeben. Großzügig salzen und pfeffern und mit dem Koriander garniert servieren.

NÄHRSTOFF-KRACHER
Lösliche Ballaststoffe in Erbsen wirken positiv auf Blutzucker und Cholesterin.

NÄHRWERTE PRO PORTION

Brennwert	474 kcal/1996 kJ
Protein	17 g
Fett	13 g
Ges. Fettsäuren	8 g
Kohlenhydrate	57 g
Zucker	8 g
Ballaststoffe	8 g
Salz	0,8 g

« **Frisches Koriandergrün**
Korianderblätter sind zart und starke oder anhaltende Hitze beeinträchtigt ihr Aroma. Deshalb erst am Ende der Garzeit dazugeben, sofern sie nicht in einer Paste verwendet werden.

THAI-AUBERGINENCURRY

PORTIONEN 4 **ZUBEREITUNG** 20–25 MIN. **GARZEIT** 40 MIN.

In diesem milden Curry, das auch Kinder mögen, vermischen sich scharfe, süße und saure Aromen.

RICHTWERTE PRO PORTION

●○○ KALORIEN

●●● GES. FETTSÄUREN

●○○ SALZ

SUPER FÜR KIDS

2 EL Sonnenblumenöl
1 Zwiebel, fein gehackt
3 Knoblauchzehen, fein gehackt
1 Zimtstange
1 Sternanis
1 rote Chilischote, nach Entfernen von Stielansatz, Samen und Scheidewänden fein gehackt
1 Stängel Zitronengras, geputzt, nach Entfernen der Außenblätter gehackt
4 Kaffirlimettenblätter, entstielt und in Streifen geschnitten
Salz und schwarzer Pfeffer
2 normale Auberginen, grob gehackt
1 Dose Kokosmilch (400 ml)
1 Prise Palm- oder Demerarazucker
600 ml heiße glutenfreie Gemüsebrühe (siehe Seite 95)
glutenfreie Nam pla (Fischsauce) nach Geschmack
200 g Reisnudeln
1 Handvoll Korianderblätter
1 Limette, in Spalten geschnitten, zum Servieren

1 In einem großen schweren Topf 1 Esslöffel Öl erhitzen. Die Zwiebel darin bei schwacher Hitze 2–3 Minuten garen. Knoblauch, Zimtstange, Sternanis, Chili, Zitronengras, Limettenblätter sowie Salz und Pfeffer nach Geschmack unterrühren. Übriges Öl und Auberginen dazugeben und bei mittlerer Hitze 5 Minuten garen, bis die Aubergine hell goldbraun wird.

2 Etwas Kokosmilch mit dem Zucker unterrühren und zum Kochen bringen. Restliche Kokosmilch und Brühe dazugeben und aufwallen lassen. Die Hitze reduzieren und 1 Spritzer Nam pla hinzufügen. Den Topfinhalt 20 Minuten köcheln lassen. Die Nudeln garen und abtropfen lassen.

3 Das Curry abschmecken. Nötigenfalls noch Fischsauce oder Zucker hinzufügen und 1 Minute garen. Sternanis und Zimtstange entfernen. Die Hälfte des Korianders unterrühren. Die Nudeln auf vier Schalen verteilen. Curry und übrigen Koriander darübergeben. Mit der Limette servieren.

NÄHRWERTE PRO PORTION

Brennwert 464 kcal/1940 kJ

Protein 6,5 g

Fett 23 g
Ges. Fettsäuren 16 g

Kohlenhydrate 46 g
Zucker 3 g

Ballaststoffe 2,5 g

Salz 0,7 g

TIPP

Kaffirlimettenblätter sind in asiatischen Lebensmittelgeschäften erhältlich. Frische Blätter können eingefroren und direkt aus dem Gefriergerät verwendet werden.

RICHTWERTE PRO PORTION

- ●○○ KALORIEN
- ●○○ GES. FETTSÄUREN
- ●○○ SALZ

PIKANTE NUDELN MIT AROMATISCHEM RED SNAPPER

PORTIONEN 4 **ZUBEREITUNG** 15 MIN. PLUS MARINIERZEIT **GARZEIT** 25–30 MIN.

Sambal oelek ist eine scharfe indonesische Chilipaste und die perfekte Ergänzung für diesen zarten Fisch.

1 Red Snapper, filetiert, enthäutet und in große Stücke gehackt
250 g dünne Reisnudeln
1 EL Sonnenblumenöl
1 Bund Frühlingszwiebeln, in Scheiben geschnitten
300 g Buschbohnen, geputzt und in kleine Stücke geschnitten
1 rote Paprikaschote, geputzt und fein gehackt
2 Knoblauchzehen, fein gehackt
1–2 TL Sambal oelek oder 1 rote Chilischote, gehackt
1 EL Tamari (glutenfreie Sojasauce)
1 Handvoll Koriandergrün, nur die Blätter
1 Orange, geschält und filetiert

Für die Marinade

abgeriebene Schale und Saft von 1 Bio-Orange
2 TL fein gehackte Thymianblätter
1 rote Chilischote, nach Entfernen von Stielansatz, Samen und Scheidewänden fein gehackt
2 Knoblauchzehen, fein gehackt
1 EL Olivenöl
Salz und schwarzer Pfeffer

1 Den Fisch in ein flaches Gefäß legen. Die Marinadezutaten in einem Krug gut vermischen und über den Fisch geben. Die Stücke darin wenden. Bis zu 1 Stunde ziehen lassen. Den Backofen auf 180 °C vorheizen. Den Fisch mit einem Schaumlöffel herausheben und in einen Bräter legen. 20–25 Minuten garen, bis er nicht mehr glasig ist. Herausnehmen und beiseitestellen.

2 Die Nudeln mit kochendem Wasser übergießen und 10 Minuten quellen lassen oder nach Packungsanweisung garen. Abtropfen lassen. Das Öl in einen Wok oder Topf geben und verteilen. Die Frühlingszwiebeln hinzufügen und bei mittelhoher Temperatur 2–3 Minuten garen, bis sie weich sind. Die Bohnen unterrühren und etwa 5 Minuten garen, bis sie weich werden, Paprikaschote und Knoblauch untermischen und 2–3 Minuten garen.

3 Sambal oelek und Tamari dazugeben. Die Nudeln unterheben. Alles noch einmal 3–5 Minuten garen, dann in eine Servierschüssel füllen. Fisch und Koriander darauf anrichten. Mit den Orangenfilets garniert servieren.

NÄHRWERTE PRO PORTION

Brennwert 473 kcal/1982 kJ
Protein 35 g
Fett 8 g
Ges. Fettsäuren 1 g
Kohlenhydrate 59 g
Zucker 11 g
Ballaststoffe 4 g
Salz 1 g

SCHWEINEHACK UND NUDELN MIT MÖHRENPICKLE

RICHTWERTE PRO PORTION

●○○ KALORIEN

●○○ GES. FETTSÄUREN

●○○ SALZ

SUPER FÜR KIDS

PORTIONEN 4 **ZUBEREITUNG** 15 MIN. **GARZEIT** 30 MIN.

Eingelegte frische Möhren nehmen dem Schweinefleisch die Schwere. Für Kinder auf die Chilischoten verzichten.

200 g Reisnudeln
1 EL Olivenöl
1 Zwiebel, fein gehackt
Salz und schwarzer Pfeffer
3 Knoblauchzehen, fein gehackt
2 grüne Chilischoten, nach Entfernen von Stielansatz, Samen und Scheidewänden fein gehackt
1 Prise getrocknete Minze
1 Prise Piment
350 g Schweinehackfleisch
1 EL Tamari (glutenfreie Sojasauce)
1 TL Zucker
gegarte grüne Bohnen zum Servieren

Für das Pickle

3 mittelgroße Möhren
1 EL Weißweinessig
1–2 TL Zucker
1 Handvoll frische Minzeblätter, fein gehackt, sowie Minze zum Garnieren (nach Belieben)

1 Die Nudeln in einer Schüssel mit kochendem Wasser übergießen. 10 Minuten oder nach Packungsanweisung quellen und dann abtropfen lassen. Beiseitestellen.

2 Für das Pickle die Möhren schälen und mit einem Gemüsehobel schräg in dünne Scheiben schneiden. In einer kleinen Schüssel Essig und Zucker verquirlen und über die Möhren gießen. Die Minze sowie Salz und Pfeffer nach Geschmack unterrühren. Das Pickle beiseitestellen.

3 Das Öl in einer großen schweren Pfanne erhitzen. Die Zwiebel mit etwas Salz und Pfeffer darin bei schwacher Hitze 2–3 Minuten braten. Knoblauch, Chili, Minze und Piment unterrühren und 1 Minute garen.

4 Die Hitze etwas erhöhen. Das Hackfleisch dazugeben und 8–10 Minuten unter gelegentlichem Rühren garen. Tamari und Zucker untermischen und 1–2 Minuten garen. Probieren und nötigenfalls noch Salz, Pfeffer und Tamari hinzufügen. Das Hackfleisch auf die Nudeln schöpfen, daneben etwas Möhrenpickle anrichten. Falls gewünscht, mit etwas zusätzlicher gehackter Minze bestreuen, dann mit den grünen Bohnen servieren.

NÄHRWERTE PRO PORTION

Brennwert 396 kcal/1653 kJ

Protein 20 g

Fett 12 g
Ges. Fettsäuren 4 g

Kohlenhydrate 48 g
Zucker 9 g

Ballaststoffe 3 g

Salz 0,9 g

PFEFFRIGER RINDFLEISCH-NUDEL-TOPF

PORTIONEN 4 **ZUBEREITUNG** 15 MIN. **GARZEIT** 20 MIN.

Pfannengerührte Rindfleischstreifen und knackige Zuckerschoten in einer Sauce nach chinesischer Art.

RICHTWERTE PRO PORTION

●○○ KALORIEN

●○○ GES. FETTSÄUREN

●●○ SALZ

200 g Reisnudeln
600 g Sirloin-Steak, in dünne Scheiben geschnitten
Salz und schwarzer Pfeffer
1 TL (gemahlener) Sichuanpfeffer
1 EL Sonnenblumenöl
3 Knoblauchzehen, in dünne Scheiben geschnitten
5 cm Ingwerwurzel, geschält und in dünne Scheiben geschnitten
1 grüne Chilischote, nach Entfernen von Samen und Scheidewänden in schmale Streifen geschnitten
200 g Zuckerschoten, in schmale Stücke geschnitten (nach Belieben)
3 Frühlingszwiebeln, in schmale Ringe geschnitten, zum Garnieren

Für die Sauce

2 EL Tamari (glutenfreie Sojasauce)
1 EL glutenfreie Nam pla (Fischsauce)
1 EL Maisstärke
1 TL Zucker

1 Die Nudeln in eine Schüssel geben und mit kochendem Wasser übergießen. 10 Minuten oder nach den Anweisungen auf der Packung quellen und dann abtropfen lassen. Beiseitestellen.

2 Für die Sauce Tamari, Nam pla, Maisstärke und Zucker vermischen und beiseitestellen.

3 Das Fleisch in Salz, Pfeffer und Sichuanpfeffer wenden. Das Öl in einem Wok erhitzen. Das Fleisch hinzufügen und bei mittelhoher Temperatur 3–4 Minuten rühren, bis es rundum gebräunt ist. Herausnehmen.

4 Nötigenfalls noch Öl in den Wok geben. Knoblauch, Ingwer, Chili und Zuckerschoten (sofern gewünscht) darin 2 Minuten unter Rühren braten. Die Sauce dazugießen und zum Kochen bringen. 2–3 Esslöffel Wasser hinzufügen oder mehr. Den Topfinhalt weitere 2 Minuten garen. Das Fleisch in den Wok geben und unterrühren, dann die Nudeln unterheben. Das Gericht in einer Schüssel anrichten und mit den Frühlingszwiebeln garnieren.

NÄHRWERTE PRO PORTION

Brennwert 450 kcal/1884 kJ

Protein 40 g

Fett 10 g
Ges. Fettsäuren 3 g

Kohlenhydrate 46 g
Zucker 4 g

Ballaststoffe 1,2 g

Salz 1,9 g

SCHARFER REIS MIT HÄHNCHEN UND GRANATAPFELKERNEN

RICHTWERTE PRO PORTION

●●○ KALORIEN
●○○ GES. FETTSÄUREN
●○○ SALZ

PORTIONEN 4 **ZUBEREITUNG** 15 MIN. PLUS MARINIERZEIT **GARZEIT** 35–40 MIN.

Die kräftige Gewürzmischung veredelt dieses einfache Geflügelgericht, das auch ein echter Augenschmaus ist!

½ TL gemahlener Zimt
½ TL gemahlenes Piment
½ TL gemahlene Nelken
½ TL gemahlener Koriander
Salz und schwarzer Pfeffer
Saft von 1 Orange
150 ml Granatapfelsaft (siehe Tipp)
2 Knoblauchzehen, fein gehackt
8 Hähnchenschenkel mit Haut
3 Zucchini, in dicke Scheiben geschnitten
300 g Basmatireis
1–2 ganze Scotch-bonnet-Chilischoten oder mildere Chilischoten
150 g Granatapfelkerne oder Kerne von 1 Granatapfel

1 Den Backofen auf 200 °C vorheizen. Alle Gewürze mit Orangensaft, Granatapfelsaft und Knoblauch vermischen. Die Hähnchenschenkel in einen Bräter legen und mit der Hälfte der Marinade übergießen. Abgedeckt 30 Minuten stehen lassen, dann 20–25 Minuten im Backofen garen. Die Zucchini dazugeben und alles weitere 15 Minuten garen.

2 In der Zwischenzeit Reis und Chilis in einen Topf geben und den Reis gerade mit Wasser bedecken. Salz und restliche Gewürzmischung hinzufügen. Den Reis bei mittlerer Hitze halb zugedeckt 15 Minuten garen, bis er das Wasser aufgenommen hat und gerade gar ist. Von der Kochstelle nehmen und mit aufgelegtem Deckel noch 10 Minuten stehen lassen.

3 Den Reis in eine Servierschüssel füllen. Hähnchenschenkel mit Bratensaft und Zucchini darauf anrichten. Die Granatapfelkerne darüberstreuen. Die Chilis ganz als Garnierung verwenden oder gehackt darübergeben, aber Vorsicht, Scotch-bonnet-Chilischoten sind extrem scharf!

NÄHRWERTE PRO PORTION

Brennwert 518 kcal/2174 kJ
Protein 38 g
Fett 8 g
Ges. Fettsäuren 2 g
Kohlenhydrate 68 g
Zucker 13 g
Ballaststoffe 2 g
Salz 0,35 g

TIPP

Für frischen Granatapfelsaft drückt man die Kerne von 3 Granatäpfeln durch ein Sieb. Oder man verwendet für ein intensiveres Aroma Granatapfelsirup.

RICHTWERTE PRO PORTION

- ●●○ KALORIEN
- ●●○ GES. FETTSÄUREN
- ●●○ SALZ

NÄHRSTOFF-KRACHER
Die löslichen Ballaststoffe der Bohnen wirken positiv auf das Blutcholesterin.

BRASILIANISCHER REIS MIT BOHNEN UND CHORIZO

PORTIONEN 4 **ZUBEREITUNG** 25–30 MIN. PLUS KÜHLZEIT **GARZEIT** 1½ STD.

Reis nimmt wunderbar die Aromen geräucherter Chorizo auf, die ihrerseits den frischen Geschmack von grüner Chilischote und Koriandergrün intensiviert.

225 g schwarze Bohnen, über Nacht eingeweicht und mit frischem Wasser abgespült
600 ml heiße glutenfreie Rinderbrühe
150 g Basmatireis
2 EL Olivenöl
1 Zwiebel, fein gehackt
Salz und schwarzer Pfeffer
1 Lorbeerblatt
2 grüne Chilischoten, nach Entfernen von Stielansatz, Samen und Scheidewänden fein gehackt
100 g glutenfreie geräucherte Chorizo, grob gehackt
100 g durchwachsener Speck, gewürfelt
1 Handvoll Korianderblätter, fein gehackt
Orangenscheiben zum Servieren

1 Die Bohnen abtropfen lassen und in einen großen Topf geben. Mit der Rinderbrühe und nötigenfalls noch etwas heißem Wasser bedecken. Zugedeckt zum Kochen bringen und 10 Minuten garen. Die Hitze so weit reduzieren, dass die Flüssigkeit noch köchelt. Die Bohnen mit halb aufgelegtem Deckel 1–1½ Stunden garen, bis sie weich sind. Beiseitestellen.

2 In der Zwischenzeit den Reis in einem mittelgroßen Topf in kochendem Salzwasser 10–15 Minuten oder nach den Anweisungen auf der Packung garen. Abtropfen lassen und beiseitestellen. Das Öl in einer großen schweren Pfanne erhitzen. Die Zwiebel mit etwas Salz und Pfeffer hineingeben. Bei schwacher Hitze 6–8 Minuten garen, dabei rühren, damit sie nicht zu stark bräunt. Wenn sie weich ist, Lorbeerblatt und Chilischoten unterrühren. Die Temperatur etwas erhöhen. Chorizo und Speck hinzufügen und 10 Minuten garen, bis sie gebräunt sind.

3 Die Bohnen mit etwas Garflüssigkeit dazugeben und 5 Minuten köcheln lassen, dann Reis und Koriander untermischen. Das Lorbeerblatt herausnehmen und das Gericht mit den Orangenscheiben servieren.

NÄHRWERTE PRO PORTION

Brennwert	543 kcal/2274 kJ
Protein	25 g
Fett	18 g
Ges. Fettsäuren	5,5 g
Kohlenhydrate	59 g
Zucker	3,5 g
Ballaststoffe	7 g
Salz	1,6 g

LAMM-FEIGEN-PILAW

PORTIONEN 4 **ZUBEREITUNG** 15 MIN. **GARZEIT** 40 MIN.

Die Gewürzmischung harmoniert perfekt mit dem Lamm und die Früchte verleihen diesem Gericht zarte Süße.

RICHTWERTE PRO PORTION

●●○ KALORIEN
●●○ GES. FETTSÄUREN
●○○ SALZ

3 EL Olivenöl
500 g Lammkeulensteaks, in mundgerechte Stücke geschnitten
Salz und schwarzer Pfeffer
1 Zwiebel, fein gehackt
2 EL Pinienkerne
200 g Basmatireis
2 Tomaten, geschält und gehackt
1 Prise Zucker
100 g getrocknete Feigen, recht klein gehackt
1 TL Zimt
½ TL Piment
1 Handvoll Dill, fein gehackt
1 Handvoll Minzeblätter, fein gehackt

1 In einem großen schweren Topf die Hälfte des Öls erhitzen. Das Fleisch salzen und pfeffern und bei mittelhoher Temperatur 10 Minuten braten. Nach der Hälfte der Zeit wenden, damit die Stücke rundum bräunen. Mit einem Schaumlöffel herausheben und beiseitestellen.

2 Das restliche Öl in der Pfanne erhitzen. Die Zwiebel darin bei niedriger Temperatur 5 Minuten garen, bis sie beginnt, Farbe anzunehmen. Die Pinienkerne hineingeben und 2–3 Minuten braten, bis sie braun werden. Den Reis sorgfältig unterrühren. Die Tomaten mit dem Zucker untermischen und 1–2 Minuten garen.

3 Feigen und 400 ml kochendes Wasser dazugeben. Großzügig pfeffern und salzen. Zimt und Piment unterrühren. Alles zugedeckt bei schwacher Hitze 10–15 Minuten garen, bis der Reis weich ist. Den Deckel abnehmen. Das Fleisch dazugeben und die Mischung weitere 5 Minuten garen, bis sie dick wird. Die Hälfte von Dill und Minze unterrühren. Das Gericht abschmecken und mit den übrigen Kräutern bestreut servieren.

Tomaten häuten »
Die Tomaten in eine hitzebeständige Schüssel legen und mit kochendem Wasser bedecken. Nach 10 Sekunden herausnehmen. Abtropfen und etwas abkühlen lassen, dann pellen. Die Haut wird sich leicht abziehen lassen.

NÄHRWERTE PRO PORTION

Brennwert 573 kcal/2392 kJ
Protein 32 g
Fett 24 g
Ges. Fettsäuren 6 g
Kohlenhydrate 54 g
Zucker 16 g
Ballaststoffe 4 g
Salz 0,3 g

FLEISCH UND FISCH

RICHTWERTE PRO PORTION

- ●●○ KALORIEN
- ●●● GES. FETTSÄUREN
- ●○○ SALZ

LACHS IM TEIGMANTEL

PORTIONEN 6 **ZUB.** 30 MIN. PLUS KÜHLZEIT **GARZEIT** 25–30 MIN. **EINFRIEREN** 1 MO. UNGEGART

Dieses klassische Sommergericht sieht beeindruckend aus und lässt sich überraschend einfach zubereiten.

100 g Blattspinat
Salz und schwarzer Pfeffer
800 g Lachsfilet, enthäutet
1–2 EL geriebener Meerrettich (nach Belieben)
1 Bund Dill, fein gehackt
abgeriebene Schale von 1 Bio-Zitrone
Öl zum Einfetten
glutenfreies Mehl zum Bestäuben
400 g glutenfreier Blätterteig (siehe Seite 46–47)
1 Ei, verquirlt
grüne Bohnen und neue Kartoffeln zum Servieren

1 Den Spinat in einen mittelgroßen Topf geben, mit etwas Wasser benetzen und bei schwacher Hitze zugedeckt 2 Minuten garen, bis er zusammenfällt. Abtropfen und etwas abkühlen lassen, dann möglichst viel Wasser herausdrücken. Beiseitestellen.

2 Den Lachs salzen und pfeffern. Zwischen zwei Stücken Frischhaltefolie auf etwa 1 cm Dicke flach klopfen. Die obere Folie entfernen und den Meerrettich (sofern gewünscht) auf dem Lachs verteilen, dann den Spinat. Dill und Zitronenschale vermischen und gleichmäßig über den Spinat streuen.

3 Den Lachs mithilfe der Frischhaltefolie vorsichtig zu einer dicken Rolle (etwa 10 × 25 cm groß) aufrollen. Die Frischhaltefolie an den Seiten zusammendrehen. Die Rolle für etwa 1 Stunde in den Kühlschrank legen.

4 Ein Backblech dünn einölen. Den Teig auf der dünn bemehlten Arbeitsfläche zu einem 35 cm großen und etwa 3 mm dicken Quadrat ausrollen. Den Lachs auspacken und mit der Nahtstelle nach unten gerade in die Mitte der Teigplatte setzen. Die Ränder der Teigplatte darüberlegen und mit Wasser verbinden, sodass ein Päckchen entsteht. Mit der Nahtstelle nach unten auf das Blech legen. Mit der Hälfte des Eigelbs bestreichen und für 30 Minuten kalt stellen. Den Backofen auf 200 °C vorheizen. Die Rolle mit dem restlichen Eigelb bestreichen und etwa 25–30 Minuten backen, bis der Teig durchgebacken und goldbraun ist. Die Rolle in Scheiben schneiden und mit grünen Bohnen und Kartoffeln servieren.

NÄHRSTOFF-KRACHER
Versuchen Sie pro Woche mindestens eine Portion Fettfisch zu essen.

NÄHRWERTE PRO PORTION

Brennwert	516 kcal/2151 kJ
Protein	32 g
Fett	32 g
Ges. Fettsäuren	10 g
Kohlenhydrate	23 g
Zucker	1,5 g
Ballaststoffe	0,5 g
Salz	0,8 g

SUPER FÜR KIDS

FISCHFRIKADELLEN

RICHTWERTE PRO PORTION

●○○ KALORIEN

●○○ GES. FETTSÄUREN

●○○ SALZ

PORTIONEN 4 **ZUB.** 20 MIN. PLUS KALT STELLEN **GARZEIT** 50 MIN. **EINFRIEREN** 1 MO.

Polenta ist beim Panieren von Fischfrikadellen eine gute glutenfreie Alternative zu Semmelbröseln.

400 g mehligkochende Kartoffeln
400 g weißfleischiger Fisch mit Haut
200 ml Milch
1 Lorbeerblatt
1 Stückchen Butter
1 Zwiebel, fein gehackt
Salz und schwarzer Pfeffer
1 Handvoll glatte Petersilie, gehackt
2 TL Kapern, abgespült und gehackt
2 Gewürzgurken, grob gehackt
100 g Polenta oder feines Maismehl zum Panieren
Blätter von einigen Thymianzweigen, fein gehackt
2 EL glutenfreies Mehl
1 Ei, verquirlt
3–4 EL Sonnenblumenöl zum Braten
glutenfreie Sauce tartare, evtl. selbst hergestellt aus Mayonnaise, hartgekochtem Eigelb und Schnittlauch, und Salat zum Servieren

1 Die Kartoffeln mit Schale in einem großen Topf mit kochendem Wasser 20–30 Minuten weich garen. Abtropfen und abkühlen lassen, schälen und zerstampfen. Beiseitestellen. Den Fisch mit Milch und Lorbeerblatt in eine Pfanne geben und bei schwacher Hitze zugedeckt 5 Minuten köcheln lassen, bis er sich zerblättern lässt. Vom Herd nehmen, enthäuten und entgräten. Das Lorbeerblatt wegwerfen, etwas von der Milch für das Kartoffelpüree aufbewahren. Den Fisch zerblättern und beiseitestellen.

2 Die Butter in einer Pfanne zerlassen. Zwiebel mit Salz und Pfeffer hineingeben und bei schwacher Hitze 5 Minuten weich garen. Abkühlen lassen. In einer Schüssel Fisch, Kartoffeln, Zwiebeln, Petersilie, Kapern und Gurken behutsam vermischen. Falls die Masse zu fest ist, 1–2 EL Milch dazugeben. Salzen und pfeffern, zu 8 Kugeln formen und diese flach drücken.

3 Polenta und Thymian vermischen und auf einem Teller verteilen, ebenso Mehl und Ei in je einem Teller. Die Frikadellen erst im Mehl, dann im Ei und schließlich in der Polenta wenden. Auf einer Platte 20 Minuten kalt stellen oder jetzt einfrieren. Etwas Öl in einer beschichteten Pfanne erhitzen. Die Frikadellen portionsweise bei mittlerer Hitze auf jeder Seite 3–4 Minuten braten, bis sie goldbraun sind. Nötigenfalls noch Öl in die Pfanne geben. Die Frikadellen mit Sauce tartare und gemischtem Salat servieren.

NÄHRWERTE PRO PORTION

Brennwert 409 kcal/1715 kJ

Protein 28 g

Fett 14,5 g
Ges. Fettsäuren 3 g

Kohlenhydrate 40 g
Zucker 4 g

Ballaststoffe 3 g

Salz 0,5 g

LACHS MIT KÄSEKRUSTE

PORTIONEN 4 **ZUBEREITUNG** 10 MIN. **GARZEIT** 20 MIN.

Die Käsekruste verleiht dem Lachs ein herrliches Aroma. Diese Zubereitungsmethode ist eine wunderbare Möglichkeit, Kinder zum Fischessen zu bewegen.

RICHTWERTE PRO PORTION

●○○ KALORIEN

●●● GES. FETTSÄUREN

●○○ SALZ

- 4 große Stücke Lachsfilet mit Haut (à etwa 150 g)
- Öl zum Einfetten
- Salz und schwarzer Pfeffer
- 125 g Cheddar, gerieben
- 25 g Parmesan, gerieben
- 1 Spritzer glutenfreie Worcestersauce oder Tamari (glutenfreie Sojasauce)
- 2 Scheiben glutenfreies Brot, zu Brotkrumen zerkleinert
- Rote-Rüben-Salat zum Servieren

SUPER FÜR KIDS

1 Den Backofen auf 200 °C vorheizen. Den Fisch in einen großen, dünn eingeölten Bräter legen, salzen und pfeffern.

2 Cheddar, Parmesan, Worcestersauce oder Tamari und Brotkrumen vermischen. Gleichmäßig auf die Lachsfilets verteilen und andrücken.

3 Die Lachsfilets für 20 Minuten in den Backofen schieben, bis die Kruste goldbraun wird und der Fisch sich zerblättern lässt. Sollte die Kruste schon vorher zu braun werden, den Bräter mit Alufolie abdecken. Den Fisch herausnehmen und mit einem Rote-Rüben-Salat servieren.

NÄHRSTOFF-KRACHER
Möglichst zweimal pro Woche Fisch essen, auch fettreichen wie Lachs.

VARIANTE

Den Lachs durch weißfleischigen Fisch wie Kabeljau ersetzen.

Lachsfilet »
Kaufen Sie für dieses Gericht Rückenfilet, das dicker als Schwanzfilet ist. Bei Verwendung von Schwanzfilet muss eventuell die Garzeit reduziert werden.

NÄHRWERTE PRO PERSON

Brennwert	490 kcal/2046 kJ
Protein	42 g
Fett	30 g
Ges. Fettsäuren	11 g
Kohlenhydrate	13 g
Zucker	1 g
Ballaststoffe	2 g
Salz	1,3 g

ASIATISCHER KNUSPERFISCH

RICHTWERTE PRO PORTION

- ●○○ KALORIEN
- ●○○ GES. FETTSÄUREN
- ●○○ SALZ

PORTIONEN 4 **ZUBEREITUNG** 20 MIN. **GARZEIT** 15 MIN.

Ein Potpourri aus Gemüsen mit gebratenem Fisch und einem vietnamesischen Dressing.

4 Rotbarben-, Knurrhahn- oder Seebarschfilets, enthäutet
1 EL Reismehl
1 EL Sonnenblumenöl

Für Nudeln und Gemüse
250 g dünne Reisnudeln
200 g Pok choi, geputzt und in Streifen geschnitten
2 Möhren, geraspelt
1 Handvoll Bohnensprossen
4 Frühlingszwiebeln, in dünne Scheiben geschnitten
1 Handvoll Minzeblätter, zerzupft
1 Handvoll Thai-Basilikumblätter oder normale Basilikumblätter, zerzupft
1 Handvoll Korianderblätter
1 EL Sesam zum Garnieren

Für das Dressing
Saft von 2 Limetten
2 EL Reisessig
glutenfreie Nam pla (Fischsauce)

1 Für das Dressing Limettensaft und Reisessig vermischen, dann Nam pla nach Geschmack hinzufügen. Das Dressing beiseitestellen.

2 Die Fischfilets im Reismehl wenden. In einem Wok oder einer tiefen Pfanne das Öl erhitzen. 2 Filets gleichzeitig bei mittelhoher Temperatur etwa 4–6 Minuten braten, bis sie goldbraun und knusprig sind, nach der Hälfte der Garzeit wenden. Mit einem Fischheber herausnehmen und zum Abtropfen auf einen mit Küchenpapier belegten Teller geben. Die restlichen Filets braten.

3 Die Nudeln in eine Schüssel geben. Mit kochendem Wasser übergießen und 3–4 Minuten oder nach den Anweisungen auf der Packung quellen lassen. Gut abtropfen lassen, nötigenfalls trennen und zum Abkühlen beiseitestellen. Pok choi, Möhren und die Hälfte des Dressings in eine große Schüssel geben und mischen. Bohnensprossen, Frühlingszwiebeln, abgekühlte Nudeln und restliches Dressing dazugeben und unterheben. Die Hälfte der Kräuter untermischen. Den Salat in eine Servierschüssel füllen und die Fischfilets daraufsetzen. Mit den übrigen Kräutern und dem Sesam bestreut servieren.

NÄHRWERTE PRO PORTION

Brennwert	488 kcal/2043 kJ
Protein	34 g
Fett	11 g
Ges. Fettsäuren	1 g
Kohlenhydrate	56 g
Zucker	5 g
Ballaststoffe	4 g
Salz	0,6 g

RICHTWERTE PRO PORTION

●○○ KALORIEN

●○○ GES. FETTSÄUREN

●●● SALZ

SUPER FÜR KIDS

MARINIERTE CHINESISCHE CHICKENWINGS

PORTIONEN 4 **ZUBEREITUNG** 15 MIN. PLUS MARINIERZEIT **GARZEIT** 50–60 MIN.

An Chickenwings ist reichlich Fleisch und sie sind preiswert. Sollten sie im Supermarkt nicht erhältlich sein, fragen Sie Ihren Metzger.

24 Hühnchenflügel
Saft von 1 Zitrone
8 EL glutenfreies Mehl oder Reismehl
2 TL Salz
1½ TL Fünfgewürzpulver
1½ TL schwarzer Pfeffer
120 ml Sonnenblumenöl
6 Frühlingszwiebeln, geputzt und schräg in 2,5 cm große Stücke geschnitten
3 Chilischoten, nach Entfernen von Stielansatz, Samen und Scheidewänden schräg in dünne Scheiben geschnitten (für Kinder weglassen)
5 Knoblauchzehen, in Scheiben geschnitten
Tamari (glutenfreie Sojasauce) und Reis zum Servieren

1 Hühnchenflügel und Zitronensaft in eine große Schüssel geben, sorgfältig vermischen und für 20 Minuten beiseitestellen. Mehl, Salz, Fünfgewürzpulver und Pfeffer in einer zweiten großen Schüssel vermischen. Hühnchenflügel und Saft hinzufügen. Die Zutaten sorgfältig vermischen und 5 Minuten stehen lassen, dabei ab und zu umheben.

2 Das Öl in einem Wok oder einer großen tiefen Pfanne erhitzen. Vier Hühnchenflügel hineinlegen und bei mittelhoher Temperatur 8–10 Minuten braten, bis sie goldbraun und knusprig sind. Zum Abtropfen auf einen mit Küchenpapier belegten Teller heben. Mit den restlichen Chickenwings ebenso verfahren.

3 Das Öl bis auf etwa 3 Esslöffel Öl aus dem Wok gießen. Das verbliebene Öl bei schwacher bis mittlerer Temperatur wieder erhitzen. Frühlingszwiebeln, Chilischoten und Knoblauch hineingeben und 2–3 Minuten garen, sie dürfen aber nicht verbrennen. Die Chickenwings wieder in den Wok legen und durchheben. Dann auf einem Teller anrichten und servieren. Dazu Tamari und Reis reichen.

NÄHRWERTE PRO PORTION

Brennwert 446 kcal/1856 kJ

Protein 22,5 g

Fett 29 g
Ges. Fettsäuren 4,5 g

Kohlenhydrate 23 g
Zucker 1,5 g

Ballaststoffe 1,5 g

Salz 2,4 g

SÜSSSAURE HÄHNCHENBRUST

PORTIONEN 4 **ZUBEREITUNG** 15 MIN. **GARZEIT** 20 MIN.

Anders als die meisten Varianten aus dem Take-away ist dieses Gericht leicht und garantiert glutenfrei.

RICHTWERTE PRO PORTION

●○○ KALORIEN

●○○ GES. FETTSÄUREN

●○○ SALZ

300g kleine grüne Bohnen, geputzt und schräg halbiert
3 EL glutenfreies Mehl
½ TL Salz
6 EL eiskaltes Mineralwasser mit Kohlensäure
400g Hähnchenbrustfilet, in Streifen geschnitten
Sonnenblumenöl zum Braten
1 rote und 1 gelbe Paprikaschote, nach Entfernen von Stielansatz, Samen und Scheidewänden in schmale Streifen geschnitten
1 Zwiebel, fein gehackt
2 EL Korianderblätter, fein gehackt, zum Servieren
Reis zum Servieren

Für die Sauce

3 EL glutenfreier Reiswein oder halbtrockener Sherry
½ TL getrocknete Chiliflocken
2 Knoblauchzehen, gerieben
1 EL Nam pla (Fischsauce)
3 TL Zucker
Saft von 1 Limette

1 Die Bohnen in einem großen Topf mit kochendem Wasser 3 Minuten blanchieren. Abtropfen lassen und unter fließendem kaltem Wasser abschrecken, um den Garprozess zu beenden.

2 Die Zutaten für die Sauce in einer Schüssel sorgfältig vermischen.

3 In einer großen Schüssel aus Mehl, Salz und Mineralwasser mit einem Schneebesen einen glatten Teig herstellen. Die Fleischstreifen darin drehen und sorgfältig überziehen. 2,5cm hoch Öl in einen Wok gießen und erhitzen. Die Hähnchenbruststreifen darin bei mittelhoher Temperatur portionsweise 4–5 Minuten braten, bis sie goldbraun sind. Herausnehmen und auf Küchenpapier abtropfen lassen.

4 Das Öl bis auf 3 Esslöffel aus dem Wok gießen. Bei schwacher bis mittlerer Hitze Paprika und Bohnen hineingeben und 2 Minuten rühren. Die Zwiebel hinzufügen und 1 Minute garen. Die Sauce dazugeben und 1 Minute garen, damit sie etwas eindickt. Hähnchenstreifen hineinlegen und mit Koriander bestreut und dem Reis als Beilage servieren.

NÄHRWERTE PRO PORTION

Brennwert 245kcal/1028kJ

Protein 27,5g

Fett 7,5g
Ges. Fettsäuren 1,1g

Kohlenhydrate 16,7g
Zucker 7,5g

Ballaststoffe 4,7g

Salz 0,7g

RICHTWERTE PRO PORTION

- ●●○ KALORIEN
- ●●● GES. FETTSÄUREN
- ●○○ SALZ

NÄHRSTOFF-KRACHER
Erdnüsse liefern Vitamin E und Fette, die gut für die Herzgesundheit sind.

HÄHNCHEN-ERDNUSS-TOPF

PORTIONEN 4 **ZUBEREITUNG** 30 MIN. **GARZEIT** 45–50 MIN.

Dieser würzige Eintopf ist voller karibischer Aromen und passt gut zu Kroketten, aber auch zu Reis.

2 EL Olivenöl
500 g Hähnchenbrustfilet, in mundgerechte Stücke geschnitten
Salz und schwarzer Pfeffer
2 Zwiebeln, fein gehackt
2 TL gemahlenes Piment
1 Prise frisch geriebene Muskatnuss
Blätter von einigen Thymianzweigen
2 Möhren, schräg in Scheiben geschnitten
2 rote Paprikaschoten, fein gehackt
50 g Erdnusskerne, grob gehackt
2 rote Chilischoten, geputzt und fein gehackt
3 Knoblauchzehen, fein gehackt
1 EL Tomatenmark
300 ml heiße glutenfreie Hühner- oder Gemüsebrühe (siehe Seite 95)
1 Handvoll frische Korianderblätter, grob gehackt
Naturjoghurt zum Servieren (nach Belieben)

Für die Kroketten

500 g mehligkochende Kartoffeln, gekocht und mit Salz, Pfeffer und 50 g Butter zerstampft
2 EL fein gehackte glatte Petersilie
100 g Polenta oder feines Maismehl

1 In einem schweren Topf 1 Esslöffel Öl erhitzen. Das Fleisch würzen und bei mittelstarker Hitze 6–8 Minuten leicht bräunen. Herausnehmen und beiseitestellen. Das übrige Öl erhitzen und die Zwiebeln darin bei schwacher Hitze 2–3 Minuten garen. Piment, Muskatnuss und Thymian unterrühren. Die Möhren hinzufügen und 5 Minuten garen. Die Paprika dazugeben und 2–3 Minuten garen. Das Fleisch mit Erdnüssen, Chilis und Knoblauch untermischen und 2 Minuten garen. Das Tomatenmark gut unterrühren.

2 Die Brühe hinzufügen und zum Kochen bringen. Auf schwache Hitze reduzieren. Den Topfinhalt zugedeckt 25–30 Minuten garen, zwischendurch umrühren und nötigenfalls etwas heißes Wasser ergänzen. Abschmecken und den Koriander unterrühren.

3 In der Zwischenzeit für die Kroketten den Backofen auf 190 °C vorheizen. Kartoffelpüree und Petersilie vermischen. Aus der Masse 16 Kugeln und diese zu Rollen formen. Die Polenta auf einen Teller streuen und die Kroketten darin wälzen. Auf ein dünn eingefettetes Backblech legen und 25–30 Minuten backen, bis sie goldbraun und knusprig sind.

NÄHRWERTE PRO PORTION

Brennwert	610 kcal/2552 kJ
Protein	40 g
Fett	25 g
Ges. Fettsäuren	9 g
Kohlenhydrate	51 g
Zucker	13 g
Ballaststoffe	7 g
Salz	0,7 g

CASSOULET

PORTIONEN 6 **ZUBEREITUNG** 15 MIN. **GARZEIT** 2½ STD.

Dieser gehaltvolle Eintopf ist ein herrliches Gericht für kalte Wintertage, dessen lange Garzeit sich lohnt.

RICHTWERTE PRO PORTION

- ●●○ KALORIEN
- ●●● GES. FETTSÄUREN
- ●●● SALZ

4 Entenkeulen
3 EL Olivenöl
Salz und schwarzer Pfeffer
1 kg Schweinebauch ohne Schwarte, in mundgerechte Stücke geschnitten
6 glutenfreie grobe Bratwürste, in jeweils 4 Stücke geschnitten
3 Möhren, in Scheiben geschnitten
2 Zwiebeln, in dünne Scheiben geschnitten
4 Knoblauchzehen, fein gehackt
4 Tomaten, gehäutet und fein gehackt
2 Dosen weiße Bohnen (à 400 g), abgetropft und abgespült
1 Bouquet garni
300–400 ml heiße glutenfreie Hühnerbrühe
1 Handvoll glutenfreie Brotkrumen
gegarter Wirsing oder gegarte grüne Bohnen zum Servieren

NÄHRSTOFF-KRACHER
Dosenbohnen liefern Ballaststoffe, Protein und Mineralstoffe.

1 Den Backofen auf 220 °C vorheizen. Die Entenkeulen mit 1 Esslöffel Öl einpinseln und anschließend rundum mit Salz einreiben. In einen Bräter legen und für 15–20 Minuten in den Backofen schieben, bis sie gebräunt und knusprig sind. Herausnehmen und beiseitestellen. Die Ofentemperatur auf 170 °C reduzieren.

2 In einer feuerfesten Kasserolle bei mittlerer Temperatur das restliche Öl erhitzen. Den Schweinebauch darin unter häufigem Rühren braten, bis er braun wird. Die Bratwurst hinzufügen und 4–5 Minuten garen. Die Möhren dazugeben und 5 Minuten garen. Die Zwiebel hinzufügen und 2 Minuten garen. Den Knoblauch unterrühren und 1 Minute garen, dann Tomaten, Bohnen, Bouquet garni dazugeben. Großzügig salzen und pfeffern.

3 Etwa 300 ml Brühe in den Topf geben und während des Garens eventuell weiteren Fond nachgießen, falls die Flüssigkeit zu stark einkocht. Den Deckel auflegen und den Topf für 1 Stunde in den Ofen schieben. Dann die Entenkeulen hineindrücken und alles ohne Deckel noch einmal 1 Stunde garen. 30 Minuten vor Ende der Garzeit die Brotkrumen darüberstreuen. Sollte der Eintopf zu stark bräunen, locker Alufolie darüberlegen. Ab und zu umrühren. Das Bouquet garni entfernen und das Cassoulet dampfend heiß mit dem Wirsing oder den grünen Bohnen servieren.

NÄHRWERTE PRO PORTION

Brennwert	700 kcal/2930 kJ
Protein	67 g
Fett	36 g
Ges. Fettsäuren	11 g
Kohlenhydrate	25 g
Zucker	9 g
Ballaststoffe	6 g
Salz	2,9 g

RICHTWERTE PRO PORTION

●●○ KALORIEN

●●● GES. FETTSÄUREN

●●○ SALZ

SUPER FÜR KIDS

HÄHNCHENBRUST-CRUMBLE

PORTIONEN 4 **ZUB.** 20 MIN. **GARZEIT** 45–60 MIN. **EINFRIEREN** 1 MO.

Falls Sie für Kinder kochen, ersetzen Sie den Wein durch glutenfreien Fond. Sie können auch Mais dazugeben.

2 große Hähnchenbrüste mit Haut
1 EL Olivenöl
Salz und schwarzer Pfeffer
gedämpfter Lauch zum Servieren

Für das Crumble
150 g Reismehl
1 Prise Salz
75 g Butter, gewürfelt
3 EL geriebener Parmesan
50 g Cheddar, gerieben
1 TL Senfkörner, zerstoßen

Für die Sauce
50 g Butter
200 g kleine Champignons
1 EL Reismehl oder Maisstärke
125 ml trockener Weißwein oder glutenfreie Hühnerbrühe
150 ml Milch
150 ml Kaffeesahne
1 EL Dijonsenf
einige Estragonblätter, gehackt

1 Den Backofen auf 200 °C vorheizen. Das Fleisch in einen Bräter legen, mit dem Öl beträufeln, salzen und pfeffern. Für 25–35 Minuten in den Ofen schieben, bis es goldbraun und gar ist. Nicht übergaren, sonst wird es trocken. Etwas abkühlen lassen, enthäuten und in Stücke schneiden.

2 Für das Crumble Reismehl und Salz in eine Schüssel geben. Mit den Fingern die Butter einarbeiten, bis die Mischung Brotkrumen ähnelt. Parmesan, Cheddar und Senfkörner untermischen. Die Mischung beiseitestellen.

3 Für die Sauce die Butter in einem mittelgroßen Topf zerlassen. Die Pilze darin bei schwacher bis mittlerer Hitze 5 Minuten goldbraun garen. Vom Herd nehmen. Das Reismehl unterrühren, dann den Wein. Wieder auf die Kochstelle setzen und 2–3 Minuten garen, dabei ständig rühren. Milch und Sahne hinzufügen und leicht zum Kochen bringen. Die Hitze so weit reduzieren, dass die Sauce noch köchelt, dabei ständig weiterrühren. Wenn sie dick wird, Senf und Estragon unterrühren. Die Sauce abschmecken.

4 Den Topf vom Herd nehmen. Das Fleisch unterrühren. Die Mischung in eine flache ofenfeste Form füllen und mit dem Crumble bestreuen. 20–25 Minuten im Ofen goldbraun backen, dann mit dem Lauch servieren.

NÄHRWERTE PRO PORTION

Brennwert 712 kcal/2960 kJ

Protein 33 g

Fett 45 g
Ges. Fettsäuren 27 g

Kohlenhydrate 34 g
Zucker 3 g

Ballaststoffe 1,5 g

Salz 1,6 g

RICHTWERTE PRO PORTION

●●○ KALORIEN

●●● GES. FETTSÄUREN

●○○ SALZ

SCHWEINEFLEISCH-ENCHILADAS

PORTIONEN 4 **ZUBEREITUNG** 20–25 MIN. PLUS MARINIERZEIT **GARZEIT** 1 STD.

Tortillas mit einer köstlichen Füllung aus Fleisch und Tomatensalsa und einer Haube aus Käse und Sauerrahm.

350 g Schweinefilet
6 Maistortillas
6 EL Sauerrahm
75 g alter Cheddar, gerieben

Für die Marinade
2 EL Olivenöl
1 Chipotle-Chilischote, fein gehackt (oder 1 getrocknete Jalapeño-Chilischote), oder 1 EL Adobosauce oder 1 großer Spritzer Tabasco Chipotle Sauce
2 TL Koriandersamen
1 Prise gemahlener Zimt
Salz und schwarzer Pfeffer
1 Prise Zucker

Für die Tomatensalsa
500 g sonnengereifte Tomaten
1 rote Chilischote, halbiert, Stielansatz, Samen und Scheidewände entfernt
1 EL Olivenöl
2 Frühlingszwiebeln, fein gehackt
Saft von 1 Limette
Salz und schwarzer Pfeffer
1 Handvoll Korianderblätter, fein gehackt

1 Die Marinadezutaten vermischen. Das Fleisch in ein flaches Gefäß legen, mit der Marinade übergießen und mindestens 20 Minuten stehen lassen. Den Backofen auf 200 °C vorheizen. Das Fleisch mit der Marinade in einen Bräter geben und 40 Minuten garen. Das Filet ab und zu beschöpfen, damit es nicht austrocknet. Herausnehmen und beiseitestellen.

2 Für die Salsa eine Grillpfanne erhitzen. Tomaten und Chilischote im Öl wenden und in die Pfanne geben. Bei mittelhoher Temperatur 5–6 Minuten garen, bis sie leicht geschwärzt sind, zwischendurch einmal umdrehen. Mit Frühlingszwiebeln und Limettensaft in einer Küchenmaschine hacken. Salzen und pfeffern, in eine Schüssel füllen und den Koriander unterrühren.

3 Das Fleisch in Streifen schneiden und mit Saft in die Mitte der Tortillas schöpfen. Etwas Salsa darübergeben. Die Tortillas aufrollen und in eine ofenfeste Form legen. Den Sauerrahm daraufgeben und den Käse darüberstreuen. Die Tortillas 15–20 Minuten backen, bis der Käse geschmolzen ist. Mit der restlichen Salsa und, falls gewünscht, mit 1 Spritzer Tabasco servieren.

NÄHRWERTE PRO PERSON

Brennwert 567 kcal/2382 kJ
Protein 32 g
Fett 24 g
Ges. Fettsäuren 9,5 g
Kohlenhydrate 55 g
Zucker 6,5 g
Ballaststoffe 5 g
Salz 1,2 g

LAMMTAJINE MIT »BLUMENKOHLCOUSCOUS«

PORTIONEN 4 **ZUBEREITUNG** 15 MIN. **GARZEIT** 1¾ STD.

Zerkleinerter nussig schmeckender Blumenkohl ist ein leckerer glutenfreier Ersatz für Couscous.

RICHTWERTE PRO PORTION

●●○ KALORIEN

●●● GES. FETTSÄUREN

●○○ SALZ

900 g Lammschulter, in Stücke geschnitten
2 Knoblauchzehen, fein gehackt
5 cm Ingwerwurzel, geschält und gerieben
Salz und schwarzer Pfeffer
½ TL gemahlener Zimt
½ TL gemahlene Kurkuma
1 Zwiebel, gerieben
1 EL Olivenöl
450 g Möhren, geschält oder gebürstet und grob gehackt
900 ml heiße glutenfreie Gemüsebrühe (siehe Seite 95)
2 eingelegte Zitronen, halbiert, das Fruchtfleisch entfernt, die Schale in feine Streifen geschnitten, oder abgeriebene Schale und Saft von 1 Bio-Zitrone
1 Handvoll glatte Petersilie, fein gehackt

Für das »Couscous«

1 Blumenkohl, in große Röschen geteilt
1 EL Olivenöl
1–2 TL gemahlener Kreuzkümmel
Salz und schwarzer Pfeffer

1 Fleisch, Knoblauch, Ingwer, Salz, Pfeffer, Zimt, Kurkuma und Zwiebel vermischen. Das Öl in einem großen schweren Topf erhitzen und das Fleisch darin bei mittlerer Hitze 10 Minuten anbraten. Die Möhren unterrühren. Die Brühe dazugießen und zum Kochen bringen. Den Topfinhalt zugedeckt bei schwacher Hitze 1–1½ Stunden köcheln lassen, bis das Fleisch weich ist. Nötigenfalls heißes Wasser nachgießen.

2 Den Backofen auf 200 °C vorheizen. Den Blumenkohl in Öl, Kreuzkümmel, Salz und Pfeffer wenden. In einen Bräter geben und 10 Minuten garen, bis er gerade goldbraun wird. Herausnehmen und vollkommen abkühlen lassen. In einer Küchenmaschine zerkleinern, bis er Getreidekörnern ähnelt, er darf aber nicht breiig werden. Salzen und pfeffern.

3 Eingelegte Zitrone oder abgeriebene Schale und Saft nach Ende der Garzeit unter das Fleisch mischen. Die Petersilie direkt vor dem Servieren unterrühren.

NÄHRWERTE PRO PORTION

Brennwert 555 kcal/2316 kJ

Protein 53 g

Fett 26 g
Ges. Fettsäuren 9 g

Kohlenhydrate 15 g
Zucker 14 g

Ballaststoffe 9 g

Salz 1,1 g

RICHTWERTE PRO PORTION

●●● KALORIEN

●●● GES. FETTSÄUREN

●○○ SALZ

WÜRZIGE LAMM-HUMMUS-ROLLEN

PORTIONEN 4 **ZUBEREITUNG** 30 MIN. PLUS MARINIERZEIT **GARZEIT** 4¼ STD.

Eine herrliche Mischung aus Konsistenzen und kräftigen Aromen. Als Beilage kann man etwas griechischen Joghurt mit gehackter frischer Minze verrühren.

1,5 kg Lammschulter
8 Maistortillas, Zitronenspalten und gemischter Salat zum Servieren

Für die Gewürzmischung
½ TL gemahlener Zimt
½ TL gemahlener Koriander
¼ TL gemahlener Kreuzkümmel
1 TL getrocknete Minze
Salz und schwarzer Pfeffer
2 EL Olivenöl

Für das Hummus
1 Dose Kichererbsen (400 g), abgetropft und abgespült
3 Knoblauchzehen, gerieben
2 EL glutenfreies Tahin
Saft von ½–1 Zitrone (nach Geschmack)
4–5 EL Olivenöl, sowie Öl zum Beträufeln
2 TL Paprikapulver

1 Die Zutaten für die Gewürzmischung mit 1 EL Öl verrühren. Das Fleisch mit der Mischung einreiben und mindestens 30 Minuten durchziehen lassen oder abgedeckt über Nacht kalt stellen. Den Backofen auf 160 °C vorheizen. Das übrige Öl in einer großen schweren Pfanne erhitzen. Das Fleisch darin bei mittelhoher Temperatur 5–10 Minuten rundum anbraten.

2 Das Fleisch in einen Bräter heben und mit Alufolie abgedeckt für 4 Stunden in den Backofen schieben. 15 Minuten vor Ende der Garzeit die Folie entfernen. Das Fleisch herausnehmen und abgedeckt mindestens 20 Minuten ruhen lassen, dann in Streifen schneiden.

3 Für den Hummus Kichererbsen, Knoblauch und Tahin in einer Küchenmaschine vermischen. Zitronensaft nach Geschmack und Olivenöl untermischen. Salz, Pfeffer und 1 Teelöffel Paprikapulver untermischen. Den Hummus in eine Schüssel füllen und mit dem restlichen Paprikapulver bestreuen. Die Tortillas nach Gebrauchsanweisung erhitzen. Salat und Fleisch auf ihnen verteilen. Hummus und 1 Spritzer Zitronensaft daraufgeben. Die Tortillas aufrollen oder zusammenfalten und servieren.

NÄHRWERTE PRO PORTION

Brennwert 900 kcal/3769 kJ
Protein 58 g
Fett 44 g
Ges. Fettsäuren 11 g
Kohlenhydrate 65 g
Zucker 2 g
Ballaststoffe 7,5 g
Salz 1,4 g

RICHTWERTE PRO PORTION

●○○ KALORIEN

●●○ GES. FETTSÄUREN

●○○ SALZ

LAMMSTEAKS UND BOHNEN IN WEISSWEIN

PORTIONEN 4 **ZUBEREITUNG** 10 MIN. **GARZEIT** 1 STD.

Ein einfaches Eintopfgericht, das mit etwas glutenfreiem Brot und grünen Bohnen im Topf serviert werden kann.

2 EL Olivenöl
1 rote Zwiebel, fein gehackt
500 g Lammkeulensteak, pariert und in mundgerechte Stücke geschnitten
Salz und schwarzer Pfeffer
1 Prise getrocknete Chiliflocken
1 Prise getrockneter Oregano
1 EL glutenfreies Mehl
3 Knoblauchzehen, in dünne Scheiben geschnitten
150 ml trockener Weißwein
300 ml heiße glutenfreie Gemüsebrühe (siehe Seite 95)
1 Dose weiße Bohnen (400 g), abgetropft und abgespült
1 Dose Flageoletbohnen (400 g), abgetropft und abgespült
Zitronenspalten, gedämpfte Gründgemüse und glutenfreies knuspriges Brot zum Servieren

1 In einer großen schweren Pfanne 1 Esslöffel Öl erhitzen. Die Zwiebel darin bei schwacher Hitze 5 Minuten garen. Herausnehmen und beiseitestellen. Das übrige Öl in die Pfanne geben. Das Fleisch mit Salz, Pfeffer, Chiliflocken und Oregano würzen, im Mehl wenden und in die Pfanne legen.

2 Bei mittelhoher Temperatur 10–15 Minuten rundum anbraten. Die Zwiebel wieder in die Pfanne geben. Den Knoblauch hinzufügen und 2 Minuten garen. Die Hitze erhöhen. Den Wein dazugeben und 1 Minute kochen lassen, dann die Brühe hinzufügen und ebenfalls 1 Minute kochen lassen.

3 Die Hitze so weit reduzieren, dass die Zutaten noch köcheln. Die Bohnen unterrühren und alles mit halb aufgelegtem Deckel 30–40 Minuten sanft garen, nötigenfalls noch Fond oder heißes Wasser ergänzen. Das Gericht salzen und pfeffern und mit Zitronenspalten, Gemüse und Brot servieren.

NÄHRWERTE PRO PORTION

Brennwert 441 kcal/1842 kJ
Protein 35 g
Fett 17 g
Ges. Fettsäuren 5 g
Kohlenhydrate 24 g
Zucker 1,6 g
Ballaststoffe 7,2 g
Salz 0,4 g

VARIANTE

Falls gewünscht, einige Gemüse wie 3 grob gehackte Möhren zusammen mit den Bohnen dazugeben oder 1 Fenchelknolle, die geputzt, in Scheiben geschnitten und mit den Zwiebeln gebraten wird.

GRIECHISCHE LAMMKEULE

PORTIONEN 8 **ZUBEREITUNG** 20 MIN. PLUS RUHEZEIT **GARZEIT** 2¼ STD.

Die feinen Aromen der Kruste ergänzen das Lammfleisch hier auf perfekte Weise.

RICHTWERTE PRO PORTION

- ●○○ KALORIEN
- ●●○ GES. FETTSÄUREN
- ●○○ SALZ

1 Lammkeule (etwa 2 kg)
Olivenöl zum Einreiben
Salz und schwarzer Pfeffer
gegarte Dicke Bohnen und kleine gebratene Kartoffeln oder heißes Pittabrot und Salat zum Servieren

Für die Kruste

4 Scheiben glutenfreies Weißbrot (siehe Seite 38–39)
50 g sonnengetrocknete Tomaten
2 TL Kapern
abgeriebene Schale und Saft von 2 Bio-Zitronen
1 Prise getrocknete Chiliflocken
1 Handvoll glatte Petersilie
3 Knoblauchzehen, geschält

1 Den Backofen auf 200 °C vorheizen. Die Lammkeule in einen großen Bräter legen, mehrmals einschneiden, mit Öl einreiben und großzügig salzen und pfeffern.

2 Alle Zutaten für die Kruste in einer Küchenmaschine sorgfältig zerkleinern, dann salzen und pfeffern. Falls gewünscht, für ein intensiveres Aroma mehr Zitrone oder sonnengetrocknete Tomaten hinzufügen. Die Mischung auf dem Fleisch verteilen, gut andrücken, auch in die Einschnitte.

3 Die Lammkeule für 15 Minuten in den Backofen schieben, bis sie goldbraun wird. Die Hitze auf 160 °C reduzieren und das Fleisch noch einmal 1½–2 Stunden garen. Falls es trocken wird, locker Alufolie darüberlegen. Herausnehmen und vor dem Aufschneiden 20 Minuten ruhen lassen. Mit dem Bratensaft aus dem Bräter, Bohnen und Kartoffeln oder mit heißem Pittabrot und einem leicht angemachten Salat servieren.

VARIANTE

Nach der Hälfte der Garzeit kann etwas angewärmter Roséwein in den Bräter gegossen werden, der dem Bratensaft ein wunderbares Aroma verleiht.

NÄHRWERTE PRO PORTION

Brennwert 377 kcal/1578 kJ
Protein 40 g
Fett 20 g
Ges. Fettsäuren 7 g
Kohlenhydrate 9,5 g
Zucker 0,7 g
Ballaststoffe 0,3 g
Salz 0,8 g

RICHTWERTE PRO PORTION

- ●○○ KALORIEN
- ●●○ GES. FETTSÄUREN
- ●○○ SALZ

SUPER FÜR KIDS

RINDFLEISCHBURGER

PORTIONEN 6 **ZUB.** 20 MIN. PLUS KÜHLZEIT **GARZEIT** 15 MIN. **EINFRIEREN** 1 MO.

Selbst gemachte Burger sind unschlagbar und man weiß genau, was in ihnen steckt.

500 g Rinderhackfleisch
1 große rote Zwiebel, fein gewürfelt
1 Knoblauchzehe, fein gehackt
1 TL Paprikapulver
1 Handvoll glatte Petersilie, fein gehackt
1 EL fein gehackte frische Korianderblätter
1 großes Ei
Salz und schwarzer Pfeffer
1 kleine Handvoll glutenfreie Brotkrumen (nach Belieben)
glutenfreies Mehl für die Hände
Pflanzenöl zum Braten
glutenfreie Brötchen, Kopfsalat, Tomaten und glutenfreies Relish zum Servieren

1 Hackfleisch, Zwiebel, Knoblauch, Paprikapulver, Petersilie, Koriander, Ei sowie reichlich Salz und Pfeffer sorgfältig verkneten, damit die Masse beim Garen zusammenhält. Die Masse abschmecken. Eine kleine Menge braten und probieren, nötigenfalls noch einmal nachwürzen. Sollte sie zu fest sein, zum Lockern die Brotkrumen hineingeben.

2 Mit bemehlten Händen die Masse in 6 Portionen teilen. Diese zu Kugeln formen und dann zu Burgern flach drücken. Die Burger auf einen Teller legen und für 20 Minuten in den Kühlschrank stellen. Zum Einfrieren die Burger jetzt auf einem Teller in das Gefriergerät setzen, bis sie hart sind, dann in Gefrierbeutel füllen und beschriften.

3 Eine große Pfanne bei hoher Temperatur erhitzen und die Burger auf jeder Seite 2–3 Minuten braten. Herausnehmen und 2 Minuten ruhen lassen, dann auf glutenfreien Brötchen mit Salatblättern, Tomatenscheiben und einem Klecks glutenfreiem Relish der Wahl servieren.

NÄHRWERT PRO BURGER

Brennwert 212 kcal/879 kJ

Protein 18 g

Fett 15 g
Ges. Fettsäuren 6 g

Kohlenhydrate 1,5 g
Zucker 1,1 g

Ballaststoffe 0,5 g

Salz 0,2 g

STEAKS MIT SENFSAUCE

PORTIONEN 4 **ZUBEREITUNG** 15 MIN. **GARZEIT** 15 MIN.

Steak und Senf sind ein himmlisches Paar. Für eine reichhaltigere Sauce ersetzt man die Milch durch Sahne. Körniger Senf sorgt für kernigen Biss und weniger Schärfe.

4 Rinderfiletsteaks (à 300 g)
1 EL Olivenöl
Salz und schwarzer Pfeffer
gegarte neue Kartoffeln und gedämpfter Brokkoli zum Servieren

Für die Sauce
25 g Butter
2 EL glutenfreies Mehl
300 ml Milch
2 TL scharfer Senf, nach Geschmack auch mehr
Salz und schwarzer Pfeffer

1 Zuerst die Sauce zubereiten. In einem kleinen Topf die Butter zerlassen. Den Topf von der Kochstelle nehmen und das Mehl sorgfältig unter die Butter rühren. Etwas Milch hinzufügen und mit dem Schneebesen kräftig schlagen, ohne dass sich Klümpchen bilden. Den Topf wieder auf die Kochstelle setzen. Unter ständigem Schlagen nach und nach die restliche Milch untermischen, bis eine recht dünne weiße Sauce entstanden ist. Den Senf sowie Salz und Pfeffer nach Geschmack dazugeben. Die Sauce bei schwacher Hitze unter ständigem Rühren 5 Minuten köcheln lassen, damit sich der Mehlgeschmack verliert.

2 Eine Grillpfanne bei hoher Temperatur erhitzen. Die Steaks mit dem Öl einpinseln und großzügig salzen und pfeffern. 2 Steaks in die Pfanne legen und 2–3 Minuten garen, dann wenden und die andere Seite ebenfalls 2–3 Minuten braten.

3 Mit den übrigen Steaks ebenso verfahren. Die Steaks 5 Minuten ruhen lassen. Dann mit der heißen Senfsauce beschöpfen und mit Kartoffeln und Brokkoli servieren.

RICHTWERTE PRO PORTION

●●○ KALORIEN
●●● GES. FETTSÄUREN
●○○ SALZ

NÄHRSTOFF-KRACHER
Rotes Fleisch liefert Eisen, wichtig für die Bildung roter Blutkörperchen.

NÄHRWERT PRO PORTION

Brennwert 570 kcal/2378 kJ
Protein 67 g
Fett 29 g
Ges. Fettsäuren 14 g
Kohlenhydrate 9 g
Zucker 3,5 g
Ballaststoffe 0 g
Salz 0,8 g

RICHTWERTE PRO PORTION

●●○ KALORIEN

●●● GES. FETTSÄUREN

●○○ SALZ

NÄHRWERTE PRO PORTION

Brennwert	691 kcal/2885 kJ
Protein	49 g
Fett	30 g
Ges. Fettsäuren	12 g
Kohlenhydrate	44 g
Zucker	7,5 g
Ballaststoffe	0,7 g
Salz	1,4 g

RINDFLEISCH-BIER-KASSEROLLE

PORTIONEN 6 **ZUBEREITUNG** 40 MIN. **GARZEIT** 2 STD.

Dieses herzhafte Gericht, für das Rindfleisch langsam in Bier geköchelt wird, ist ein wahrer Seelentröster.

1 EL Reismehl
Salz und schwarzer Pfeffer
1 kg Rindfleisch zum Schmoren, in mundgerechte Stücke geschnitten
3 EL Olivenöl
300 g Möhren, in Stücke geschnitten
1 Sellerieknolle, geschält und in mundgerechte Stücke geschnitten
3 Stangen Lauch, geputzt, gewaschen und in Stücke geschnitten
300 ml glutenfreies Bier
750 ml heiße glutenfreie Gemüsebrühe (siehe Seite 95)
50 g Quinoa

Für die Kräuterklößchen
½ Zwiebel, fein gehackt
½ EL Olivenöl
1 kleine Handvoll glatte Petersilie, fein gehackt
einige Rosmarinblätter, fein gehackt
75 g glutenfreie Brotkrumen
1 TL geriebener Meerrettich (aus dem Glas)
1 TL Dijonsenf
1 Ei

1 Den Ofen auf 160 °C vorheizen. Das Mehl salzen und pfeffern. Das Fleisch darin wenden. In einer Kasserolle 2 Esslöffel Öl erhitzen und das Fleisch bei mittlerer Hitze portionsweise 5 Minuten anbraten. Herausnehmen und beiseitestellen.

2 Das restliche Öl in die Kasserolle geben. Die Gemüse darin 5–6 Minuten garen, bis sie goldbraun sind. Etwas Bier dazugießen. Die Hitze erhöhen und rühren, um den Bodensatz zu lösen. Das restliche Bier dazugießen und bei mittlerer Hitze 5 Minuten köcheln lassen. Die Brühe dazugießen und zum Kochen bringen. Die Hitze reduzieren. Fleisch und Quinoa dazugeben. Salzen und pfeffern und den Topf zugedeckt für 1½ Stunden in den Backofen schieben, nötigenfalls heißes Wasser ergänzen.

3 Für die Klößchen die Zwiebel im Öl in einem Topf bei mittlerer Hitze weich garen. Die restlichen Zutaten sowie Salz und Pfeffer hinzufügen und umrühren. 12 Klößchen formen. Den Topf im Ofen nach Ablauf der Zeit herausnehmen. Die Klößchen in die Sauce legen. Das Gericht weitere 30 Minuten garen, 5 Minuten vor Ende der Garzeit den Deckel abnehmen.

VEGETARISCHE HAUPTGERICHTE

RICHTWERTE PRO PORTION

●●○ KALORIEN

●○○ GES. FETTSÄUREN

●●● SALZ

SUPER FÜR KIDS

PILZBURGER

PORTIONEN 4 **ZUBEREITUNG** 20 MIN. PLUS KÜHLZEIT **GARZEIT** 50 MIN.

Mit Miso-Pommes und Tahin-Dip serviert, schmecken diese Burger wunderbar. Bereiten Sie für Kinder Miniburger zu.

3 EL Olivenöl
1 Zwiebel, fein gehackt
500 g Egerlinge, in einer Küchenmaschine zerkleinert
etwas Tamari (glutenfreie Sojasauce)
125 g glutenfreie Brotkrumen
1 Ei, verquirlt
Salz und schwarzer Pfeffer

Für die Miso-Pommes
4 Bataten, geschält und in dünne Stäbchen geschnitten
1 EL Olivenöl
1 EL süße Miso oder Tamari (glutenfreie Sojasauce)

Für den Tahin-Dip
2 Knoblauchzehen, gerieben
1 Prise Meersalz
3 EL Tahin
Saft von 1 Zitrone

1 Den Backofen auf 200 °C vorheizen. In einer großen Pfanne 1 Esslöffel Öl erhitzen und die Zwiebel bei schwacher Hitze 3–4 Minuten garen. Die Pilze dazugeben und 6 Minuten garen, bis sie Wasser ziehen. Tamari unterrühren und 1 Minute garen. Die Mischung in eine Schüssel geben. Brotkrumen und Ei untermischen. Wenn die Masse zu feucht ist, noch Brotkrumen hinzufügen. Gut salzen und pfeffern und 4 Burger formen. Auf einem mit Backpapier belegten Teller 30 Minuten kalt stellen.

2 Für die Pommes frites die Kartoffeln mit Öl und Miso vermischen und in einem Bräter verteilen. Für 20 Minuten in den Backofen schieben, bis die Stäbchen goldbraun werden und dünnere Stäbchen knusprig sind. Für den Dip Knoblauch und Salz im Mörser zerreiben. Das Tahin hinzufügen und untermischen. Etwa 2 EL Wasser und den Zitronensaft unterrühren.

3 Zum Garen der Burger in einer großen Pfanne die Hälfte des restlichen Öls bei mittlerer Temperatur erhitzen. 2 Burger hineinlegen und auf jeder Seite 3–5 Minuten garen, bis sie goldbraun sind. Mit den übrigen Burgern ebenso verfahren. Die Burger mit den Miso-Pommes und dem Tahin-Dip servieren.

NÄHRWERTE PRO PORTION

Brennwert 509 kcal/2143 kJ

Protein 13,6 g

Fett 21,4 g
Ges. Fettsäuren 3,3 g

Kohlenhydrate 65,3 g
Zucker 14 g

Ballaststoffe 10,8 g

Salz 2,8 g

BOHNENBURGER

SUPER FÜR KIDS

PORTIONEN 4 **ZUBEREITUNG** 20 MIN. PLUS KÜHLZEIT **GARZEIT** 40 MIN.

Bohnenburger sind eine großartige Alternative zu Fleischburgern. Für Kinder lässt man die Chilischote weg und ersetzt die Hälfte der Zwiebel durch geriebene Möhre.

1 Zwiebel, geviertelt
2 EL gehackte glatte Petersilie
1 Dose (400 g) weiße Bohnen
1 TL Cayennepfeffer
2 EL glutenfreies Mehl
1 Ei, verquirlt
Salz und schwarzer Pfeffer
3 EL Olivenöl
grüner Salat zum Servieren

Für die Avocadosalsa
2 reife Avocados, entsteint und gewürfelt
1 große Knoblauchzehe, gerieben
1 rote Chilischote, nach Entfernen von Stielansatz, Samen und Scheidewänden fein gehackt
2 EL Olivenöl
1 EL fein gehackte frische Korianderblätter
Saft von 1 Limette
1 TL Zucker

1 Die Zwiebel in einer Küchenmaschine grob hacken. Die Petersilie hinzufügen und kurz untermischen. Die Bohnen dazugeben und zerkleinern. Die Mischung in eine große Schüssel füllen. Cayennepfeffer, Mehl und Ei sowie Salz und Pfeffer nach Geschmack sorgfältig unterrühren. Aus der Mischung 8 Burger formen und diese kalt stellen, bis sie fest sind.

2 Für die Salsa alle Zutaten in einer Schüssel gut vermischen. 15 Minuten stehen lassen, dann umrühren und nach Geschmack salzen und pfeffern

3 In einer großen Pfanne bei mittelhoher Temperatur etwas Öl erhitzen. die Burger darin portionsweise auf jeder Seite 5 Minuten garen, bis sie goldbraun und knusprig sind. Zwischendurch nötigenfalls Öl ergänzen. Die Burger mit grünem Salat und der Salsa als Beilage servieren.

VARIANTE

Ebensogut können hier auch andere Bohnen wie Flageolet- oder Kidneybohnen verwendet werden.

RICHTWERTE PRO PORTION

●○○ KALORIEN
●●○ GES. FETTSÄUREN
●●○ SALZ

NÄHRSTOFF-KRACHER
Avocados enthalten Vitamin E und B_6 – gesund für Herz und Nervensystem.

NÄHRWERTE PRO PORTION

Brennwert	424 kcal/1761 kJ
Protein	11, g
Fett	31 g
Ges. Fettsäuren	5,6 g
Kohlenhydrate	25 g
Zucker	4 g
Ballaststoffe	11,5 g
Salz	1,4 g

GNOCCHI MIT GORGONZOLA

RICHTWERTE PRO PORTION

●●○ KALORIEN

●●● GES. FETTSÄUREN

●○○ SALZ

PORTIONEN 4 **ZUB.** 30 MIN. **GARZEIT** 50–60 MIN. **EINFRIEREN** 3 MO. UNGEGARTE GNOCCHI

Ein köstliches Gericht aus nur wenigen Zutaten – leckeren, in Salbeibutter geschwenkten Gnocchi und Gorgonzola.

1 kg mehligkochende Kartoffeln mit Schale
Salz
150 g Reismehl, sowie Reismehl zum Bestäuben
1 Prise frisch geriebene Muskatnuss
Meersalz
50 g Butter
4 Salbeiblätter, zerzupft
125 g Gorgonzola, gewürfelt
Rucola-Tomaten-Salat zum Servieren

1 Die Kartoffeln in einem großen Topf mit kochendem Salzwasser etwa 30–40 Minuten garen, bis sie weich sind. Abtropfen und etwas abkühlen lassen, dann schälen. Durch die Kartoffelpresse auf die dünn bemehlte Arbeitsfläche drücken. Die Hälfte des Reismehls, Muskatnuss und Meersalz hinzufügen. Die Masse behutsam kneten, bis sie zusammenhält, nötigenfalls noch Mehl hinzufügen. Nicht zu viel kneten, sonst werden die Gnocchi beim Garen zäh. Die Masse in vier Portionen teilen. Jede zu einer etwa 1 cm dicken Wurst rollen und diese in 2 cm große Stücke schneiden.

2 Den Backofen auf 190 °C vorheizen. In einem großen Topf Wasser zum Wallen bringen. Nur jeweils 10 Gnocchi gleichzeitig darin garen, da sie Platz brauchen. Wenn sie nach etwa 2 Minuten an die Oberfläche steigen, sind sie gar. Mit einem Schaumlöffel in eine vorgewärmte ofenfeste Servierschüssel heben und mit Meersalz salzen.

3 In einer kleinen Pfanne die Butter erhitzen. Den Salbei dazugeben und bei mittlerer Hitze 2–3 Minuten garen. Die Butter über die Gnocchi gießen. Die Gnocchi darin wenden, mit dem Käse bestreuen und für 5–6 Minuten in den Backofen schieben. Mit Rucola-Tomaten-Salat servieren.

NÄHRWERTE PRO PORTION

Brennwert 532 kcal/2222 kJ
Protein 14,5 g
Fett 22 g
Ges. Fettsäuren 14 g
Kohlenhydrate 65 g
Zucker 1,5 g
Ballaststoffe 5 g
Salz 1,1 g

TIPP

Zum Einfrieren die Gnocchi auf einer mit Backpapier belegten Platte verteilen und gefrieren lassen, dann in einen Gefrierbehälter füllen. Gefroren in das Garwasser geben und 3–5 Minuten garen, bis sie an die Oberfläche steigen.

GEGRILLTE POLENTA MIT OFENTOMATEN

RICHTWERTE PRO PORTION

●○○ KALORIEN

●●○ GES. FETTSÄUREN

●○○ SALZ

PORTIONEN 4 **ZUBEREITUNG** 10 MIN. **GARZEIT** 40 MIN.

In diesem aromareichen Gericht kommt die Polenta zu ganz neuen Ehren. Dazu werden saftige Tomaten serviert.

etwa 40 kleine Rispentomaten
1 EL Olivenöl
2 TL gemahlener Sumach
2 EL Kapern
Rucolasalat mit leichtem Dressing zum Servieren

Für die Polenta
125 g Instant-Polenta oder feines Maismehl
25 g Butter
1 große Handvoll frisch geriebener Parmesan
1 Prise getrocknete Chiliflocken
Salz und schwarzer Pfeffer
Olivenöl zum Überziehen

1 Den Backofen auf 200 °C vorheizen. Eine 18 cm große und mindestens 2,5 cm tiefe quadratische Form mit Butterbrotpapier auslegen. Die Polenta nach den Anweisungen auf der Packung garen. Gleichmäßig in das Wasser rieseln lassen und rühren, während sie köchelt. Die Polenta 10 Minuten garen, dann Butter, Parmesan und Chiliflocken unterschlagen. Großzügig salzen und pfeffern. Die Polenta in die vorbereitete Form schöpfen und zum Abkühlen beiseitestellen.

2 Die Tomaten in einen Bräter geben und mit dem Olivenöl überziehen. Mit dem Sumach bestreuen und nach Geschmack salzen und pfeffern. Für 15–20 Minuten in den Backofen schieben, bis sie gerade braun werden. 5 Minuten vor Ende der Garzeit die Kapern hinzufügen. Herausnehmen und beiseitestellen.

3 Die Polenta aus der Form nehmen und in 8 Dreiecke schneiden oder Kreise ausstechen. Die Stücke dünn mit Öl überziehen. Eine Grillpfanne erhitzen und die Stücke portionsweise auf jeder Seite 2–3 Minuten garen, bis sie dunkle Striche haben. Zum Servieren die Tomaten und Kapern auf die Polentastücke geben, dazu den Rucolasalat reichen.

NÄHRWERTE PRO PORTION

Brennwert 304 kcal/1267 kJ

Protein 8 g

Fett 18 g
Ges. Fettsäuren 6,5 g

Kohlenhydrate 26 g
Zucker 4,5 g

Ballaststoffe 3 g

Salz 0,9 g

KNUSPRIGER TOFU

PORTIONEN 4 **ZUBEREITUNG** 15 MIN. **GARZEIT** 20 MIN.

Dieses Gericht lässt sich unglaublich einfach zubereiten, aber man muss guten Tofu verwenden – kaufen Sie ihn am besten in einem asiatischen Lebensmittelgeschäft.

RICHTWERTE PRO PORTION

- ●○○ KALORIEN
- ●○○ GES. FETTSÄUREN
- ●○○ SALZ

- 300 g fester Tofu, in 1 cm große Quadrate geschnitten
- 3 EL Sonnenblumenöl oder anderes Pflanzenöl, nötigenfalls auch mehr
- ½ TL gemahlener Sichuanpfeffer
- 3 Tomaten, längs halbiert, jede Hälfte in 4 Spalten geschnitten
- 5 cm Ingwerwurzel, geschält und in dünne Scheiben geschnitten
- 1 Prise brauner Zucker
- 2 EL Tamari (glutenfreie Sojasauce)
- 1 EL Reisessig
- 1 Bund Frühlingszwiebeln, in dünne Ringe geschnitten
- gegarter Basmatireis zum Servieren

1 Den Tofu in ein wenig Öl und dem Sichuanpfeffer wenden. Das restliche Öl bei mittelhoher Temperatur in einem Wok erhitzen. Die Tofustücke hineingeben und 2 Minuten braten, bis sie goldbraun sind, dann wenden und noch einmal 2 Minuten braten.

2 Tomaten und Ingwer dazugeben und unter Rühren 2 Minuten braten. Dabei möglichst die Tofustücke intakt lassen.

3 Den Zucker hinzufügen und den Topfinhalt unter Rühren braten, bis der Zucker karamellisiert ist. Tamari und Essig dazugeben und alles noch einmal 2–3 Minuten garen. Die Frühlingszwiebeln unterrühren. Das Gericht heiß mit dem Reis servieren.

TIPP

Denken Sie daran, den Tofu vor Verwendung abtropfen zu lassen und auszudrücken. Er muss vor dem Braten wirklich trocken sein, damit er schön knusprig wird.

NÄHRWERTE PRO PORTION

Brennwert 174 kcal/725 kJ

Protein 9 g

Fett 13 g
Ges. Fettsäuren 2 g

Kohlenhydrate 6 g
Zucker 5 g

Ballaststoffe 1,5 g

Salz 1,4 g

RICHTWERTE PRO PORTION

●●○ KALORIEN

●●● GES. FETTSÄUREN

●○○ SALZ

SUPER FÜR KIDS

GEFÜLLTER BUTTERNUSSKÜRBIS

PORTIONEN 4 **ZUBEREITUNG** 15 MIN. **GARZEIT** 1¼ STD.

Für dieses herbstliche Gericht mit seinen wunderbaren Farben kann auch ein anderer Kürbis verwendet werden. Den Gruyère kann man durch Parmesan ersetzen.

1 EL Olivenöl, sowie Olivenöl zum Einfetten
225 g Gruyère, gerieben
2 mittelgroße oder 4 kleine Butternusskürbisse, längs halbiert, die Samen entfernt

Für die Füllung
100 g Haselnusskerne, geröstet und grob gehackt
75 g getrocknete Cranberrys, grob gehackt
1 kleine Handvoll glatte Petersilie, fein gehackt
1 Prise getrocknete Chiliflocken
Salz und schwarzer Pfeffer
Rucolasalat zum Servieren

NÄHRSTOFF-KRACHER
Butternusskürbis enthält außergewöhnlich viel Vitamin B_6.

1 Den Backofen auf 190 °C vorheizen. Zwei Backbleche mit Öl einpinseln. Mit einem scharfen Messer das Fruchtfleisch der Kürbishälften rautenförmig einschneiden und mit Öl einpinseln. Die Kürbisse mit den Schnittflächen nach unten auf die Backbleche legen. Für 1 Stunde in den Backofen schieben, bis das Fleisch weich wird. Das meiste Fleisch herauslösen, aber eine dünne Wand stehen lassen. Die ausgehöhlten Hälften aufbewahren.

2 Das Fruchtfleisch in eine Schüssel geben und mit einer Gabel zerdrücken. Die Zutaten für die Füllung dazugeben und sorgfältig untermischen. Die Mischung auf die ausgehöhlten Kürbishälften verteilen.

3 Den Käse über die Füllung streuen. Die Hälften noch einmal für 10–15 Minuten in den Backofen schieben, bis der Käse blubbert. Den Kürbis mit einem Rucolasalat mit einem leichten Dressing servieren.

NÄHRWERTE PRO PORTION

Brennwert 555 kcal/2320 kJ

Protein 23 g

Fett 38 g
Ges. Fettsäuren 14 g

Kohlenhydrate 31 g
Zucker 18 g

Ballaststoffe 11 g

Salz 1 g

BROT UND PIZZA

LANDBROT

RICHTWERTE PRO PORTION

- KALORIEN (2 von 3)
- GES. FETTSÄUREN (1 von 3)
- SALZ (1 von 3)

SUPER FÜR KIDS

ERGIBT 12 SCHEIBEN **ZUB.** 20 MIN. PLUS AUFGEHZEIT **GARZEIT** 35–40 MIN. **EINFRIEREN** 3 MO.

Ein lockeres feuchtes Brot, das gut aufgeht, eine schöne Farbe hat und ein gutes Aroma. Der Teig kann auch für Körnerbrot verwendet werden (siehe unten).

Öl zum Einfetten
450g glutenfreie dunkle Brotmehlmischung (siehe Seite 38), sowie Mehlmischung zum Bestäuben
2 TL Trockenhefe
½ TL Salz
2 EL Zuckerrohrmelasse
1 Ei
2 EL Pflanzenöl
1 TL Essig
verquirltes Ei zum Bestreichen

1 Eine 500 g fassende Kastenform dünn einölen. Das Mehl in eine große Schüssel sieben. Hefe und Salz hinzufügen. 300 ml lauwarmes Wasser in einen Krug gießen. Melasse, Ei, Pflanzenöl und Essig dazugeben und mit einer Gabel verschlagen.

2 In die Mitte der Mehlmischung eine Mulde drücken. Die flüssigen Zutaten hinzufügen und gut untermischen, um einen Teig herzustellen. Auf die bemehlte Arbeitsfläche setzen und etwa 5 Minuten kneten, bis er glatt ist.

3 Den Teig auf die Größe der Form zurechtdrücken und hineinsetzen. Mit eingeölter Frischhaltefolie locker abdecken. Für 1 Stunde an einen warmen Platz stellen, bis er sein Volumen verdoppelt hat.

4 Den Backofen auf 200 °C vorheizen. Den Laib mit dem Ei bestreichen und 35–40 Minuten backen, bis er aufgegangen und goldbraun ist. Herausnehmen und 5 Minuten in der Form abkühlen lassen, dann zum Auskühlen auf ein Kuchengitter setzen.

VARIANTE

Körnerbrot Einfach eine Mischung aus Samen (Mohn, Kürbiskerne und Sonnenblumenkerne) in die eingeölte Form streuen, ehe der Teig hineingesetzt wird. Nach dem Gehen und Bestreichen mit Ei weitere Samen auf dem Laib verteilen.

NÄHRWERTE PRO SCHEIBE

Brennwert 222 kcal/941 kJ
Protein 8 g
Fett 5 g
Ges. Fettsäuren 2 g
Kohlenhydrate 36 g
Zucker 3,5 g
Ballaststoffe 7 g
Salz 0,3 g

BRIOCHE

RICHTWERTE PRO PORTION

●●○ KALORIEN
●●● GES. FETTSÄUREN
●●○ SALZ

ERGIBT 12 **ZUB.** 15 MIN. PLUS GEHZEIT **GARZEIT** 20–25 MIN. **EINFRIEREN** 3 MO.

Briocheteig muss lange gehen. Man kann ihn auch am Vorabend zubereiten und an einen kühlen Platz stellen, um am nächsten Tag warme Brioches zum Frühstück zu essen!

300 ml Milch
200 g weiche Butter
2 EL Zucker
4 Eier
450 g glutenfreie Weißbrotmehlmischung (siehe Seite 38)
2 TL Trockenhefe
2 TL Xanthan
1 TL Salz
Öl zum Einfetten

1 Die Milch in einem kleinen Topf erwärmen. Butter und Zucker hinzufügen und rühren, bis sie geschmolzen sind. Von der Kochstelle nehmen. In einer kleinen Schüssel oder einem kleinen Krug 3 Eier verquirlen.

2 Mehl, Hefe, Xanthan und Salz in eine große Schüssel sieben. In die Mitte eine Mulde drücken. Milchmischung und verquirlte Eier hineingeben. Die Zutaten zu einem klebrigen Teig vermischen. Die Schüssel mit eingeölter Frischhaltefolie abdecken und für mindestens 3 Stunden an einen warmen Platz (oder über Nacht an einen kühlen Platz) stellen, bis der Teig sein Volumen verdoppelt hat.

3 Den Backofen auf 200 °C vorheizen. Briocheformen oder eine Muffinform einfetten. Das restliche Ei verschlagen. Den Teig in 12 Portionen in Größe von kleinen Orangen teilen. Die Stücke zwischen den Händen zu Kugeln formen und in die Formen setzen. Falls der Teig sehr klebrig ist, die Hände zunächst mit Wasser benetzen. Die Brioches mit dem verschlagenen Ei bestreichen.

4 Die Brioches 20–25 Minuten backen, bis sie aufgegangen und goldbraun sind. 5 Minuten in den Formen abkühlen lassen, dann warm

NÄHRWERTE PRO BRIOCHE

Brennwert 308 kcal/1296 kJ

Protein 7 g

Fett 18 g
Ges. Fettsäuren 10 g

Kohlenhydrate 31 g
Zucker 4 g

Ballaststoffe 1,5 g

Salz 0,5 g

ROSMARIN-FOCACCIA

PORTIONEN 6 **ZUB.** 15 MIN. PLUS GEHZEIT **GARZEIT** 30–35 MIN. **EINFRIEREN** 3 MO.

Dieses mit Olivenöl aromatisierte Brot sollte eine knusprige Kruste und eine leichte, lockere Krume haben.

- 450 g Weißbrotmehlmischung (siehe Seite 38) sowie Mehlmischung zum Bestäuben
- 2 TL Xanthan
- 2 TL Trockenhefe
- 2 TL Zucker
- 1 TL Salz
- 6 EL Olivenöl sowie Olivenöl zum Einfetten
- Blätter von einigen Rosmarinzweigen
- grobes Meersalz zum Bestreuen

1 Mehl, Xanthan, Hefe, Zucker und Salz in eine große Schüssel sieben. 300 ml lauwarmes Wasser und 3 Esslöffel Öl hinzufügen und mit einem runden Messer einen leicht klebrigen weichen Teig herstellen. Auf die dünn bemehlte Arbeitsfläche setzen und kneten, bis er glatt und elastisch ist. Wieder in die Schüssel legen und mit eingeölter Frischhaltefolie abgedeckt für etwa 1 Stunde warm stellen, bis er sein Volumen verdoppelt hat.

2 Eine 16 × 25 cm große Kastenform dünn einölen. Den Teig auf der bemehlten Arbeitsfläche leicht kneten und in Größe der Form zurechtdrücken. In die Form setzen und in die Ecken drücken. Mit eingeölter Frischhaltefolie abgedeckt für 30 Minuten an den warmen Platz stellen, bis er sein Volumen verdoppelt hat.

3 Den Backofen auf 200 °C vorheizen. Die Fingerspitzen fest in den Teig drücken, sodass eine dellige Oberfläche entsteht. Den Rosmarin darauf verteilen, das restliche Öl darüberträufeln und das Mehlsalz darüberstreuen. Das Brot 30–35 Minuten backen, bis es hell goldbraun ist.

VARIANTE

Zwiebel und Feta Eine kleine rote Zwiebel in dünne Scheiben schneiden und statt des Rosmarins auf den Teig streuen, außerdem 115 g zerkrümelten Feta.
Oliven und Sardellen 140 g entsteinte grüne und schwarze Oliven hacken und mit 60 g gehackten Sardellenfilets auf den Teig streuen. Mit dem Olivenöl beträufeln und statt Rosmarin etwas frischen oder getrockneten Oregano darübergeben.

RICHTWERTE PRO PORTION

- ●●● KALORIEN
- ●●○ GES. FETTSÄUREN
- ●●○ SALZ

NÄHRWERTE PRO PORTION

Brennwert 361 kcal/1522 kJ
Protein 7 g
Fett 12 g
Ges. Fettsäuren 2 g
Kohlenhydrate 56 g
Zucker 3 g
Ballaststoffe 3 g
Salz 0,9 g

RICHTWERTE PRO PORTION

●●○ KALORIEN

●●● GES. FETTSÄUREN

●●○ SALZ

PIZZA MARGHERITA

SUPER FÜR KIDS

PORTIONEN 4 **ZUBEREITUNG** 20 MIN. PLUS GEHZEIT **GARZEIT** 20–25 MIN.

Verwenden Sie für den Belag auch andere Zutaten wie Spinat und Ricotta oder Pilze und Parmaschinken.

Öl zum Einfetten
450 g glutenfreie Weißbrotmehlmischung (siehe Seite 38), sowie Mehlmischung zum Bestäuben
1 TL Xanthan
2 TL Trockenhefe
2 TL Zucker
1 TL Salz
1 Ei
2 EL Olivenöl, sowie Öl zum Beträufeln
300 g Mozzarella, abgetropft und in Stücke gezupft
einige schwarze Oliven
Basilikumblätter

Für die Tomatensauce
2 EL Olivenöl
1 kleine Zwiebel, fein gehackt
2 Knoblauchzehen, zerdrückt
1 Dose Kirschtomaten (400 g)
1 EL Tomatenmark
1 TL getrockneter Oregano
1 Prise Zucker
Salz und schwarzer Pfeffer

1 Zwei Backbleche dünn einölen. Mehl, Xanthan, Hefe, Zucker und Salz in eine große Schüssel sieben. In einem Krug 300 ml warmes Wasser, das Ei und 2 Esslöffel Öl mit einer Gabel verschlagen. In die Mitte der Mehlmischung eine Mulde drücken. Die flüssigen Zutaten hineingeben und gut untermischen, um einen Teig herzustellen. Den Teig auf die bemehlte Arbeitsfläche setzen und 5 Minuten kneten, bis er glatt und elastisch ist. In eine dünn eingeölte Schüssel legen und locker mit eingeölter Frischhaltefolie abgedeckt für etwa 1 Stunde an einen warmen Platz stellen, bis er sein Volumen verdoppelt hat.

2 Für die Tomatensauce das Öl in einem mittelgroßen Topf erhitzen. Die Zwiebel darin bei mittlerer Hitze 5 Minuten sautieren. Den Knoblauch unterrühren und 1 Minute garen. Die restlichen Zutaten hinzufügen und unbedeckt 10 Minuten köcheln lassen. Die Sauce beiseitestellen.

3 Den Backofen auf 230 °C vorheizen. Den Teig kurz kneten und in 2 Kugeln teilen. Jede Kugel zu einem großen Kreis ausrollen. Die Böden auf die Backbleche legen. Tomatensauce, Mozzarella und Oliven darauf verteilen. Schwarzen Pfeffer und etwas Öl darübergeben. Die Pizzas 10 Minuten backen, bis sie goldbraun sind. Mit Basilikum bestreut servieren.

NÄHRWERTE PRO PORTION

Brennwert 759 kcal/3190 kJ

Protein 28 g

Fett 32 g
Ges. Fettsäuren 13 g

Kohlenhydrate 89 g
Zucker 9 g

Ballaststoffe 6 g

Salz 1,9 g

RICHTWERTE PRO PORTION

●●○ KALORIEN

●●● GES. FETTSÄUREN

●○○ SALZ

CALZONE

ERGIBT 6 **ZUBEREITUNG** 30 MIN. PLUS GEHZEIT **GARZEIT** 20–25 MIN.

Calzone wird traditionell ohne Tomatensauce zubereitet. Stattdessen machen Käse und Pesto die Füllung feucht.

- 450 g glutenfreie Weißbrotmehlmischung (siehe Seite 38), sowie Mehlmischung zum Bestäuben
- 1 TL Xanthan
- 2 TL Trockenhefe
- 2 TL Zucker
- Salz und schwarzer Pfeffer
- 2 EL Olivenöl, sowie Öl zum Einfetten
- 1 Ei, plus 1 Ei, verquirlt, zum Bestreichen
- 6 TL glutenfreies Fertig-Pesto
- 1 rote Zwiebel, in dünne Scheiben geschnitten
- 125 g Mozzarella, gewürfelt
- 60 g Gorgonzola, zerkrümelt
- 6 Scheiben roher Schinken

1 Mehl, Xanthan, Hefe, Zucker und 1 Teelöffel Salz in eine große Schüssel sieben. 300 ml lauwarmes Wasser mit Olivenöl und dem ganzen Ei verrühren. Zu der Mehlmischung geben und mit einem runden Messer untermischen, um einen leicht klebrigen glatten Teig herzustellen. Den Teig auf die bemehlte Arbeitsfläche setzen und 5 Minuten kneten, bis er glatt und elastisch ist. In die Schüssel legen und mit eingeölter Frischhaltefolie abgedeckt für etwa 1 Stunde warm stellen, bis er sein Volumen verdoppelt hat.

SUPER FÜR KIDS

2 Den Backofen auf 220 °C vorheizen. Den Teig in 6 Kugeln teilen und auf der bemehlten Arbeitsfläche zu 20 cm großen Kreisen ausrollen. Auf zwei große dünn eingeölte Bleche legen. Auf eine Hälfte jedes Kreises 1 Teelöffel Pesto streichen. Zwiebel, Käse, Schinken und schwarzen Pfeffer darübergeben. Die Kreise am Rand mit dem verquirlten Ei bestreichen und zusammenklappen. Die Ränder fest zusammendrücken. Oben ein Dampfabzugsloch stechen. Die Calzone mit etwas Ei einpinseln und dünn mit Mehl bestäuben. Dann 20–25 Minuten backen, bis sie goldbraun sind.

NÄHRWERTE PRO CALZONE

Brennwert 473 kcal/1989 kJ

Protein 19 g

Fett 18 g
Ges. Fettsäuren 7 g

Kohlenhydrate 57,5 g
Zucker 3,5 g

Ballaststoffe 3,5 g

Salz 1 g

VARIANTEN

Brie und Speck 140 g in Scheiben geschnittenen Brie, gegarte Räucherspeckstücke und einige in Scheiben geschnittene grüne Oliven als Füllung verwenden.
Paprika und Salami 125 g in Scheiben geschnittenen Mozzarella, in Ringe geschnittene Paprikaschote, 75 g Salami und 1 Prise Chiliflocken verteilen.

SOCCA

ERGIBT 6 **ZUBEREITUNG** 10 MIN. PLUS RUHEZEIT **GARZEIT** 20 MIN.

Socca sind knusprige Pfannkuchen aus Kichererbsenmehl, die in Südfrankreich auf der Straße verkauft werden.

RICHTWERTE PRO PORTION

●●○ KALORIEN

●●○ GES. FETTSÄUREN

●●○ SALZ

140 g Kichererbsenmehl
2 TL gemahlener Kreuzkümmel
½ TL Salz
3 EL Olivenöl, sowie Olivenöl zum Servieren
Meersalzflocken zum Servieren

1 Mehl, Kreuzkümmel und Salz in einer großen Schüssel vermischen. In die Mitte eine Mulde drücken. 300 ml Wasser hineingießen und mit dem Schneebesen schlagen, bis ein glatter Teig entstanden ist. In einen Krug gießen und mindestens 10 Minuten stehen lassen, damit er dicker wird.

2 Den Grill vorheizen. Ein Backblech mit Backpapier belegen. In einer großen beschichteten Pfanne etwas Öl erhitzen. Wenn es heiß ist, so viel Teig hineingießen, dass der Boden der Pfanne bedeckt ist. Die Pfanne schwenken, um den Teig rasch zu verteilen. Bei mittlerer Hitze backen, bis die Unterseite goldbraun ist.

3 Den Pfannkuchen auf das Blech gleiten lassen und unter den heißen Grill stellen. Noch einmal 2–3 Minuten garen, bis er dunkelbraune Flecken hat. Auf ein Brett heben. Aus den übrigen Zutaten 5 weitere Pfannkuchen herstellen.

4 Zum Servieren die Pfannkuchen mit Meersalz bestreuen, mit Olivenöl beträufeln und grob in mundgerechte Stücke hacken. Auf einer Platte anrichten und als Appetithäppchen mit Getränken servieren.

TIPP

Die Socca werden unter den Grill gelegt, um das Garen zu beschleunigen. Man kann die Pfannkuchen aber auch einfach umdrehen und die andere Seite in der Pfanne goldbraun backen. Sie sollten knusprig werden und an den Rändern fast schon verbrannt sein.

NÄHRWERTE PRO SOCCA

Brennwert 139 kcal/581 kJ

Protein 5 g

Fett 9 g
Ges. Fettsäuren 1 g

Kohlenhydrate 11 g
Zucker 0,5 g

Ballaststoffe 3,5 g

Salz 0,4 g

KÜMMELBROT

RICHTWERTE PRO PORTION

●●○ KALORIEN

●●○ GES. FETTSÄUREN

●●○ SALZ

ERGIBT 12 SCHEIBEN **ZUB.** 20 MIN. PLUS GEHZEIT **GARZEIT** 40–50 MIN. **EINFRIEREN** 1 MO.

Dieses knusprige mit Kümmel gewürzte Brot passt besonders gut zu geräuchertem Schinken, Salami und Käse.

Öl zum Einfetten
450g glutenfreie Weißbrotmehlmischung (siehe Seite 38)
2 TL Trockenhefe
2 TL Salz
2 EL brauner Zucker
2 TL Kümmel
300ml Milch
2 Eier
2 EL Pflanzenöl
1 TL Balsamessig
2 TL Zucker

1 Eine 900g fassende Kastenform dünn einölen. Mehl, Hefe und 1 Teelöffel Salz in eine große Schüssel sieben. Braunen Zucker und 1 Teelöffel Kümmel unterrühren. Die Milch erhitzen, bis sie lauwarm ist (siehe Tipp). 1 Ei, Öl und Essig hineingeben und mit einer Gabel unterschlagen. In die Mitte der Mehlmischung eine Mulde drücken. Die flüssigen Zutaten hinzufügen und gut untermischen, um einen Teig herstellen. Den Teig auf der dünn bemehlten Arbeitsfläche 5 Minuten kneten, bis er glatt ist.

2 Den Teig zu einer Rolle formen und in die Form legen. Mit einem scharfen Messer schräg einschneiden. Locker mit Frischhaltefolie abgedeckt an einem warmen Platz 1 Stunde gehen lassen, bis er sein Volumen verdoppelt hat.

3 Den Backofen auf 220 °C vorheizen. Restliches Ei, verbliebenes Salz und Zucker verschlagen und großzügig auf den Laib auftragen. Den verbliebenen Kümmel darüberstreuen. Das Brot 35–40 Minuten backen, bis es aufgegangen und goldbraun ist. Aus der Form nehmen und noch einmal 5–10 Minuten backen, bis die Kruste knusprig wird. Herausnehmen und auf einem Kuchengitter auskühlen lassen.

NÄHRWERTE PRO SCHEIBE

Brennwert 190kcal/802kJ
Protein 6g
Fett 4,5g
Ges. Fettsäuren 1g
Kohlenhydrate 31,5g
Zucker 5g
Ballaststoffe 1,6g
Salz 0,7g

TIPP

Die Idealtemperatur für Hefe beträgt 35 °C. Temperaturen über 60 °C töten Hefe ab. Daher ist es wichtig, dass die Milch warm, aber nicht heiß ist.

RICHTWERTE PRO PORTION

●●● KALORIEN

●●○ GES. FETTSÄUREN

●●○ SALZ

NÄHRWERTE PRO SCHEIBE

Brennwert 305 kcal/1284 kJ

Protein 9 g

Fett 10 g
Ges. Fettsäuren 1,9 g

Kohlenhydrate 42 g
Zucker 2 g

Ballaststoffe 2,5 g

Salz 0,6 g

TOMATENBROT

ERGIBT 8 SCHEIBEN **ZUB.** 20 MIN PLUS GEHZEIT **GARZEIT** 30 MIN. **EINFRIEREN** 3 MO.

Dieses farbenfrohe Brot voller mediterraner Aromen eignet sich perfekt für Sommertage.

85 g sonnengetrocknete Tomaten in Öl, abgetropft, das Öl aufbewahrt
450 g glutenfreie Weißbrotmehlmischung (siehe Seite 38), sowie Mehlmischung zum Bestäuben
2 TL Xanthan
2 TL Trockenhefe
1 TL Zucker
Salz und schwarzer Pfeffer
1 TL getrockneter Oregano
30 g Parmesan, frisch gerieben
2 EL Tomatenmark
3 EL Olivenöl von den sonnengetrockneten Tomaten
1 Ei, sowie 1 Ei, verquirlt, zum Bestreichen

1 Die sonnengetrockneten Tomaten grob hacken. Mehl, Xanthan, Hefe, Zucker und 1 Teelöffel Salz in eine große Schüssel sieben und großzügig pfeffern. Oregano, getrocknete Tomaten und ⅔ des Käses unterrühren.

2 250 ml lauwarmes Wasser mit Tomatenmark und Öl verrühren. Mit dem ganzen Ei zu der Mehlmischung geben und mit einem runden Messer untermischen, um einen leicht klebrigen weichen Teig herzustellen. Auf die dünn bemehlte Arbeitsfläche setzen und 5 Minuten kneten, bis er glatt und elastisch ist. Zu einem etwa 25 cm langen Laib formen. Mit einem scharfen Messer mehrmals einschneiden, auf ein bemehltes Backblech legen und locker mit eingeölter Frischhaltefolie abdecken. Für 1 Stunde an einen warmen Platz stellen, bis er sein Volumen verdoppelt hat.

3 Den Backofen auf 220 °C vorheizen. 1 große Prise Salz unter das verquirlte Ei rühren und dieses auf das Brot streichen. Den restlichen Parmesan darüberstreuen. Das Brot 30 Minuten backen, bis es goldbraun und knusprig ist. Vor dem Aufschneiden etwas abkühlen lassen.

VARIANTE

Paprikabrot Anstelle von sonnengetrockneten Tomaten die gleiche Menge abgetropfte gegrillte Paprikaschoten in Öl verwenden.

PIDE MIT HACKFLEISCH

ERGIBT 6 **ZUBEREITUNG** 20 MIN. PLUS GEHZEIT **GARZEIT** 20–25 MIN.

Dieses Fladenbrot ist in der Türkei ein Imbiss und wird dort mit Petersilie und 1 Spritzer Zitronensaft serviert.

450 g glutenfreie Weißbrotmehlmischung (siehe Seite 38), sowie Mehlmischung zum Bestäuben
3 TL Trockenhefe
2 TL Xanthan
1 TL Salz
1 TL Zucker
3 EL Olivenöl
2 TL gemahlener Kreuzkümmel
½–1 TL Chilipulver
1 rote Paprikaschote, geputzt und grob gehackt
1 rote Zwiebel, grob gehackt
1 Knoblauchzehe
1 Handvoll glatte Petersilie, sowie Petersilie zum Garnieren
175 g Lammhackfleisch
Zitrone und Salat zum Servieren

1 Mehl, Hefe, Xanthan, Salz und Zucker in eine große Schüssel sieben. 325 ml lauwarmes Wasser und 2 Esslöffel Öl unter die Mehlmischung rühren, um einen leicht klebrigen weichen Teig herzustellen. Den Teig auf der dünn bemehlten Arbeitsfläche 5 Minuten kneten, bis er glatt und elastisch ist. In 6 Kugeln teilen, auf eingeölte Backbleche legen und mit angefeuchteten Küchenhandtüchern abdecken. An einen warmen Platz stellen.

2 Den Backofen auf 200 °C vorheizen. In einer Küchenmaschine Gewürze, Paprikaschote, Zwiebel, Knoblauch und Petersilie fein hacken. Flüssigkeit abgießen und wegschütten. Die Mischung in eine Schüssel geben. 1 Esslöffel Öl, Hackfleisch sowie Salz und Pfeffer nach Geschmack hinzufügen.

3 Die Teigkugeln zu dünnen flachen Ovalen ausrollen und auf eingeölte Backbleche legen. Eine dünne Schicht Fleischmischung darauf verteilen, dabei rundum einen schmalen Rand lassen. Für 20–25 Minuten in den Backofen schieben, bis der Teig knusprig und der Belag gar ist. Etwas Petersilie und 1 Spritzer Zitronensaft daraufgeben. Längs zusammenklappen und mit Salat als leichtes Abendessen servieren.

VARIANTE

Hühnchen Statt Lamm kann die gleiche Menge gehacktes Hühnchenfleisch mit dem Gemüse vermischt werden.

RICHTWERTE PRO PORTION

●○○ KALORIEN
●○○ GES. FETTSÄUREN
●○○ SALZ

NÄHRWERTE PRO PIDE

Brennwert 371 kcal/1565 kJ
Protein 13 g
Fett 9,5 g
Ges. Fettsäuren 2,4 g
Kohlenhydrate 58 g
Zucker 4 g
Ballaststoffe 4 g
Salz 0,8 g

RICHTWERTE PRO PERSON

●●○ KALORIEN

●○○ GES. FETTSÄUREN

●○○ SALZ

MASALA DOSA

PORTIONEN 6 **ZUB.** 20 MIN. PLUS EINWEICHZEIT **GARZEIT** 40–50 MIN. **EINFIEREN** 1 MO.

Diese vegetarischen Pfannkuchen aus gemahlenen Hülsenfrüchten und Reis werden in Südindien zum Frühstück serviert.

175 g Basmatireis
60 g Urdbohnen (Asienladen)
1 TL Bockshornkleesamen
Salz
Pflanzenöl zum Braten

Für die Kartoffelfüllung

2 EL Pflanzenöl
1 Zwiebel, fein gehackt
1 grüne Chilischote, geputzt und gehackt
1 Knoblauchzehe, fein gehackt
2,5 cm Ingwerwurzel, gerieben
2 TL schwarze Senfkörner
¼ TL gemahlene Kurkuma
6 getrocknete Curryblätter
450 g Kartoffeln, gewürfelt
abgeriebene Schale und Saft von ½ Bio-Zitrone
2 EL fein gehacktes Koriandergrün

Für den Dip

30 g Koriandergrün
1 kleine Tomate
½ grüne Paprikaschote, geputzt
Saft von 1 Zitrone
½ TL Zucker

1 Reis, Bohnen und Bockshornklee in einer großen Schüssel mit kaltem Wasser bedecken und 6–8 Stunden oder über Nacht einweichen. Abtropfen lassen und in einer Küchenmaschine mit 1 Prise Salz grob mahlen. 300 ml kaltes Wasser dazugeben und einen dünnen Teig herstellen.

2 Für die Füllung das Öl in einem Topf erhitzen und die Zwiebel darin 4 Minuten braten oder bis sie weich ist. Chili, Knoblauch, Ingwer, Senfkörner, Kurkuma und Curryblätter hinzufügen und 30 Sekunden garen, bis die Senfkörner platzen. Kartoffeln mit Zitronenschale, Zitronensaft, 1 großen Prise Salz und 250 ml Wasser dazugeben, zum Kochen bringen und zugedeckt 15–20 Minuten köcheln lassen, bis sie weich sind. Ohne Deckel weitergaren, bis sie zerfallen. Den Koriander unterrühren. Warm stellen. Für den Dip alle Zutaten mit 1 Prise Salz in einer Küchenmaschine zerkleinern.

3 In einer kleinen Pfanne 1 Teelöffel Öl erhitzen. 1 Kelle Teig hineingeben und bei mittlerer Hitze 2–3 Minuten garen. Umdrehen und 1–2 Minuten garen. Warm stellen. Insgesamt 6 Pfannkuchen zubereiten. Die Füllung auf ihnen verteilen. Die Pfannkuchen zusammenklappen und mit dem Dip servieren.

NÄHRWERTE PRO PORTION

Brennwert 250 kcal/1049 kJ
Protein 6,5 g
Fett 6 g
Ges. Fettsäuren 0,7 g
Kohlenhydrate 40 g
Zucker 2,3 g
Ballaststoffe 3 g
Salz 0,3 g

RICHTWERTE PRO PORTION

●●○ KALORIEN

●●○ GES. FETTSÄUREN

●●○ SALZ

NAAN

PORTIONEN 4 **ZUB.** 15 MIN. **GARZEIT** 15–30 MIN. **EINFRIEREN** 3 MO.

Die Zitronenlimonade in diesem Rezept mag seltsam anmuten, aber sie lässt dieses indische Fladenbrot wunderbar weich werden – und man schmeckt sie nicht!

250 g glutenfreies Mehl, sowie Mehl zum Bestäuben
2 TL Xanthan
2 TL glutenfreies Backpulver
1 TL Salz
1–2 TL Schwarzkümmelsamen (nach Belieben)
175 ml klare kohlensäurehaltige Zitronenlimonade
30 g Butter, zerlassen

1 Mehl, Xanthan, Backpulver und Salz in eine große Schüssel sieben. Den Schwarzkümmel untermischen und die Limonade dazugießen. Mit einem runden Messer einen leicht klebrigen weichen Teig herstellen.

2 Den Teig auf die dünn bemehlte Arbeitsfläche setzen und 5 Minuten kneten, bis er glatt und elastisch ist. In eine Schüssel legen, mit einem feuchten Küchenhandtuch abdecken und 10 Minuten stehen lassen, dann in 4 Kugeln teilen. Jede Kugel zu einem tropfenförmigen Fladen ausrollen.

3 Eine schwere Pfanne erhitzen. Eine Seite jedes Fladens mit Butter bestreichen. Einen Fladen mit der gebutterten Seite nach unten 3–4 Minuten backen, bis diese goldbraun ist. Die Oberseite mit Butter bestreichen, den Fladen umdrehen und noch einmal 3–4 Minuten backen, bis er aufgegangen und goldbraun ist. In einem Küchenhandtuch warm halten, während die anderen Fladen gebacken werden. Das Naan warm servieren.

NÄHRWERTE PRO PORTION

Brennwert 142 kcal/597 kJ

Protein 3 g

Fett 3,5 g
Ges. Fettsäuren 2 g

Kohlenhydrate 24 g
Zucker 1,75 g

Ballaststoffe 1,25 g

Salz 0,95 g

VARIANTEN

Knoblauch und Koriander Nach dem Backen etwas gehackten Knoblauch und 1 kleine Handvoll gehackte frische Korianderblätter auf die Oberfläche streuen. Den Fladen umdrehen und 30 Sekunden garen, bis der Knoblauch goldbraun ist.

Peshwari Naan 2 Esslöffel Kokosraspeln mit 1 Teelöffel Zucker vermischen. Nach dem Backen der Fladen die Oberseite mit weiterer Butter bestreichen und mit der Kokosmischung bestreuen. Umdrehen und noch einmal 30–45 Sekunden backen, bis die Kokosraspeln gebräunt sind.

MAISBROT MIT OLIVEN

PORTIONEN 12 **ZUB.** 10 MIN. **GARZEIT** 30–35 MIN. **EINFRIEREN** 3 MO.

Maisbrot wird in den USA zu würzigen Eintöpfen und Brathähnchen serviert und eignet sich großartig zum Auftunken von Sauce. Für Kinder die Oliven weglassen.

RICHTWERTE PRO PORTION

●●● KALORIEN
●●● GES. FETTSÄUREN
●●○ SALZ

SUPER FÜR KIDS

1 Dose Mais (325 g), abgetropft
225 g feines Maismehl oder Polenta
115 g glutenfreies Mehl
60 g Zucker
1 EL glutenfreies Backpulver
1 TL Xanthan
½ TL Salz
120 ml Milch
2 Eier, verquirlt
60 g Butter, zerlassen, sowie Butter zum Einfetten
115 g mit Kirschpaprika gefüllte Oliven, halbiert

1 Den Backofen auf 200 °C vorheizen. Eine 20 cm große runde Kuchenform einfetten und den Boden mit Backpapier belegen. Die Hälfte der Maiskörner in eine Schüssel geben und mit dem Stabmixer pürieren. Maismehl, Mehl, Zucker, Backpulver, Xanthan und Salz in eine große Schüssel sieben.

2 Milch und Eier verquirlen. Mit Butter, Maispüree und ganzen Maiskörnern zu der Mehlmischung geben. Die Zutaten verrühren, bis sie gerade vermischt sind.

3 Die Mischung in die Backform füllen und glatt streichen. Die Oliven darüberstreuen. Das Brot für 30–35 Minuten in den Backofen schieben, bis es aufgegangen und goldbraun ist. 5 Minuten in der Form abkühlen lassen, dann mit einem Messer rund um das Brot fahren. Das Brot auf ein Kuchengitter stürzen und noch etwas abkühlen lassen. Warm in Stücke geschnitten servieren.

TIPP

Wer es scharf mag, fügt dem Teig einige gehackte Chilischoten hinzu. Zum Einfrieren das Brot auskühlen lassen, dann in einen Gefrierbeutel packen und einfrieren. Nach dem Auftauen 10 Minuten im heißen Backofen aufbacken.

NÄHRWERTE PRO PORTION

Brennwert 288 kcal/1201 kJ
Protein 5 g
Fett 16 g
Ges. Fettsäuren 4,5 g
Kohlenhydrate 30 g
Zucker 7 g
Ballaststoffe 1,5 g
Salz 0,8 g

RICHTWERTE PRO PORTION

●●● KALORIEN

●●● GES. FETTSÄUREN

●●○ SALZ

SUPER FÜR KIDS

KÜRBISBROT

PORTIONEN 12 **ZUBEREITUNG** 25 MIN. PLUS GEHZEIT **GARZEIT** 1–1¼ STD.

Dieses zart gewürzte, wunderbar feuchte Brot ist ein echtes Highlight auf jeder Party, besonders an Halloween.

- Pflanzenöl zum Einfetten
- 500 g Butternusskürbis, geschält und nach Entfernen der Samen in 5 cm große Würfel geschnitten
- 2 EL Olivenöl
- Salz und schwarzer Pfeffer
- 675 g glutenfreie Weißbrotmehlmischung (siehe Seite 38), sowie Mehlmischung zum Bestäuben
- 2 TL Xanthan
- 1 EL Trockenhefe
- 2½ TL Salz
- 1 TL gemahlener Zimt
- 1 TL gemahlener Ingwer
- ½ TL gemahlene Nelken
- 60 g brauner Zucker
- 30 g Butter
- 200 ml Milch
- 2 große Eier
- 1 TL Zucker
- 2 EL Kürbiskerne

1 Den Backofen auf 200 °C vorheizen. Einen Bräter fetten und die Kürbiswürfel hineinlegen. Mit dem Olivenöl und 3 Esslöffeln Wasser beträufeln, dann salzen und pfeffern. Mit Alufolie abdecken und 30–35 Minuten im Ofen garen, bis sie weich sind. In einer Küchenmaschine glatt pürieren. Das Püree im Bräter verteilen und abkühlen lassen.

2 Mehl, Xanthan, Hefe, 1½ TL Salz und die Gewürze in eine große Schüssel sieben. Den braunen Zucker unterrühren. Die Butter in einem Topf zerlassen. Die Milch hinzufügen und lauwarm werden lassen, dann mit einer Gabel 1 Ei unterschlagen. Die Mischung über die trockenen Zutaten gießen. Das Kürbispüree hinzufügen und einen Teig herstellen. Den Teig auf der dünn bemehlten Arbeitsfläche 5 Minuten kneten, bis er glatt ist. 12 Kugeln aus ihm formen. 9 Kugeln auf einem eingeölten Backblech zu einem Kreis legen, 3 in die Mitte setzen. Mit eingeölter Frischhaltefolie abgedeckt für 1 Stunde warm stellen, bis das Brot sein Volumen verdoppelt hat.

3 Restliches Ei, Zucker und 1 Teelöffel Salz vermischen und auf das Brot streichen. Die Kürbiskerne darüberstreuen. Das Brot 35–40 Minuten backen, bis es goldbraun ist. 30 Minuten abkühlen lassen, dann auf einem großen Brett warm servieren.

NÄHRWERTE PRO PORTION

- Brennwert 304 kcal/1283 kJ
- Protein 8 g
- Fett 8 g
- Ges. Fettsäuren 2,5 g
- Kohlenhydrate 50 g
- Zucker 9 g
- Ballaststoffe 3,5 g
- Salz 0,9 g

PIKANTE TARTES UND PIES

RICHTWERTE PRO PORTION

●●○ KALORIEN

●●● GES. FETTSÄUREN

●●○ SALZ

FENCHEL-GRUYÈRE-TARTE

PORTIONEN 6 **ZUBEREITUNG** 20 MIN. PLUS KÜHLZEIT **GARZEIT** 45 MIN.

Der zarte Anisgeschmack des Fenchels und der süßliche, würzige Gruyère bilden hier ein großartiges Paar.

400 g glutenfreier Mürbeteig (siehe Seite 44–45)
glutenfreies Mehl zum Bestäuben

Für die Füllung
3 EL Olivenöl
1 Zwiebel, in Scheiben geschnitten
1 große Fenchelknolle, geputzt, geviertelt und in Scheiben geschnitten
Salz und schwarzer Pfeffer
½ TL frisch geriebene Muskatnuss
4 Eier
300 g Sahne
100 g Gruyère, gerieben
Blattsalat zum Servieren

1 Den Backofen auf 200 °C vorheizen. Für die Füllung in einer Pfanne das Öl erhitzen. Die Zwiebel hineingeben und bei mittlerer Hitze 2–3 Minuten braten. Den Fenchel dazugeben und 6–8 Minuten sautieren, bis er goldbraun ist, dabei gelegentlich umrühren. Mit Salz, Pfeffer und Muskatnuss würzen und beiseitestellen. In einem Krug Eier und Sahne verschlagen.

2 Den Teig auf der dünn bemehlten Arbeitsfläche 5 mm ausrollen. In eine 20 cm große runde Tarteform mit herausnehmbarem Boden heben und an Boden und Wände drücken. (Glutenfreier Teig ist empfindlich, und sollten einige Risse entstehen, diese mit etwas Wasser wieder schließen.) Die Ränder begradigen. Den Boden mit einer Gabel einstechen. Mit Backpapier abdecken und Backbohnen darauf verteilen. Den Boden 15 Minuten backen. Backbohnen und Backpapier entfernen. Den Boden noch einmal für 5 Minuten in den Backofen schieben, damit er knusprig wird.

3 Zwiebel und Fenchel auf dem Boden verteilen und den Käse darüberstreuen. Die Ei-Sahne-Mischung in die Form gießen. Die Tarte wieder in den Backofen schieben. Die Hitze auf 180 °C reduzieren und die Tarte 20–25 Minuten backen, bis die Füllung fest und goldbraun ist. Warm oder kalt mit dem Salat servieren.

NÄHRWERTE PRO STÜCK

Brennwert 698 kcal/2886 kJ

Protein 14 g

Fett 58 g
Ges. Fettsäuren 31 g

Kohlenhydrate 31 g
Zucker 2,5 g

Ballaststoffe 1 g

Salz 1,2 g

PAPRIKASCHOTEN-CHILI-TARTE

PORTIONEN 6 **ZUB.** 25–30 MIN. **GARZEIT** 1¼–1½ STD. **EINFRIEREN.** 1 MO.

Hier werden scharfe Aromen durch milden Schafskäse ausgeglichen. Man kann Brie oder Feta verwenden.

RICHTWERTE PRO PORTION

- ●●○ KALORIEN
- ●●● GES. FETTSÄUREN
- ●●○ SALZ

400 g glutenfreier Mürbeteig (siehe Seite 44–45)
glutenfreies Mehl zum Bestäuben

Für die Füllung

3 rote Paprikaschoten, geputzt und geviertelt
2 rote Chilischoten, geputzt
1 EL Olivenöl
1 rote Zwiebel, fein gehackt
Salz und schwarzer Pfeffer
Blätter von einigen Thymianzweigen
150 g Schafsweichkäse, zerkrümelt
150 g Sahne
2 Eier
2 Knoblauchzehen, gerieben

1 Den Ofen auf 200 °C vorheizen. Für die Füllung Paprika und Chilis auf ein Backblech legen. Für 30–40 Minuten in den Backofen schieben, bis die Haut schwarz wird. Die Paprikaschoten mit einem feuchten Küchentuch bedeckt abkühlen lassen. Die Chilis hacken. Die abgekühlten Paprika enthäuten und grob hacken. Zu den Chilis geben.

2 Den Teig auf der bemehlten Arbeitsfläche 5 mm dick ausrollen. In eine 20 cm große runde Tarteform mit herausnehmbarem Boden legen. Andrücken und den Boden mit einer Gabel einstechen. Mit Backpapier abdecken und Backbohnen darauf verteilen, dann 15 Minuten backen. Bohnen und Papier entfernen. Den Boden noch einmal für 5 Minuten in den Ofen schieben, damit er knusprig wird. Die Ofentemperatur auf 180 °C reduzieren.

3 Das Öl in einer Pfanne erhitzen. Die Zwiebel darin bei schwacher bis mittlerer Hitze 6–8 Minuten garen, bis sie weich ist. Salzen und pfeffern, dann die Hälfte des Thymians unterrühren. Etwas abkühlen lassen und auf dem Tarteboden verteilen. Paprikaschoten und Chilis gleichmäßig darübergeben. Den Käse darauf verteilen. Sahne und Eier verrühren, dann salzen und pfeffern. Restlichen Thymian und den Knoblauch hinzufügen und gut untermischen. Die Mischung gleichmäßig in die Form gießen. Die Form auf ein Backblech stellen und für 20–25 Minuten in den Ofen schieben, bis die Tarte fest und goldbraun ist. Herausnehmen und abkühlen lassen, dann aus der Form lösen.

NÄHRWERTE PRO STÜCK

Brennwert 597 kcal/2481 kJ
Protein 13 g
Fett 45 g
Ges. Fettsäuren 20 g
Kohlenhydrate 35 g
Zucker 6,5 g
Ballaststoffe 4 g
Salz 1,1 g

RICHTWERTE PRO PORTION

●●○ KALORIEN

●●● GES. FETTSÄUREN

●○○ SALZ

SUPER FÜR KIDS

ZIEGENKÄSETÖRTCHEN

ERGIBT 6 **ZUBEREITUNG** 30 MIN. PLUS KÜHLZEIT **GARZEIT** 25–35 MIN.

Backpflaumen harmonieren gut mit Ziegenkäse. Zu den Törtchen kann man Tomatenbrot servieren (Seite 170).

- 100 g Butter, gewürfelt, sowie Butter zum Einfetten
- 225 g glutenfreies Mehl, sowie Mehl zum Bestäuben
- 1 Prise Salz
- 1 TL Xanthan
- 1 EL Olivenöl
- 1 große rote Zwiebel, in dünne Scheiben geschnitten
- Blätter von einigen Thymianzweigen
- 225 g halbfester milder Ziegenschnittkäse, fein gewürfelt
- 125 g entsteinte Soft-Backpflaumen, gehackt
- Salz und schwarzer Pfeffer

1 Den Backofen auf 200 °C vorheizen. Sechs etwa 9 cm große Torteletttförmchen mit Butter einfetten. Mehl, Salz und Xanthan in einer Schüssel vermischen. Die Butter mit den Fingern einarbeiten, bis Krümel entstanden sind. Nach und nach 1–2 Esslöffel kaltes Wasser hinzufügen, um einen Teig herzustellen. Den Teig auf der dünn bemehlten Arbeitsfläche kurz kneten, bis er glatt ist. In Frischhaltefolie wickeln und 10 Minuten kalt stellen.

2 Dann in 6 Stücke schneiden. Diese zwischen zwei Stücken Klarsichtfolie ausrollen und sechs 12 cm große Kreise ausstechen. Die Kreise in die Förmchen heben und andrücken. Risse wieder verschließen. Die Ränder begradigen. Die Böden mit einer Gabel einstechen. Mit Backpapier belegen und Backbohnen darauf verteilen. Die Böden 10–15 Minuten backen, bis die Ränder hell goldbraun sind. Herausnehmen, Papier und Bohnen entfernen.

3 Für die Füllung das Öl in einer kleinen Pfanne erhitzen. Zwiebel und Thymian hinzufügen und bei mittlerer Hitze 5 Minuten garen, bis die Zwiebel glasig wird. Die Hitze reduzieren. Die Zwiebel noch einmal 5 Minuten garen, damit sie etwas Süße bekommt, dann auf die Böden verteilen.

4 Ziegenkäse und Pflaumen vermischen, dann salzen und pfeffern. Die Mischung auf die Böden verteilen. Die Törtchen 15–20 Minuten backen, bis die Füllung blubbert und der Teig goldbraun ist. Warm servieren.

NÄHRWERTE PRO TÖRTCHEN

Brennwert	435 kcal/1818 kJ
Protein	12 g
Fett	26 g
Ges. Fettsäuren	16 g
Kohlenhydrate	36 g
Zucker	10 g
Ballaststoffe	4 g
Salz	1 g

QUICHE LORRAINE

RICHTWERTE PRO PORTION

●●● KALORIEN

●●● GES. FETTSÄUREN

●●● SALZ

PORTIONEN 6 **ZUBEREITUNG** 20 MIN. **GARZEIT** 1 STD.

Ein zeitloser Klassiker, der immer ankommt. Man kann dem Belag auch gehackte frische Tomaten hinzufügen.

400 g glutenfreier Mürbeteig (siehe Seite 44–45)
glutenfreies Mehl zum Bestäuben

Für die Füllung
1 EL Olivenöl
1 Zwiebel, fein gehackt
Salz und schwarzer Pfeffer
200 g durchwachsener Speck, gewürfelt
200 g Cheddar, gerieben
250 g Sahne
3 Eier, verquirlt
50 g Gruyère, gerieben

1 Den Backofen auf 200 °C vorheizen. Den Teig auf der dünn bemehlten Arbeitsfläche 5 mm dick ausrollen. In eine 20 cm große und 5 cm tiefe runde Tarteform heben und andrücken. Risse wieder schließen und die Teigränder begradigen. Den Boden mit einer Gabel einstechen. Mit Backpapier belegen und Backbohnen darauf verteilen. Den Boden für 15 Minuten in den Backofen schieben. Bohnen und Papier entfernen und den Boden noch einmal 5 Minuten backen, damit er knusprig wird. Beiseitestellen. Die Backofentemperatur auf 180 °C reduzieren.

2 In der Zwischenzeit das Öl in einer Pfanne erhitzen. Die Zwiebel hinzufügen und 6–8 Minuten garen, bis sie weich wird. Nach Geschmack salzen und pfeffern. In eine Schüssel füllen und zum Abkühlen beiseitestellen. Den Speck in die Pfanne geben und bei mittlerer Hitze 5–8 Minuten braten, bis er goldbraun ist. Überschüssiges Fett abgießen und Speck beiseitestellen.

3 Die Zwiebel und Speckwürfel auf dem Tarteboden verteilen. Den Cheddar hinzufügen und leicht untermischen. Sahne und Eier verschlagen, dann salzen und pfeffern. Die Mischung in die Form gießen und mit dem Gruyère bestreuen. Die Quiche 25–30 Minuten backen, bis die Füllung fest und die Oberfläche dunkel goldgelb ist. In der Form leicht abkühlen lassen, damit sie etwas fester wird, dann warm servieren.

NÄHRWERTE PRO STÜCK

Brennwert 838 kcal/3478 kJ
Protein 25 g
Fett 68 g
Ges. Fettsäuren 32 g
Kohlenhydrate 31 g
Zucker 2 g
Ballaststoffe 2 g
Salz 2,6 g

SCHALOTTEN-TARTE-TATIN

PORTIONEN 4 **ZUBEREITUNG** 20 MIN. **GARZEIT** 1 STD.

Für diese überraschend einfache pikante Tarte Tatin werden Schalotten karamellisiert und mit Teig bedeckt.

RICHTWERTE PRO PORTION

- ●●○ KALORIEN
- ●●● GES. FETTSÄUREN
- ●●○ SALZ

1 EL Olivenöl, nötigenfalls mehr
etwa 20 Schalotten, geschält
Salz und schwarzer Pfeffer
etwas dickflüssiger Balsamessig
Blätter von einigen Thymianzweigen
400g glutenfreier Mürbeteig (siehe Seite 44–45)
glutenfreies Mehl zum Bestäuben
1 Ei, verquirlt, zum Bestreichen
gemischter Blattsalat zum Servieren

1 Den Backofen auf 200°C vorheizen. Das Öl in einer ofenfesten Pfanne erhitzen. Die Schalotten hineinlegen, salzen und pfeffern und bei mittlerer Temperatur 5 Minuten garen, bis sie goldbraun sind. Die Hitze reduzieren. Die Schalotten weitere 20–30 Minuten garen, bis sie zu karamellisieren beginnen, nach der Hälfte der Garzeit wenden. Nötigenfalls noch etwas Öl hinzufügen. Mit dem Essig beträufeln und noch einmal 2–3 Minuten garen, dann mit dem Thymian bestreuen.

2 Den Teig auf der dünn bemehlten Arbeitsfläche 3–5mm dick ausrollen. Einen Kreis in Größe der Pfanne ausschneiden, überschüssigen Teig anderweitig verwenden. Den Teigkreis auf die Schalotten legen, die Ränder sorgfältig andrücken.

3 Den Teig mit dem verquirlten Ei bestreichen. Die Tarte für 20–30 Minuten in den Backofen schieben, bis sie goldbraun ist. Aus dem Backofen nehmen, aber vorsichtig, denn der Pfannengriff ist sehr heiß. 2–3 Minuten stehen lassen, dann auf einen Teller stürzen. In Stücke schneiden und mit dem Salat servieren

VARIANTE

Hier kann auch glutenfreier Blätterteig (siehe Seite 46–47) verwendet werden.

NÄHRWERTE PRO STÜCK

Brennwert 527kcal/2203kJ
Protein 9,5g
Fett 33g
Ges. Fettsäuren 10g
Kohlenhydrate 48g
Zucker 6g
Ballaststoffe 5g
Salz 1,1g

RICHTWERTE PRO PORTION

●●○ KALORIEN

●●● GES. FETTSÄUREN

●●○ SALZ

SUPER FÜR KIDS

PAPRIKA-EMPANADAS

PORTIONEN 5 **ZUB.** 30 MIN. **GARZEIT** 30 MIN. **EINFRIEREN** 1 MO. UNGEGART

Für diesen südamerikanischen Snack eignet sich eine Vielzahl pikanter und süßer Füllungen.

1 EL Olivenöl
1 große Zwiebel, in Scheiben geschnitten
Salz und schwarzer Pfeffer
1 rote Paprikaschote, geputzt und gehackt
3 rote Jalapeño-Chilischoten, gehackt
2 Knoblauchzehen, fein gehackt
2 EL trockener Sherry
300 g Dosen-Kichererbsen, abgetropft
2 EL fein gehacktes Koriandergrün
2 EL fein gehackte glatte Petersilie
100 g Butter
Saft von 1 Zitrone
225 g glutenfreies Mehl, sowie Mehl zum Bestäuben
1 TL Paprikapulver
Sonnenblumenöl zum Braten

1 Für die Füllung das Öl in einem mittelgroßen Topf erhitzen. Die Zwiebel hineingeben, salzen und pfeffern. Bei schwacher Hitze 2–3 Minuten garen, bis sie weich ist. Paprika-, Chilischoten und Knoblauch hinzufügen und 10 Minuten garen oder bis die Paprika weich wird. Den Sherry dazugießen. Die Hitze erhöhen und alles 2 Minuten garen. Kichererbsen, Koriander und Petersilie sowie Salz und Pfeffer nach Geschmack unterrühren. Alles in eine Küchenmaschine geben und zerkleinern, aber nicht pürieren.

2 Die Butter in einem Topf zerlassen. Zitronensaft und 100 ml Wasser dazugeben. Mehl, 1 Teelöffel Salz und Paprikapulver in einer Schüssel vermischen. Die Buttermischung hinzufügen und rasch einen Teig herstellen. 2 Minuten sanft kneten. Bei Zimmertemperatur 2–3 Minuten ruhen lassen.

3 Den Teig auf der bemehlten Arbeitsfläche etwa 3 mm dick ausrollen. Nötigenfalls noch Mehl hinzufügen. Zehn 10 cm große Kreise ausstechen. Auf eine Hälfte jedes Kreises großzügig Füllung geben. Die Teigränder mit Wasser befeuchten, umklappen und zuammendrücken.

4 In eine kleine tiefe Pfanne 1 cm hoch Sonnenblumenöl geben und bei mittlerer Temperatur erhitzen. Jeweils 3–4 Empanadas darin auf jeder Seite 2–3 Minuten garen, bis sie goldbraun sind. Zum Abtropfen auf einen mit Küchenpapier belegten Teller heben. Heiß oder warm servieren.

NÄHRWERTE PRO PORTION

Brennwert 424 kcal/1774 kJ
Protein 8 g
Fett 24 g
Ges. Fettsäuren 12 g
Kohlenhydrate 42 g
Zucker 4 g
Ballaststoffe 3 g
Salz 1,2 g

RICHTWERTE PRO PORTION

●●○ KALORIEN

●●● GES. FETTSÄUREN

●●● SALZ

SPANAKOPITA (SPINATKUCHEN)

PORTIONEN 6 **ZUBEREITUNG** 20 MIN. **GARZEIT** 1 STD.

Glutenfreien Teig zu dünnem Filo-Teig auszurollen ist daheim schwierig. Der hier verwendete dünne Mürbeteig eignet sich aber ebenso gut und erspart viel Arbeit!

1 EL Olivenöl
½ Zwiebel, sehr fein gehackt
Salz und schwarzer Pfeffer
1 kg Spinat
250 g Feta, zerkrümelt
1 Prise frisch geriebene Muskatnuss
1 Handvoll Dill, fein gehackt
3 Eier, verquirlt
400 g glutenfreier Mürbeteig (siehe Seite 44–45)
glutenfreies Mehl zum Bestäuben
1 Ei, verquirlt, zum Bestreichen
Tomatensalat zum Servieren

1 Den Backofen auf 200 °C vorheizen. Das Öl in einer großen Pfanne erhitzen und die Zwiebel darin 2–3 Minuten garen. Salzen und pfeffern. In einem großen Topf den Spinat in 4 Portionen bei schwacher Hitze 4–5 Minuten garen, bis er zusammenfällt. Herausnehmen und beiseitestellen.

2 In einer Schüssel Feta, Muskatnuss, Dill sowie Pfeffer nach Geschmack vermischen. Die Eier hinzufügen und unterrühren. Den Spinat gut ausdrücken. Mit der Zwiebel zu der Fetamischung geben und untermischen.

3 Den Teig dritteln und die Stücke auf der dünn bemehlten Arbeitsfläche oder zwischen zwei Stücken Frischhaltefolie möglichst dünn ausrollen. Für den Boden einer quadratischen ofenfesten Form mit 20 cm Größe und 4 cm Tiefe eine quadratische Teigplatte zurechtschneiden und diese in die Form legen. Die Ränder begradigen. Etwas Spinatmischung auf dem Boden verteilen und eine zweite Teigplatte darauflegen. Die restliche Mischung verteilen und mit der letzten Teigplatte abschließen. Den Kuchen mit dem Ei bestreichen und für 30–40 Minuten backen, bis er goldbraun ist. 15 Minuten abkühlen lassen, dann in 6 Stücke schneiden und mit dem Tomatensalat servieren.

SUPER FÜR KIDS

NÄHRWERTE PRO STÜCK

Brennwert 524 kcal/2182 kJ

Protein 20 g

Fett 35 g
Ges. Fettsäuren 13 g

Kohlenhydrate 33 g
Zucker 4 g

Ballaststoffe 6,5 g

Salz 2,9 g

VARIANTEN

Geröstete Pinienkerne oder 1 Prise Cayennepfeffer zu der Spinatmischung geben. Für eine leichtere Variante die Hälfte des Feta durch Ricotta ersetzen.

PICKNICKPIES MIT RÄUCHER-LACHS UND FRISCHKÄSE

ERGIBT 12 **ZUBEREITUNG** 30 MIN. **GARZEIT** 40 MIN.

Diese niedlichen kleinen Pies, die in einer Muffinform gebacken werden, eignen sich perfekt für ein Picknick.

RICHTWERTE PRO PORTION

- ●○○ KALORIEN
- ●●● GES. FETTSÄUREN
- ●●● SALZ

Öl zum Einfetten
600 g glutenfreier Mürbeteig (siehe Seite 44–45, die Zutatenmengen um die Hälfte erhöht)
glutenfreies Mehl zum Bestäuben
300 g Rahmfrischkäse
3–4 EL Crème fraîche
300 g Räucherlachs, gehackt (hier können auch Reste verwendet werden)
1 Handvoll Dill, fein gehackt
1–2 EL gehackte grüne Jalapeño-Chilischoten aus dem Glas (nach Belieben)
Salz und schwarzer Pfeffer
1 Ei, verquirlt

1 Den Backofen auf 190 °C vorheizen. Eine beschichtete Muffinform mit zwölf 3 cm tiefen Mulden dünn einfetten. ⅔ des Teigs auf der dünn bemehlten Arbeitsfläche 5 mm dick ausrollen. Mit einem 10 cm großen runden Ausstecher 12 Kreise ausstechen und in die Mulden der Muffinform legen. Risse im Teig wieder schließen. Teigreste zusammennehmen und neu ausrollen. Die Muffinform in den Kühlschrank stellen, während die Füllung zubereitet wird.

2 In einer Schüssel Rahmfrischkäse, Crème fraîche, Räucherlachs, Dill und Chilischoten (sofern gewünscht) vermischen und großzügig salzen und pfeffern.

3 Den restlichen Teig wie oben ausrollen und mit einem 7,5 cm großen Ausstecher Teigdeckel ausstechen. Die Muffinform aus dem Kühlschrank nehmen und die Füllung auf die Mulden verteilen. Die Teigränder anfeuchten. Die Deckel daraufsetzen und andrücken. In jede Pie ein Abzugsloch für Dampf stechen. Die Pies mit dem Ei bestreichen und für 30–40 Minuten in den Backofen schieben, bis sie goldbraun sind. Herausnehmen und auskühlen lassen, dann auf einem Teller anrichten.

NÄHRWERTE PRO PIE

Brennwert 392 kcal/1632 kJ
Protein 11 g
Fett 29 g
Ges. Fettsäuren 13 g
Kohlenhydrate 22 g
Zucker 0,5 g
Ballaststoffe 1,5 g
Salz 1,9 g

RICHTWERTE PRO PORTION

●●○ KALORIEN

●●● GES. FETTSÄUREN

●●○ SALZ

SUPER FÜR KIDS

HÄHNCHEN-KRÄUTER-PASTETEN

PORTIONEN 4 **ZUB.** 20 MIN. PLUS KÜHLZEIT **GARZEIT** 40–45 MIN. **EINFRIEREN** 1 MO.

Die Pasteten eignen sich großartig zum Verwerten von übrig gebliebenem Brathähnchen oder Schinkenresten.

150 g tiefgefrorene Dicke Bohnen oder 1 Dose Mais (400 g), abgetropft
50 g Butter
1 Zwiebel, fein gehackt
Salz und schwarzer Pfeffer
50 g glutenfreies Mehl, sowie Mehl zum Bestäuben
450 ml Milch
1 TL Dijonsenf
300 g gegartes Hähnchenfleisch, in mundgerechte Stücke geschnitten
150 g glutenfreier Kochschinken, gewürfelt
3 EL fein gehackte glatte oder krause Petersilie
1 EL fein gehackte Majoranblätter (nach Belieben)
300 g glutenfreier Blätterteig oder Mürbeteig (siehe Seite 44–47)
1 Ei, verquirlt
gegarte Kartoffeln und Möhren zum Servieren

1 Den Backofen auf 200 °C vorheizen. Die Dicken Bohnen in eine Schüssel geben und mit kochendem Wasser übergießen. Nach 5–8 Minuten abtropfen lassen und beiseitestellen.

2 Die Butter in einem Topf bei schwacher Hitze zerlassen. Die Zwiebel hineingeben, salzen und pfeffern und 5–7 Minuten garen, bis sie glasig ist. Von der Kohlstelle nehmen und das Mehl unterrühren, dann etwas Milch. Den Topf wieder bei schwacher Hitze auf den Herd setzen. Langsam die übrige Milch hineingeben, dabei mit einem Schneebesen schlagen, damit eine klumpenfreie Sauce entsteht. Die Sauce zum Kochen bringen, dann die Hitze so weit reduzieren, dass sie noch köchelt. 2–3 Minuten garen, von der Kochstelle nehmen und Senf, Hähnchenfleisch, Schinken, Kräuter und Bohnen unterrühren. Die Mischung salzen und pfeffern und beiseitestellen.

3 Den Teig auf der dünn bemehlten Arbeitfläche ausrollen. Für vier 300 ml fassende ofenfeste Förmchen Deckel ausschneiden. Die Fleischmischung in die Förmchen geben. Die Ränder der Förmchen befeuchten und die Deckel daraufdrücken. In die Mitte jeweils ein Loch machen. Die Pasteten mit der Hälfte des Eis bestreichen und 20 Minuten kalt stellen. Mit dem restlichen Ei bestreichen und 25–30 Minuten backen, bis sie goldbraun sind.

NÄHRWERTE PRO PORTION

Brennwert 703 kcal/2942 kJ

Protein 43 g

Fett 39 g
Ges. Fettsäuren 19 g

Kohlenhydrate 46 g
Zucker 9 g

Ballaststoffe 4 g

Salz 2,3 g

RICHTWERTE PRO PORTION

●○○	KALORIEN
●●●	GES. FETTSÄUREN
●○○	SALZ

KÜRBIS-CIDRE-PASTETE

PORTIONEN 6 **ZUBEREITUNG** 20 MIN. **GARZEIT** 1 STD.

In Cidre geköcheltes Herbstgemüse mit einem Deckel aus Kräuterteig ist ein wunderbares Essen für Halloween.

1 Butternusskürbis, halbiert, geschält und nach Entfernen der Samen in mundgerechte Stücke geschnitten
2 EL Olivenöl
1 Prise frisch geriebene Muskatnuss
einige Salbeiblätter, grob gehackt
Salz und schwarzer Pfeffer
1 Zwiebel, fein gehackt
2 Knoblauchzehen, fein gehackt
2 Stangen Lauch, in Scheiben geschnitten
1 Dose Tomatenstücke (400 g)
300 ml trockener Cidre
225 g glutenfreies Mehl
3 TL glutenfreies Backpulver
100 g kalte Butter, gewürfelt
Blätter einiger Rosmarinzweige, gehackt
75 ml Buttermilch
200 g Wirsing, nach Entfernen des Strunks grob gehackt
Ofenkartoffeln zum Servieren

1 Den Backofen auf 200 °C vorheizen. Den Kürbis mit 1 Esslöffel Öl in einen Bräter geben und sorgfältig im Öl wenden. Muskatnuss, Salbei, Salz und Pfeffer untermischen. Den Kürbis 15 Minuten garen, dann herausnehmen.

2 Das restliche Öl in einer Kasserolle erhitzen und die Zwiebel darin 2–3 Minuten garen. Salz, Pfeffer, Knoblauch und Lauch untermischen und bei schwacher Hitze 2 Minuten garen. Tomaten und Cidre dazugeben und so viel heißes Wasser (etwa 400 ml), dass die Gemüse bedeckt sind. Den Topfinhalt zum Kochen bringen, dann die Hitze so weit reduzieren, dass er noch köchelt. Den Kürbis untermischen und 5–10 Minuten sanft garen.

3 Für den Deckel Mehl, Backpulver und 1 Prise Salz in einer Schüssel vermischen. Die Butter mit den Fingern einarbeiten und den Rosmarin unterheben. Nach und nach die Buttermilch untermischen, bis ein weicher Teig entsteht. Oder den Teig in der Küchenmaschine zubereiten.

4 Den Wirsing in das köchelnde Gemüse rühren. Den Teig in große Stücke teilen, ein wenig flach drücken und auf die Gemüse legen. Die Pastete für 25–30 Minuten in den Backofen schieben, bis sie goldbraun ist und blubbert. Falls sie zu stark bräunt, die Kasserolle locker mit Alufolie abdecken. Herausnehmen und servieren, falls gewünscht mit Ofenkartoffeln.

NÄHRWERTE PRO PORTION

Brennwert 389 kcal/1632 kJ

Protein 8 g

Fett 19 g
Ges. Fettsäuren 9 g

Kohlenhydrate 45 g
Zucker 12,5 g

Ballaststoffe 7,5 g

Salz 1,3 g

CHILIPIE MIT MAISTEIGDECKEL

PORTIONEN 4   **ZUBEREITUNG** 20 MIN.   **GARZEIT** 1 STD.

Eine würzige, scharfe Hackfleischmischung mit einem Deckel aus goldenem Maisteig.

RICHTWERTE PRO PORTION

●●● KALORIEN

●●● GES. FETTSÄUREN

●○○ SALZ

- 125 g glutenfreies Mehl, sowie Mehl zum Bestäuben
- 100 g feines Maismehl oder Polenta
- 1 Prise Salz
- 2 TL Xanthan
- 100 g kalte Butter, gewürfelt
- 1 Eigelb
- 1 EL Olivenöl
- 500 g Rinderhackfleisch
- 1 Zwiebel, fein gehackt
- Salz und schwarzer Pfeffer
- 1 grüne Chilischote, geputzt und fein gehackt
- 1 rote Paprikaschote, nach Entfernen von Stielansatz, Samen und Scheidewänden fein gehackt
- 1 Dose Mais (340 g), abgetropft
- 1 Prise Cayennepfeffer (nach Belieben)
- 75 ml glutenfreies Bier
- 75 ml heiße glutenfreie Gemüsebrühe (siehe Seite 95)
- 3 Tomaten, nach Entfernen der Samen gehackt

1 Für den Teig Mehl, Maismehl, Salz und Xanthan vermischen und mit den Fingern die Butter einarbeiten. Eigelb und 1 Esslöffel Wasser untermischen, um einen Teig herzustellen. In Frischhaltefolie wickeln und beiseitelegen.

2 Für die Füllung das Öl in einer Pfanne erhitzen und das Hackfleisch darin bei mittlerer Hitze 5–6 Minuten anbraten. Herausnehmen und beiseitestellen. Die Zwiebel in das in der Pfanne verbliebene Fett geben, salzen, pfeffern und bei schwacher Hitze 2–3 Minuten garen. Die Chilischote unterrühren und 1 Minute garen, dann die Paprikaschote dazugeben und 5 Minuten garen. Fleisch, Mais und Cayennepfeffer (sofern gewünscht) unterrühren. Die Hitze erhöhen. Das Bier angießen und 2–3 Minuten garen, dann die Brühe hinzufügen und bei mittlerer Hitze 10–15 Minuten köcheln lassen. Die Mischung sollte nicht zu flüssig sein. Tomaten, Salz und Pfeffer unterrühren. Die Mischung in eine 26 cm große tiefe Pieform füllen.

3 Den Backofen auf 200 °C vorheizen. Den Teig auf der dünn bemehlten Arbeitsfläche ausrollen. Den Rand der Pieform befeuchten. Den Teig darauflegen und andrücken. Die Ränder begradigen und in der Deckelmitte ein Loch machen. Die Pie 30 Minuten backen, bis sie hell goldbraun ist.

NÄHRWERTE PRO PORTION

Brennwert 801 kcal/3342 kJ

Protein 34 g

Fett 44 g
Ges. Fettsäuren 22 g

Kohlenhydrate 62 g
Zucker 12 g

Ballaststoffe 5 g

Salz 1,4 g

RICHTWERTE PRO PERSON

●●○ KALORIEN

●●● GES. FETTSÄUREN

●●○ SALZ

FLEISCHPASTETE

PORTIONEN 6 **ZUB.** 20 MIN. PLUS KÜHLZEIT **GARZEIT** 1¼ STD. **EINFRIEREN** 1 MO.

Britischer Klassiker mit einem einzigartigen Teig, der sich am besten heiß verarbeiten lässt.

500 g Schweineschulter, gewürfelt
100 g ungeräucherter Frühstücksspeck, gewürfelt
1 TL getrockneter Salbei
½ TL gemahlene Muskatblüte
¼ TL gemahlenes Piment
Salz und schwarzer Pfeffer
Öl zum Einfetten
500 g glutenfreier Pastetenteig (siehe Seite 47)
1 Ei
Pickles und knackiger Salat zum Servieren

1 Für die Füllung Schweinefleisch, Speck, Salbei, Muskatblüte, Piment, Salz und Pfeffer in eine Küchenmaschine geben. Das Gerät laufen lassen, bis das Fleisch fein gehackt ist. Die Masse kalt stellen.

2 Den Backofen auf 200 °C vorheizen. Ein Backblech zum Vorwärmen hineinschieben. Boden und Rand einer 20 cm großen runden Springform dünn einölen. ⅔ des Teigs zwischen zwei Stücken Backpapier zu einem 30 cm großen Kreis ausrollen. Den Kreis in die Form legen und an Boden und Rand drücken – es sollten etwa 2 cm Teig über die Form hinausragen. Darüber hinausgehenden Teig abschneiden.

3 Die Füllung in die Form schöpfen und festdrücken. Den restlichen Teig zwischen zwei Stücken Backpapier ausrollen. Einen 20 cm großen Deckel ausschneiden und auf die Füllung legen. Das Ei mit 1 Prise Salz verquirlen und etwas davon auf die Pastete streichen. Den überstehenden Teigrand über den Deckel legen und andrücken, mit einem Messer fälteln. In der Mitte des Deckels ein Dampfabzugsloch machen. Den Rand mit etwas Ei bestreichen. Die Pastete auf das heiße Backblech setzen und 40 Minuten backen.

4 Herausnehmen und etwas abkühlen lassen. Die Ofentemperatur auf 190 °C reduzieren. Mit einem runden Messer umfahren, den Ring der Form abnehmen und die Seiten der Pastete mit Ei bestreichen. Aufs Blech zurücksetzen und 30–35 Minuten backen. Herausnehmen, abkühlen lassen und kalt stellen. In Stücke geschnitten mit Pickles und Salat servieren.

NÄHRWERTE PRO PORTION

Brennwert 518 kcal/2171 kJ
Protein 28 g
Fett 26 g
Ges. Fettsäuren 10 g
Kohlenhydrate 42 g
Zucker 1,3 g
Ballaststoffe 2,7 g
Salz 1,7 g

SÜSSE TARTES UND PIES

RICHTWERTE PRO PORTION

●●● KALORIEN

●●● GES. FETTSÄUREN

●●○ SALZ

ZITRONENTARTE

PORTIONEN 8 **ZUBEREITUNG** 30 MIN. **GARZEIT** 1 STD. 10 MIN.

Achten Sie darauf, dass sich keine Löcher im Teig befinden, sonst läuft vielleicht die ganze köstliche Füllung aus.

400 g glutenfreier Mürbeteig (siehe Seite 44–45)
glutenfreies Mehl zum Bestäuben
Puderzucker zum Bestäuben

Für die Füllung
5 Eier
200 g Zucker
250 g Sahne
125 ml Zitronensaft und die abgeriebene Schale von 4 Bio-Zitronen

1 Den Backofen auf 200 °C vorheizen. Den Teig auf der dünn bemehlten Arbeitsfläche 5 mm dick ausrollen und in eine 20 cm große runde Tarteform mit herausnehmbarem Boden legen. Überstehende Ränder begradigen. Den Boden mit einer Gabel einstechen, mit Backpapier belegen und Backbohnen darauf verteilen. 15 Minuten backen, dann Papier und Bohnen entfernen. Den Boden noch einmal 5 Minuten backen, damit er knusprig wird. Zum Abkühlen beiseitestellen.

2 In der Zwischenzeit für die Füllung die Eier in eine Schüssel geben und behutsam verschlagen. Den Zucker gut untermischen, dann Sahne und Zitronensaft unterrühren. Die Mischung durch ein Nylonsieb streichen. Die Zitronenschale unterrühren. Die Ofentemperatur auf 150 °C reduzieren.

3 Die Tarteform auf ein Backblech stellen und vorsichtig die Zitronenmischung hineingießen. Die Form kann vorher schon halb in den Backofen geschoben werden, damit nichts verschüttet wird. Den Kuchen 50 Minuten backen, bis die Füllung gerade fest wird. Herausnehmen und vollständig auskühlen lassen. Zum Servieren mit Puderzucker bestäuben.

NÄHRWERTE PRO STÜCK

Brennwerte 535 kcal/2232 kJ

Protein 8 g

Fett 35 g
Ges. Fettsäuren 16 g

Kohlenhydrate 47 g
Zucker 26 g

Ballaststoffe 1,5 g

Salz 0,7 g

VARIANTE

Orangentarte Statt Zitrone die abgeriebene Schale von 2 Bio-Orangen und 125 ml Orangensaft verwenden. Die fertige Tarte mit Kakaopulver bestäuben.

ERDBEERTÖRTCHEN

ERGIBT 6 **ZUBEREITUNG** 35 MIN. PLUS KÜHLZEIT **GARZEIT** 20–25 MIN.

Bei diesem Rezept können auch beliebige andere Früchte der Saison auf die Crème pâtissière gesetzt werden.

NÄHRWERTE PRO PORTION

- ●●● KALORIEN
- ●●● GES. FETTSÄUREN
- ●●○ SALZ

225 g glutenfreies Mehl, sowie Mehl zum Bestäuben
1 TL Xanthan
2 EL Puderzucker
1 Prise Salz
100 g Butter, gewürfelt
abgeriebene Schale und Saft von 1 Bio-Zitrone
1 Ei, verquirlt, sowie 3 Eigelb
60 g Zucker
20 g Maisstärke
300 ml Milch
150 g Sahne
½ Päckchen Vanillezucker
400 g reife Erdbeeren, geputzt und halbiert oder in Scheiben geschnitten

1 Die ersten 5 Zutaten und die Zitronenschale in einer Küchenmaschine vermischen, bis die Mischung Semmelbröseln ähnelt. Das verquirlte Ei und 3 Esslöffel Zitronensaft unterrühren, bis eine Teigkugel entsteht. Den Teig auf der bemehlten Arbeitsfläche etwas kneten, dann in Frischhaltefolie wickeln und für 10 Minuten in den Kühlschrank legen.

2 Den Backofen auf 200 °C vorheizen. Den Teig in 4 Stücke schneiden. Diese 5 mm dick ausrollen und in vier 12 cm große Tortelettförmchen mit herausnehmbarem Boden legen. Teigreste wieder ausrollen und weitere zwei Förmchen auskleiden. Die Böden mit einer Gabel einstechen, mit Backpapier belegen und Backbohnen darauf verteilen. 15 Minuten backen, Papier und Bohnen entfernen. Die Böden noch einmal 5 Minuten backen.

3 Für die Creme Eigelbe, Zucker, Maisstärke und etwas Milch zu einer glatten Paste verrühren. Die restliche Milch in einem kleinen Topf gerade zum Kochen bringen und unter die Maisstärkemischung rühren. Die Mischung in den abgewaschenen Topf gießen. Unter ständigem Rühren zum Kochen bringen und 1 Minute köcheln lassen. Zum Abkühlen in eine Schüssel füllen und feuchtes Backpapier direkt darauflegen, damit sich keine Haut bildet. Die Sahne schlagen, bis weiche Spitzen entstehen. Mit dem Vanillezucker unter die abgekühlte Creme rühren. Zum Servieren auf die Teigböden schöpfen und die Erdbeeren darauf verteilen.

NÄHRWERTE PRO TÖRTCHEN

Brennwert 542 kcal/2255 kJ
Protein 7 g
Fett 34 g
Ges. Fettsäuren 19 g
Kohlenhydrate 52 g
Zucker 22 g
Ballaststoffe 1 g
Salz 1 g

APRIKOSEN-MANDEL-TARTE

RICHTWERTE PRO PORTION

●●● KALORIEN

●●● GES. FETTSÄUREN

●●○ SALZ

PORTIONEN 10 **ZUBEREITUNG** 20 MIN. **GARZEIT** 45–55 MIN.

Ein beeindruckendes Dessert aus knusprigem Teig, einer süßen Mandelpaste und einem Aprikosenbelag.

250 g glutenfreier Mürbeteig (siehe Seite 44–45)
glutenfreies Mehl zum Bestäuben

Für die Füllung
200 g Butter
200 g Zucker
1 Päckchen Vanillezucker
5 Eigelb
200 g gemahlene Mandeln
8 reife Aprikosen
Crème fraîche zum Servieren

1 Den Backofen auf 200 °C vorheizen. Den Teig auf der dünn bemehlten Arbeitsfläche etwa 3 mm dick zu einem 35 cm großen Kreis ausrollen. In eine 25 cm große runde Tarteform mit herausnehmbarem Boden legen und andrücken. Evtl. entstandene Risse verschließen. Überstehende Teigränder abschneiden. Den Boden mit einer Gabel einstechen, mit Backpapier und Backbohnen belegen. 15 Minuten backen, bis die Ränder goldbraun werden. Herausnehmen, Papier und Bohnen entfernen. Den Boden weitere 5 Minuten backen. Herausnehmen und beiseitestellen.

2 Die Backofentemperatur auf 180 °C reduzieren. Für die Füllung die Butter mit dem elektrischen Handrührgerät in einer großen Schüssel 2 Minuten schlagen. Den Zucker und Vanillezucker dazugeben und weiterschlagen, bis die Masse hell und schaumig ist. Nun die Eigelbe nacheinander behutsam unterschlagen. Vorsichtig die Mandeln unterrühren.

3 Die Füllung in die Tarteform gießen. Die Aprikosen kurz mit kochendem Wasser überbrühen, abschrecken, die Haut abziehen, Früchte halbieren und entsteinen. Mit den Schnittflächen nach unten in die Füllung drücken. 25–35 Minuten backen, bis die Masse fest und goldbraun ist. Die Tarte abkühlen lassen und servieren, dazu die Crème fraîche reichen.

VARIANTEN

Andere Saisonfrüchte wie Pfirsiche, Brombeeren oder entsteinte Kirschen verwenden oder auf dem Boden zuerst Erdbeer- oder Himbeerkonfitüre verteilen.

NÄHRWERTE PRO STÜCK

Brennwert 499 kcal/2079 kJ

Protein 7,5 g

Fett 37,4 g
Ges. Fettsäuren 14 g

Kohlenhydrate 33 g
Zucker 25 g

Ballaststoffe 1 g

Salz 0,6 g

RICHTWERTE PRO PORTION

●●○ KALORIEN

●●○ GES. FETTSÄUREN

●○○ SALZ

SUPER FÜR KIDS

BIRNEN-PFLAUMEN-GALETTEN

ERGIBT 8 **ZUBEREITUNG** 30 MIN. PLUS KÜHLZEIT **GARZEIT** 25–30 MIN.

Für dieses leckere Blätterteiggebäck eignen sich alle Saisonfrüchte, besonders gut schmecken auch Aprikosen.

125 g glutenfreies Marzipan
1 Birne
2 EL Zitronensaft
400 g glutenfreier Blätterteig (siehe Seite 46–47)
glutenfreies Mehl zum Bestäuben
2 Pflaumen, entsteint und geviertelt
Zucker zum Bestreuen
15 g Mandelblättchen
Milch zum Bestreichen

1 Für die Füllung das Marzipan grob reiben. Die Birne schälen, vierteln und nach Entfernen des Kerngehäuses in dünne Scheiben schneiden. Die Scheiben in etwas Zitronensaft wenden.

2 Den Backofen auf 220 °C vorheizen. Den Teig auf der dünn bemehlten Arbeitsfläche 5 mm dick zu einem etwa 30 × 35 cm großen Rechteck ausrollen. Die Ränder begradigen. Aus der Teigplatte 8 Rechtecke gleicher Größe schneiden. Die Rechtecke mit großzügigem Abstand auf ein Backblech legen.

3 Auf jedes Teigrechteck etwas Marzipan streuen, dabei rundum einen 1 cm breiten Rand lassen. Auf die eine Hälfte Birnenscheiben legen, auf die andere Hälfte Pflaumenviertel setzen. Den restlichen Zitronensaft daraufstreichen, dann Zucker und Mandelblättchen darüberstreuen. Die Teigränder mit Milch bestreichen. Die Galetten 25–30 Minuten backen, bis der Teig an den Rändern goldbraun und aufgegangen ist.

NÄHRWERTE PRO GALETTE

Brennwert 225 kcal/945 kJ

Protein 3,5 g

Fett 12 g
Ges. Fettsäuren 4,5 g

Kohlenhydrate 26 g
Zucker 14 g

Ballaststoffe 0,8 g

Salz 0,3 g

« **Eine Birne auswählen**
Für dieses Rezept verwendet man am besten eine süße Dessertbirne, man sollte aber ein noch nicht ganz reifes Exemplar auswählen, da es sich zum Backen besser eignet.

ITALIENISCHE PFLAUMENTARTE

PORTIONEN 8 **ZUBEREITUNG** 30 MIN. **GARZEIT** 1 STD. 10 MIN.

Früchte und Nüsse lassen zusammen mit Mascarpone eine wirklich fantastische Tarte entstehen. Falls gewünscht, können die Pflaumen durch Birnen ersetzt werden.

RICHTWERTE PRO PORTION

- ●●● KALORIEN
- ●●● GES. FETTSÄUREN
- ●●○ SALZ

400 g glutenfreier Mürbeteig (siehe Seite 44–45)
glutenfreies Mehl zum Bestäuben
125 g Mascarpone
50 g Zucker
1 Ei
1 EL Amaretto oder 1 TL Mandelextrakt (nach Belieben)
1 EL Reismehl
etwas Milch oder Sahne nach Bedarf
4 Pflaumen, entsteint und halbiert
50 g Haselnusskerne, grob gehackt
1 EL Zucker zum Bestreuen
1 EL Aprikosenkonfitüre zum Glasieren

1 Den Backofen auf 200 °C vorheizen. Den Teig auf der dünn bemehlten Arbeitsfläche 5 mm dick ausrollen und in eine 20 cm große runde Tarteform legen. Risse gegebenenfalls schließen und die Teigränder begradigen. Den Boden mit Backpapier belegen und mit Backbohnen beschweren, dann 15 Minuten backen. Bohnen und Papier entfernen. Den Boden noch einmal 5 Minuten in den Backofen schieben, damit er knusprig wird. Herausnehmen und die Backofentemperatur auf 170 °C reduzieren.

2 Für die Füllung Mascarpone, Zucker, Ei, sofern gewünscht Amaretto oder Mandelextrakt und Mehl in eine Schüssel geben und vorsichtig verrühren. Wenn die Masse zu steif ist, einige Tropfen Milch oder Sahne hinzufügen. Sie sollte streichfähig sein. Die Käsemasse in die Tarteform füllen und glatt streichen.

3 Die Pflaumen mit den Schnittflächen nach unten daraufsetzen und leicht in die Masse drücken. Haselnüsse und Zucker darüberstreuen. Die Tarte für 40–50 Minuten in den Backofen schieben, bis sie fest ist. Sollte sie zu stark bräunen, die Form locker mit Alufolie abdecken. Die Tarte herausnehmen. Die Aprikosenkonfitüre erhitzen und auf die Pflaumen streichen. Die Tarte 10–15 Minuten in der Form abkühlen lassen, dann herausnehmen. Warm oder auf Zimmertemperatur abgekühlt servieren.

NÄHRWERTE PRO STÜCK

Brennwert 399 kcal/1670 kJ
Protein 5,5 g
Fett 25,5 g
Ges. Fettsäuren 10 g
Kohlenhydrate 36 g
Zucker 13 g
Ballaststoffe 2,5 g
Salz 0,6 g

SCHOKO-MOKKA-TARTE

RICHTWERTE PRO PORTION

●●● KALORIEN

●●● GES. FETTSÄUREN

●●○ SALZ

PORTIONEN 8 **ZUBEREITUNG** 20 MIN. **GARZEIT** 40 MIN.

Schokoladentorte für Erwachsene! Hier wird mit Kaffee aromatisierte Schokolade verwendet, man kann aber auch andere Aromarichtungen oder Nussschokolade nehmen.

400 g glutenfreier Mürbeteig (siehe Seite 44–45)
glutenfreies Mehl zum Bestäuben
Puderzucker oder Kakaopulver zum Bestäuben
Crème fraîche zum Servieren

Für die Füllung
100 g dunkle Schokolade (mindestens 70 % Kakaoanteil), in Stücke gebrochen
100 g mit Kaffee aromatisierte Schokolade (mindestens 70 % Kakaoanteil), in Stücke gleicher Größe gebrochen
100 g Butter
3 Eier
75 g Zucker

1 Den Backofen auf 200 °C vorheizen. Den Teig auf der dünn bemehlten Arbeitsfläche 5 mm dick ausrollen und in eine etwa 12 × 35 cm große rechteckige Tarteform mit herausnehmbarem Boden legen. Risse gegebenenfalls schließen, überschüssigen Teig abschneiden. Den Boden mit einer Gabel einstechen, mit Backpapier belegen und mit Backbohnen beschweren. 15 Minuten backen, dann Papier und Bohnen entfernen. Den Boden noch einmal 5 Minuten in den Backofen schieben, damit er knusprig wird. Herausnehmen und die Backofentemperatur auf 170 °C reduzieren.

2 Für die Füllung Schokolade und Butter in eine hitzebeständige Schüssel geben und über köchelndem Wasser unter gelegentlichem Rühren schmelzen lassen. Herunternehmen und abkühlen lassen. Eier und Zucker mit dem elektrischen Handrührgerät in einer Schüssel 5 Minuten schlagen, bis die Masse schaumig ist.

3 Die erkaltete Schokoladenmischung in die Eimasse rühren. Die Mischung in die Tarteform gießen und 15–20 Minuten backen, bis sich eine Kruste zu bilden beginnt, die Masse sollte aber noch etwas wackeln. Die Tarte herausnehmen und auskühlen lassen, dann erst aus der Form nehmen. Mit Puderzucker oder Kakaopulver bestäuben, in Stücke schneiden und mit Crème fraîche servieren.

NÄHRWERTE PRO STÜCK

Brennwert 516 kcal/2152 kJ

Protein 7 g

Fett 34 g
Ges. Fettsäuren 16 g

Kohlenhydrate 46 g
Zucker 24 g

Ballaststoffe 2 g

Salz 0,8 g

SIRUPTARTE

PORTIONEN 8 **ZUBEREITUNG** 30 MIN. PLUS KÜHLZEIT **GARZEIT** 1 STD.

Dieser mit süßem Mürbeteig zubereitete englische Klassiker wird der gesamten Familie schmecken.

225 g glutenfreies Mehl sowie Mehl zum Bestäuben
2 EL Puderzucker
1 TL Xanthan
100 g Butter, gewürfelt
1 Prise Salz
2 Eier, verquirlt
Sahne zum Servieren

Für die Füllung
400 g heller Zuckerrohrsirup
200 g glutenfreies Weißbrot, die Rinde entfernt
2 Eier, verquirlt
abgeriebene Schale und Saft von ½ Bio-Zitrone
½ TL gemahlener Ingwer

1 Den Backofen auf 200 °C vorheizen. Mehl, Puderzucker, Xanthan, Butter und Salz in einer Küchenmaschine vermischen, bis sich Krümel bilden. 1 Ei und 1 Esslöffel kaltes Wasser dazugeben und die Maschine laufen lassen, bis eine Teigkugel entsteht. Den Teig auf der dünn bemehlten Arbeitsfläche kurz kneten, bis er glatt ist. In Frischhaltefolie wickeln und 10 Minuten kalt stellen.

2 Den Teig auf der dünn bemehlten Arbeitsfläche ausrollen, in eine etwa 23 cm große Tarteform mit herausnehmbarem Boden legen und andrücken. Die Ränder begradigen. Den Boden mit einer Gabel einstechen, mit Backpapier belegen und mit Backbohnen beschweren. 15 Minuten backen, dann Papier und Bohnen entfernen. Den Boden mit dem übrigen Ei bestreichen und noch einmal 5 Minuten backen.

3 Die Backofentemperatur auf 180 °C reduzieren. Den Sirup in einem kleinen Topf erwärmen. Das Brot in einer Küchenmaschine fein zerkrümeln. In einer großen Schüssel Eier, Zitronenschale, Zitronensaft und Ingwer vermischen. Brotkrumen und Sirup unterschlagen. Die Masse in die Tarteform gießen und 35–40 Minuten backen, bis sie goldbraun und fest ist. Die Tarte warm oder kalt mit Sahne servieren.

RICHTWERTE PRO PORTION

●●● KALORIEN
●●● GES. FETTSÄUREN
●●○ SALZ

NÄHRWERTE PRO STÜCK

Brennwert 455 kcal/1912 kJ
Protein 7 g
Fett 14,5 g
Ges. Fettsäuren 7,5 g
Kohlenhydrate 73 g
Zucker 42 g
Ballaststoffe 0,5 g
Salz 1,4 g

BROMBEER-APFEL-PIE

RICHTWERTE PRO PORTION

●●○ KALORIEN

●●○ GES. FETTSÄUREN

●○○ SALZ

SUPER FÜR KIDS

PORTIONEN 6 **ZUB.** 15 MIN. PLUS KÜHLZEIT **GARZEIT** 1 STD. **EINFRIEREN** 3 MO.

Eine klassische Pie mit Spätsommerfrüchten. Für Kinder lässt man die Gewürze weg.

- 450 g glutenfreier Mürbeteig (siehe Seite Seite 44–45)
- glutenfreies Mehl zum Bestäuben
- 1 Ei, verquirlt
- 1 EL Zucker

Für die Füllung

- 3 Kochäpfel, geschält und nach Entfernen des Kerngehäuses in Scheiben geschnitten
- 1 Sternanis
- 1 Vanilleschote, längs halbiert
- 1 Prise frisch geriebene Muskatnuss
- 100 g Demerarazucker
- 250 g Brombeeren
- abgeriebene Schale von ½ Bio-Zitrone oder ½ Bio-Orange

1 ⅓ des Teigs für den Deckel beiseitestellen. Den Rest auf der dünn bemehlten Arbeitsfläche zu einem Kreis in ausreichender Größe für eine 18 cm große runde Pieform ausrollen und hineinlegen. Kalt stellen.

2 Die Äpfel mit 6 Esslöffeln kaltem Wasser, Sternanis, Vanilleschote, Muskatnuss und der Hälfte des Zuckers in einen Topf geben und bei schwacher Hitze 10–15 Minuten garen, bis sie weich werden. Vom Herd nehmen und 20 Minuten stehen lassen, damit die Aromen verschmelzen können.

3 Den Teigboden mit dem restlichen Zucker bestreuen. Die Äpfel ohne Vanilleschote und Sternanis aus der Flüssigkeit heben und auf dem Boden arrangieren. Brombeeren und Zitronen- oder Orangenschale hinzufügen.

4 Die Teigränder mit Wasser benetzen. Den Deckel ausrollen, auf die Pie setzen und andrücken. Ränder begradigen und den Deckel mehrmals einritzen. Die Pie mit der Hälfte des Eis bestreichen und 20 Minuten kalt stellen.

5 Den Backofen auf 200 °C vorheizen. Die Pie mit dem übrigen Ei bestreichen und mit dem Zucker bestreuen. 40–50 Minuten backen, bis sie goldbraun ist. Wenn sie zu rasch bräunt, Alufolie darüberlegen. Herausnehmen und etwas abkühlen lassen. Lauwarm servieren.

NÄHRWERTE PRO STÜCK

- Brennwert 323 kcal/1362 kJ
- Protein 4,5 g
- Fett 13 g
- Ges. Fettsäuren 4 g
- Kohlenhydrate 47 g
- Zucker 30 g
- Ballaststoffe 5 g
- Salz 0,5 g

DESSERTS, KUCHEN UND ANDERE SÜSSE VERSUCHUNGEN

RICHTWERTE PRO PORTION

- ●●● KALORIEN
- ●○○ GES. FETTSÄUREN
- ●○○ SALZ

APFELKÜCHLEIN MIT SAUCE

PORTIONEN 4 **ZUBEREITUNG** 20 MIN. **GARZEIT** 50–60 MIN.

Vanillesauce ist leichter zuzubereiten, als Sie vielleicht glauben, und der perfekte Partner für Apfelküchlein.

4 Tafeläpfel, nach Ausstechen des Kerngehäuses in jeweils 4–5 Ringe geschnitten
Pflanzenöl zum Braten

Für die Vanillesauce
200 ml Milch oder halb Milch und halb Sahne
1 Vanilleschote, längs halbiert
3 Eigelb
1 EL Zucker

Für den Teig
150 g Reismehl
1 EL Maisstärke
1 Prise gemahlener Zimt, sowie zusätzlich Zimt zum Bestreuen
60 g Zucker, sowie zusätzlich Zucker zum Bestreuen
150 ml Milch, nötigenfalls mehr

1 Für die Sauce die Milch in einen Topf gießen. Die Vanilleschote hinzufügen und 20 Minuten ziehen lassen. In einer großen Schüssel Eigelbe und Zucker verschlagen. Die Milch mit der Vanilleschote behutsam fast zum Kochen bringen. Von der Kochstelle nehmen und die Vanilleschote entfernen. Die Milch unter die Eimischung schlagen. Die Mischung wieder in den Topf geben und bei schwacher Hitze unter ständigem Rühren 10–20 Minuten garen, bis sie dick wird und den Rücken eines Holzlöffels überzieht. Nicht kochen lassen, weil sie sonst klumpig wird. Nötigenfalls durch ein Metallsieb streichen. Beiseitestellen.

2 Die trockenen Zutaten für den Teig in eine Schüssel geben und so viel Milch unterschlagen, bis der Teig die Konsistenz sehr dicker Sahne hat. Möglicherweise ist nicht die gesamte Milch erforderlich.

3 Das Öl in einem großen Topf oder einer Fritteuse auf 190 °C erhitzen und auf dieser Temperatur halten. Topf oder Fritteuse stets im Auge behalten und ein feuchtes Tuch bereitlegen, falls das Öl Feuer fängt. Die Apfelscheiben in den Teig tauchen, um sie zu überziehen, und portionsweise 2–3 Minuten frittieren, bis sie goldbraun sind. Auf Küchenpapier legen. Fertige Küchlein warm stellen, während die übrigen zubereitet werden. Die Küchlein mit Zucker und Zimt bestreuen. Die Vanillesauce behutsam wieder erhitzen und mit den Apfelküchlein servieren.

NÄHRWERTE PRO PORTION

Brennwert 441 kcal/1851 kJ
Protein 8 g
Fett 14 g
Ges. Fettsäuren 4 g
Kohlenhydrate 68 g
Zucker 38 g
Ballaststoffe 4 g
Salz 0,15 g

KIRSCHCLAFOUTIS

PORTIONEN 4 **ZUBEREITUNG** 20 MIN. **GARZEIT** 25–35 MIN.

Dieses einfache französische Dessert besteht aus nichts als Früchten und Teig, aber es schmeckt göttlich.

RICHTWERTE PRO PORTION

●●● KALORIEN
●●● GES. FETTSÄUREN
●○○ SALZ

500 g Kirschen, entsteint
abgeriebene Schale von 1 Bio-Orange
1 EL Kirschwasser oder Cherry Brandy (nach Belieben)
150 g Zucker
2 Eier
150 g Sahne
50 g Reismehl
1 EL gemahlene Mandeln
Puderzucker zum Bestäuben
Sahne zum Servieren

1 Den Backofen auf 180 °C vorheizen. Kirschen, Orangenschale, Kirschwasser (sofern gewünscht) und die Hälfte des Zuckers in eine Pfanne geben und bei schwacher Hitze garen, bis sich der Zucker aufgelöst hat und die Kirschen etwas weicher sind. In eine ofenfeste Form füllen.

2 Eier und restlichen Zucker in einer Schüssel schaumig schlagen. Sahne, Reismehl und Mandeln untermischen. Den Teig über die Kirschen gießen und 20–30 Minuten backen, bis er aufgegangen und goldbraun ist. Das Clafoutis herausnehmen, mit Puderzucker bestäuben und mit Sahne servieren, auf Wunsch auch mit etwas zusätzlichem Kirschwasser beträufelt.

VARIANTEN

Sollten keine Kirschen im Angebot sein, können auch tiefgefrorene oder frische Beerenfrüchte, frische Aprikosen oder frische Pfirsiche verwendet werden.

Kirschen entsteinen »
Wer keinen Kirschentsteiner besitzt, biegt eine saubere Büroklammer aus Metall zu einem »S« auf. Dann drückt man das größere Ende der Klammer in das Stielende der Kirsche, bis man den Stein spürt, und dreht es herum. Jetzt sollte sich der Stein leicht lösen lassen.

NÄHRWERTE PRO PORTION

Brennwert 514 kcal/2152 kJ
Protein 7 g
Fett 26 g
Ges. Fettsäuren 14 g
Kohlenhydrate 60 g
Zucker 52 g
Ballaststoffe 2 g
Salz 0,1 g

HIMBEERTRIFLE MIT WEISSER SCHOKOLADE

RICHTWERTE PRO PORTION

●●● KALORIEN

●●● GES. FETTSÄUREN

●○○ SALZ

PORTIONEN 6 **ZUBEREITUNG** 20 MIN. PLUS KÜHLZEIT

Säuerliche Himbeeren bilden hier einen schönen Kontrast zu süßer weißer Schokolade und etwas Cassis macht dieses Trifle zu einem Dessert für besondere Gelegenheiten.

200 g weiße Schokolade, in Stücke gleicher Größe gebrochen, sowie etwas zusätzliche Schokolade, gerieben
175 g glutenfreier Rührkuchen (siehe Seite 40–41) oder Amaretti, zerkrümelt
Saft von 1–2 Orangen
2 EL Cassis (nach Belieben)
300 g Sahne, geschlagen, oder Mascarpone
300 g Himbeeren
50 g Mandelblättchen, leicht

1 Die Schokolade in eine hitzebeständige Schüssel geben und auf einem Topf über köchelndem Wasser unter gelegentlichem Rühren schmelzen lassen. Vom Topf herunternehmen und etwas abkühlen lassen.

2 Kuchen- oder Amarettikrümel auf den Boden einer Glasschüssel geben. Gerade so viel Orangensaft darübergeben, dass die Krümel befeuchtet werden, dann, sofern gewünscht, die Hälfte des Cassis. Beiseitestellen.

3 Die zerlassene Schokolade mit der Hälfte von Sahne oder Mascarpone sorgfältig verrühren. Den restlichen Cassis mit den Himbeeren vermischen. Einige Himbeeren als Dekoration zurückstellen. Die Hälfte der Schoko-Sahne-Mischung in die Schüssel füllen, dann die Hälfte der Himbeeren. Den letzten Arbeitsschritt noch einmal wiederholen. Zum Schluss die restliche Sahne daraufgeben und die zurückgestellten Himbeeren daraufsetzen. Mandelblättchen und geriebene Schokolade darüberstreuen. Das Trifle vor dem Servieren kalt stellen.

NÄHRWERTE PRO PORTION

Brennwert 644 kcal/2676 kJ

Protein 8 g

Fett 50 g
Ges. Fettsäuren 25 g

Kohlenhydrate 39 g
Zucker 33 g

Ballaststoffe 2 g

Salz 0,4 g

TIPP

Als Grundlage eignen sich hier viele Zutaten wie etwa glutenfreie Brownies oder Früchtekuchen. Für ein Winterdessert kann man gedünstete Früchte verwenden.

RICHTWERTE PRO PERSON

●●○ KALORIEN

●○○ GES. FETTSÄUREN

●●○ SALZ

PIE MIT SOMMERFRÜCHTEN

PORTIONEN 8 **ZUBEREITUNG** 20 MIN. **GARZEIT** 35–40 MIN.

Man kann hier auch andere Früchte verwenden, sollte aber das Verhältnis von Beeren zu festeren Früchten einhalten, damit die Teigkruste eine solide Basis erhält.

225 g glutenfreies Mehl, sowie Mehl zum Bestäuben
2 TL glutenfreies Backpulver
1 TL Xanthan
1 Prise Salz
60 g Zucker
60 g kalte Butter, gewürfelt
200 ml Buttermilch oder halb Milch und halb Naturjoghurt
1 Ei, verquirlt
2 TL Demerarazucker
Kaffeesahne zum Servieren

Für die Füllung

450 g reife Pfirsiche oder Nektarinen
60 g Zucker
2 EL Maisstärke
200 g Himbeeren
200 g Heidelbeeren

1 Den Backofen auf 200 °C vorheizen. Pfirsiche oder Nektarinen 1 Minute in kochendes Wasser legen, dann abtropfen lassen und häuten. Anschließend halbieren, entsteinen und in Scheiben schneiden. In einer 1,4 Liter fassenden Pieform Zucker und Maisstärke vermischen. Nektarinen oder Pfirsiche und die Beeren hinzufügen und sorgfältig durchmischen. Dadurch entsteht eine wunderbare Sauce. Die Früchte gleichmäßig verteilen.

2 Für die Teigkruste Mehl, Backpulver, Xanthan und Salz in eine große Schüssel sieben. Den Zucker untermischen. Die Butter hinzufügen und mit den Fingern einarbeiten. Oder die Zutaten in der Küchenmaschine vermischen, bis sie kleinen Brotkrumen ähneln. Die Buttermilch dazugeben und mit einem runden Messer untermischen, um einen weichen Teig herzustellen. Den Teig kurz kneten.

3 Den Teig auf der dünn bemehlten Arbeitsfläche 2 cm dick ausrollen und 12 Kreise mit 5 cm Durchmesser ausstechen. Nötigenfalls Teigreste neu ausrollen. Die Kreise sich leicht überlappend auf die Früchte legen, mit dem Ei bestreichen und mit dem Demerarazucker bestreuen. Die Pie auf einem Backblech für 35–40 Minuten oben in den Backofen schieben, bis der Teig aufgegangen und goldbraun ist und die Früchte blubbern. Die Pie warm mit der Sahne servieren.

NÄHRWERTE PRO PORTION

Brennwert 286 kcal/1211 kJ

Protein 6 g

Fett 8 g
Ges. Fettsäuren 4 g

Kohlenhydrate 46 g
Zucker 25 g

Ballaststoffe 3,5 g

Salz 0,9 g

FRÜCHTECRUMBLE

SUPER FÜR KIDS

PORTIONEN 6 **ZUB.** 20 MIN. **GARZEIT** 35 MIN. **EINFRIEREN** 3 MO.

Ein echtes Familiendessert. Die Früchte kann man saisonabhängig variieren, ebenso die Zutaten für den Belag.

RICHTWERTE PRO PORTION

●●● KALORIEN

●●● GES. FETTSÄUREN

●○○ SALZ

400 g Rhabarber, geschält und in 5 cm große Stücke geschnitten
abgeriebene Schale von 1 Bio-Orange und Saft von 2 Orangen
400 g Erdbeeren, geviertelt
125 g kalte Butter, gewürfelt
200 g glutenfreies Mehl
125 g Demerarazucker
1 Handvoll Mandelblättchen
glutenfreie Vanillesauce oder Eiscreme (siehe Seite 210 oder 221) zum Servieren

1 Den Backofen auf 180 °C vorheizen. Den Rhabarber mit Orangenschale und Orangensaft in einen flachen Topf geben und 8–10 Minuten köcheln lassen, bis er weich wird. Nötigenfalls etwas Wasser hinzufügen. In eine flache ofenfeste Form geben und die Erdbeeren untermischen.

2 In einer Schüssel die Butter mit den Fingern in das Mehl einarbeiten, bis Krümel entstehen. Den Zucker untermischen. Die Streusel auf den Früchten verteilen und die Mandelblättchen darüberstreuen. Das Crumble für 25 Minuten in den Backofen schieben, bis es goldbraun ist. Mit Vanillesauce oder Eiscreme servieren.

VARIANTEN

Apfel und Cranberry 2 große Kochäpfel schälen, entkernen und in Scheiben schneiden. 4–5 Minuten mit dem Saft von ½ Zitrone, 3 Esslöffeln Wasser und 3 Esslöffeln braunem Zucker gerade weich köcheln lassen. In eine ofenfeste Form geben und mit 200 g frischen oder 100 g getrockneten Cranberrys bestreuen. 3 Esslöffel braunen Zucker und 1 Prise Zimt darübergeben, dann die Streusel. Das Crumble wie oben backen.

Birne und Brombeere 3 süße Birnen schälen, entkernen und in Scheiben schneiden. 3–5 Minuten mit dem Saft von ½ Zitrone, 2 Esslöffeln Wasser und einer längs aufgeschlitzten ½ Vanilleschote weich garen. Mit 300 g Brombeeren und 1–2 Esslöffeln Demerarazucker in eine ofenfeste Form geben und alles vermischen. Mit den Streuseln bestreuen. Das Crumble wie oben backen.

Mandelbelag Das Mehl durch 100 g Reismehl und 150 g gemahlene Mandeln ersetzen und wie oben fortfahren. Großartig zu Birnen und Brombeeren.

NÄHRWERTE PRO PORTION

Brennwert 404 kcal/1696 kJ

Protein 5,5 g

Fett 20 g
Ges. Fettsäuren 11 g

Kohlenhydrate 51 g
Zucker 28 g

Ballaststoffe 3,5 g

Salz 0,3 g

RICHTWERTE PRO PORTION

●●● KALORIEN

●●● GES. FETTSÄUREN

●○○ SALZ

SUPER FÜR KIDS

SCHOKOLADENPUDDING

PORTIONEN 6 **ZUBEREITUNG** 25 MIN. **GARZEIT** 25 MIN.

Ein altmodischer Pudding, der durch die Verwendung von dunkler Schokolade eine herbe Note erhält, aber für zarte Kinderzungen abgewandelt werden kann.

- 1 l Milch
- 100 g Tapiokastärke
- 1–2 TL dunkles Kakaopulver
- 2 Eigelb
- 125 g Zucker
- 1 Prise Salz
- 1 Prise frisch geriebene Muskatnuss
- 2–3 EL Crème fraîche zum Servieren (nach Belieben)
- 25 g dunkle Schokolade, gerieben, zum Bestreuen

1 Die Milch in einen Topf geben. Tapiokastärke und Kakaopulver hinzufügen und unterrühren. Die Mischung bei schwacher Hitze langsam erwärmen. In einer Schüssel Eigelbe, Zucker und Salz vermischen. Etwas von der erwärmten Milchmischung unterrühren, dann den Schüsselinhalt in den Topf gießen.

2 Den Topfinhalt unter ständigem Rühren zum Kochen bringen. Auf mittelschwache Hitze reduzieren. Die Mischung unter häufigem Rühren 20 Minuten köcheln lassen, bis die Tapiokastärke gegart ist. Wenn sie zu dick wird, noch etwas Milch hinzufügen. Die Muskatnuss dazugeben. Den Pudding warm oder kalt mit einem Klecks Sahne (sofern gewünscht) und Schokolade bestreut servieren.

NÄHRWERTE PRO PORTION

Brennwert 326 kcal/1370 kJ

Protein 7 g

Fett 13 g
Ges. Fettsäuren 7 g

Kohlenhydrate 45 g
Zucker 30 g

Ballaststoffe 0,6 g

Salz 0,6 g

TIPP

Kinder lieben diesen Pudding, bevorzugen aber möglicherweise den süßeren Geschmack von Trinkschokoladenpulver und geriebener Milchschokolade.

SCHOKOTÖRTCHEN

PORTIONEN 6 **ZUB.** 20 MIN. **GARZEIT** 10 MIN. **EINFRIEREN** 3 MO. UNGEGART

RICHTWERTE PRO PORTION

- ●●● KALORIEN
- ●●● GES. FETTSÄUREN
- ●○○ SALZ

Die Törtchen, die außen fest, innen aber noch flüssig sind, lassen sich viel leichter zubereiten, als Sie vielleicht glauben. Sie dürfen nur nicht zu lange gebacken werden.

- 140 g Butter, sowie Butter zum Einfetten
- Kakaopulver zum Bestäuben
- 140 g dunkle Schokolade (mindestens 70 % Kakaoanteil)
- 4 Eier und 3 Eigelb
- 85 g Zucker
- 3 EL glutenfreies Mehl
- Sahne und glutenfreie Eiscreme (siehe Seite 221) zum Servieren

1 Den Backofen auf 200 °C vorheizen. Sechs 175 ml fassende ofenfeste Förmchen gut einfetten und innen mit Kakaopulver bestäuben. Butter und Schokolade in einer großen hitzebeständigen Schüssel auf einem Topf mit köchelndem Wasser schmelzen lassen. Von der Kochstelle nehmen.

2 Mit dem elektrischen Handrührgerät Eier, Eigelbe und Zucker schaumig schlagen. Es sollte beim Herausziehen der Rührbesen ein Abdruck bleiben.

3 Die Eimasse zu der geschmolzenen Schokolade geben und das Mehl darübersieben. Mit einem großen Metalllöffel behutsam unterheben. Die Masse auf die Förmchen verteilen und bis zur Verwendung kalt stellen.

4 Die Förmchen auf ein Backblech stellen und für 10 Minuten in den Backofen schieben. Die Törtchen herausnehmen und 1 Minute ruhen lassen. Mit einem Messer um den Rand der Förmchen fahren und die Törtchen auf einen Teller stürzen. Mit Sahne oder Eiscreme servieren.

TIPP

Die Törtchen drei Tage im Voraus zubereiten, einfach mit Frischhaltefolie abdecken und bis zum Backen in den Kühlschrank stellen. Man kann sie auch einfrieren und noch gefroren in den Backofen schieben. Die Backzeit verlängert sich dann um 4 Minuten.

NÄHRWERTE PRO PORTION

- Brennwert 471 kcal/1962 kJ
- Protein 8 g
- Fett 34 g
- Ges. Fettsäuren 18 g
- Kohlenhydrate 33 g
- Zucker 28 g
- Ballaststoffe 1 g
- Salz 0,6 g

SCHOKOLADEN-KÄSEKUCHEN

RICHTWERTE PRO PORTION

●●● KALORIEN

●●● GES. FETTSÄUREN

●○○ SALZ

PORTIONEN 8 **ZUBEREITUNG** 20 MIN. PLUS KÜHLZEIT **GARZEIT** 35–40 MIN.

Eine zartschmelzende Mischung aus Schokolade und Mascarpone auf einem aromatischen Boden aus Keksen.

85 g Butter, sowie Butter zum Einfetten
175 g glutenfreie Ingwerkekse oder Amaretti, zerstoßen
150 g dunkle Schokolade (70 % Kakaoanteil), in Stücke gleicher Größe gebrochen
2 Eier, getrennt
1 Prise Salz
400 g Mascarpone
abgeriebene Schale und Saft von 1 Bio-Orange
115 g Zucker
2 EL Maisstärke
Crème fraîche zum Servieren

1 Den Backofen auf 180 °C vorheizen. Eine 20 cm große runde Springform einfetten und mit Backpapier auslegen. Die Butter behutsam in einem Topf zerlassen. Vom Herd nehmen und unter die zerstoßenen Kekse rühren. Die Keksmischung auf den Boden und an die Wände der Kuchenform drücken und mit dem Rücken eines Holzlöffels glatt streichen. Abkühlen lassen und kalt stellen.

2 Die Schokolade in einer hitzebeständigen Schüssel auf einem Topf mit köchelndem Wasser unter gelegentlichem Rühren schmelzen lassen. Herunternehmen und etwas abkühlen lassen.

3 Die Eiweiße mit dem Salz in einer Schüssel steif schlagen. Beiseitestellen.

4 Mascarpone, Schokolade, Orangenschale, Orangensaft, Zucker und Eigelbe in einer großen Schüssel mit dem elektrischen Handrührgerät behutsam verschlagen. Die Maisstärke unterheben, dann den Eischnee.

5 Die Masse in die Form gießen und glatt streichen. 35–40 Minuten backen, bis sie fest ist. Den Herd ausschalten und den Kuchen im Backofen abkühlen lassen, damit er nicht reißt. Herausnehmen und stehen lassen, bis er vollkommen ausgekühlt ist. Den Kuchen aus der Form nehmen und mit etwas Crème fraîche servieren.

NÄHRWERTE PRO STÜCK

Brennwert 598 kcal/2501 kJ
Protein 7 g
Fett 43 g
Ges. Fettsäuren 23,5 g
Kohlenhydrate 41 g
Zucker 41 g
Ballaststoffe 0,6 g
Salz 0,4 g

RICHTWERTE PRO PORTION

●●● KALORIEN

●●● GES. FETTSÄUREN

●○○ SALZ

PROFITEROLES

PORTIONEN 4 **ZUB.** 20 MIN. **GARZEIT** 20–25 MIN. **EINFRIEREN** 3 MO.

Profiteroles sind Windbeutel, die mit Schlagsahne gefüllt und mit dunkler Schokolade beträufelt werden.

85 g glutenfreie Weißbrotmehlmischung (siehe Seite 38)
½ TL Xanthan
1 Prise Salz
85 g Butter, sowie Butter zum Einfetten
2 EL Zucker
4 Eier, verquirlt
115 g Schokolade (mindestens 70 % Kakaoanteil)
400 g Sahne
2 EL heller Zuckerrohrsirup

1 Den Backofen auf 200 °C vorheizen. Mehl, Xanthan und Salz in eine Schüssel sieben. 60 g Butter, 150 ml Wasser und den Zucker in einem Topf zum Kochen bringen. Rasch das Mehl hinzufügen und unterschlagen, bis der Teig eine Kugel bildet und sich von den Topfwänden löst. Vom Herd nehmen und 5 Minuten abkühlen lassen.

2 Ein Ei nach dem anderen dazugeben, dabei den Teig zwischendurch mit dem elektrischen Handrührgerät schlagen, bis er glatt ist und glänzt. In eine Spritztüte füllen (siehe Tipp) und mit reichlich Abstand 3 cm große Teighäufchen auf zwei eingefettete Backbleche spritzen. 15–20 Minuten backen, bis sie aufgegangen sind. Die Windbeutel aufschneiden und noch einmal 5 Minuten backen, damit sie innen knusprig werden. Abkühlen lassen.

3 Die Schokolade in Stücke brechen. Mit 150 g Sahne, Sirup, restlicher Butter und 4 Esslöffeln Wasser in einen Topf geben. Bei schwacher Hitze rühren, bis die Schokolade geschmolzen und eine glatte glänzende Sauce entstanden ist. Die übrige Sahne schlagen, bis sich weiche Spitzen bilden. Die Windbeutel mit jeweils 1 gehäuften Teelöffel Schlagsahne füllen und auf eine Servierplatte setzen. Mit der warmen Schokoladensauce beträufeln und sofort servieren.

NÄHRWERTE PRO PORTION

Brennwert 681 kcal/2824 kJ

Protein 8,5 g

Fett 58 g
Ges. Fettsäuren 34 g

Kohlenhydrate 31 g
Zucker 22 g

Ballaststoffe 1,2 g

Salz 0,6 g

TIPP

Der Spritzbeutel lässt sich leichter füllen, wenn man ihn in einen Krug stellt. Ungefüllt halten sich die Windbeutel in einem luftdicht verschlossenen Behälter bis zu zwei Tage. Vor dem Füllen im heißen Backofen aufbacken.

BROTEISCREME

PORTIONEN 6 **ZUB.** 30 MIN PLUS WARTEZEIT UND GEFRIERZEIT **GARZEIT** 25 MIN. **EINFRIEREN** 3 MO.

RICHTWERTE PRO PORTION

●●● KALORIEN
●●● GES. FETTSÄUREN
●○○ SALZ

Bei diesem Dessert schmeckt das geröstete Brot nach Sahnebonbons. Kinder mögen dazu Banane oder Schokolade.

250 ml Vollmilch
250 g Sahne
1 Vanilleschote, längs aufgeschlitzt
75 g glutenfreie dunkle Brotkrumen (siehe Seite 38–39)
75 g Vollrohrzucker
5 Eigelb
50 g Zucker

1 Milch, Sahne und Vanilleschote in einen großen Topf geben und gerade zum Kochen bringen. Für 30 Minuten zum Abkühlen und Ziehen beiseitestellen, dann die Vanilleschote herausnehmen und wegwerfen.

2 Den Backofen auf 200 °C vorheizen. Die Brotkrumen in einem großen Bräter oder auf einem Backblech verteilen und 10 Minuten rösten, bis sie goldbraun werden. Den Zucker untermischen und die Krumen weitere 5 Minuten rösten. Herausnehmen und abkühlen lassen. In eine Küchenmaschine geben und größere Klumpen zerkleinern.

3 In einer Schüssel Eigelbe und Zucker schaumig schlagen. Die Milchmischung dazugießen und unterschlagen. Die Mischung in den abgewaschenen Topf geben und bei ganz schwacher Hitze 10–15 Minuten köcheln, bis sie dick wird. Dabei die Mischung ständig rühren und nicht kochen lassen, weil sie sonst klumpig wird. Durch ein Nylonsieb in eine große Schüssel gießen. Ein Stück Backpapier auf die Oberfläche legen, damit sich keine Haut bildet. Vollkommen abkühlen lassen.

4 Die Mischung in einen Gefrierbehälter füllen und für 2 Stunden in das Gefriergerät stellen. Herausnehmen, in eine Küchenmaschine geben und cremig schlagen. Die Brotkrumen dazugeben und untermischen. Die Masse im Gefrierbehälter wieder in das Gefriergerät stellen. Wenn sie gefroren ist, noch einmal in der Küchenmaschine aufschlagen. Bei Verwendung einer Eismaschine kann dieser Schritt ausgelassen werden. Die Mischung einfach in die Maschine füllen und gefrieren lassen.

SUPER FÜR KIDS

NÄHRWERTE PRO PORTION

Brennwert 407 kcal/1697 kJ
Protein 6 g
Fett 29 g
Ges. Fettsäuren 16 g
Kohlenhydrate 31 g
Zucker 23 g
Ballaststoffe 0,4 g
Salz 0,3 g

RICHTWERTE PRO PORTION

- ●●● KALORIEN
- ●●● GES. FETTSÄUREN
- ●●○ SALZ

SUPER FÜR KIDS

KARAMELL-ORANGEN-DESSERT

PORTIONEN 10 **ZUBEREITUNG** 20 MIN. **GARZEIT** 30–40 MIN.

Beim Backen dieses Desserts braucht man Geduld. Öffnen Sie nicht zu früh die Backofentür, um nach dem Dessert zu sehen, sonst geht es nicht auf oder fällt sogar zusammen.

275 g Butter, sowie Butter zum Einfetten
3–4 Orangen, sorgfältig geschält und in dicke Scheiben geschnitten
3–4 EL Demerarazucker
115 g glutenfreies Mehl
2 TL glutenfreies Backpulver
1 TL Xanthan
175 g Roh-Rohrzucker
3 Eier
3 EL Milch
Crème double, Crème fraîche oder glutenfreie Vanillesauce (siehe Seite 210) zum Servieren

1 Den Backofen auf 180 °C vorheizen. Eine 18 × 30 cm große ofenfeste Form mit etwas Butter einfetten. 100 g Butter bei mittlerer Temperatur in einer großen beschichteten Pfanne zerlassen. Die Orangenscheiben mit dem Demerarazucker hineingeben und 5–6 Minuten garen, bis sie goldbraun und karamellisiert sind. Den Zucker nicht verbrennen lassen. Orangen und Flüssigkeit in die ofenfeste Form geben.

2 Mehl, Backpulver und Xanthan in eine große Schüssel sieben und beiseitestellen. Restliche Butter und Rohrzucker in einer Schüssel mit dem elektrischen Handrührgerät mindestens 8 Minuten schaumig schlagen. Nacheinander die Eier mit 1 Löffel Mehlmischung sorgfältig unterschlagen. Dann die restliche Mehlmischung unterheben und die Milch unterrühren.

3 Den Teig über die Orangen schöpfen und 30–40 Minuten backen, bis er aufgegangen und goldbraun ist und an einem Holzspieß, den man hineinsteckt, beim Herausziehen kein Teig mehr haftet. Das Dessert in Stücke schneiden und mit den Orangenscheiben oben auf Tellern anrichten. Mit Crème double, Crème fraîche oder glutenfreier Vanillesauce servieren.

TIPP

Dies ist ein großartiges Dessert für Kinder, für die man es am besten mit Vanillesauce serviert.

NÄHRWERTE PRO PORTION

Brennwert 643 kcal/2646 kJ
Protein 7 g
Fett 42 g
Ges. Fettsäuren 25 g
Kohlenhydrate 57 g
Zucker 44 g
Ballaststoffe 3 g
Salz 0,9 g

RICHTWERTE PRO PORTION

●●○ KALORIEN

●●○ GES. FETTSÄUREN

●○○ SALZ

VANILLETÖRTCHEN

ERGIBT 12 **ZUBEREITUNG** 15 MIN. **GARZEIT** 20 MIN.

Diese leichten Törtchen kommen immer gut an. Man kann etwas gelbe Lebensmittelfarbe in den Zuckerguss geben.

115 g weiche Butter
115 g Zucker
2 Eier
115 g glutenfreies Mehl
1 TL glutenfreies Backpulver
3 EL Milch
1 TL Vanilleextrakt
glutenfreie Kuchendekoration zum Bestreuen

Für den Zuckerguss
200 g Puderzucker
½ TL Vanilleextrakt

1 Den Backofen auf 180 °C vorheizen. In einer Schüssel Butter und Zucker mit dem Handrührgerät schaumig schlagen. Nacheinander sorgfältig die Eier unterschlagen. Mit dem letzten Ei 1–2 Esslöffel Mehl dazugeben, damit die Masse nicht ausflockt. Restliches Mehl, Backpulver, Milch und Vanilleextrakt hinzufügen und den Teig noch einmal 1 Minute schlagen.

2 In eine Muffinform mit 12 Mulden Papierbackförmchen setzen. Den Teig auf die Förmchen verteilen und 20 Minuten backen, bis er goldbraun ist und beim Daraufdrücken zurückfedert. Die Törtchen 5 Minuten in der Form abkühlen lassen, dann zum Auskühlen auf ein Kuchengitter setzen.

3 Für den Zuckerguss den Zucker in eine Schüssel sieben. Den Vanilleextrakt dazugeben und nach und nach 2–3 Esslöffel Wasser. Zwischendurch die Masse immer wieder glatt rühren. Den Zuckerguss auf die Törtchen schöpfen und bis zum Rand verstreichen. Mit der Dekoration bestreuen und fest werden lassen. In einem luftdicht verschlossenen Behälter aufbewahrt, halten sich die Törtchen bis zu vier Tage.

NÄHRWERTE PRO TÖRTCHEN

Brennwert 223 kcal/940 kJ
Protein 2 g
Fett 9 g
Ges. Fettsäuren 5,5 g
Kohlenhydrate 33 g
Zucker 26 g
Ballaststoffe 0,5 g
Salz 0,3 g

VARIANTEN

Zitronentörtchen Vanilleextrakt durch die abgeriebene Schale von 1 Bio-Zitrone ersetzen, Wasser und Vanilleextrakt im Zuckerguss durch Zitronensaft.
Schokoladentörtchen 60 g Mehl durch Kakaopulver ersetzen. Für den Zuckerguss 2 Esslöffel Zucker durch Kakaopulver ersetzen. Restlichen Zucker und Kakaopulver zusammen sieben.

MANDEL-ORANGEN-TÖRTCHEN MIT ROSMARINSIRUP

ERGIBT 12 **ZUB.** 20 MIN. **GARZEIT** 40–45 MIN. **EINFRIEREN** 3 MO.

Die aromatische harzige Note des Rosmarins in dem süßen Sirup harmoniert großartig mit Orangen und Polenta und gibt diesen kleinen Törtchen viel Aroma.

175 g gemahlene Mandeln
85 g Polenta oder feines Maismehl
2 TL glutenfreies Backpulver
175 g weiche Butter
175 g Roh-Rohrzucker
3 Eier
abgeriebene Schale und Saft von 2 Bio-Orangen

Für den Rosmarinsirup
12 Rosmarinzweige
60 g Zucker
4 TL Orangenblütenwasser

1 Den Backofen auf 180 °C vorheizen. In einer Schüssel Mandeln, Polenta und Backpulver vermischen. In einer zweiten Schüssel Butter und Zucker mit dem elektrischen Handrührgerät schaumig schlagen. Nacheinander die Eier dazugeben und unterschlagen. Jeweils die Hälfte von Mandelmischung und Orangensaft hinzufügen und untermischen. Abgeriebene Orangenschale und restlichen Saft unterrühren, dann die übrige Mandelmischung.

2 In eine Muffinform mit 12 Mulden Papierbackförmchen setzen. Den Teig auf die Förmchen verteilen und auf mittlerer Schiene 35–40 Minuten backen, bis die Törtchen goldbraun sind und beim leichten Daraufdrücken zurückfedern.

3 Kurz vor Ende der Backzeit den Sirup zubereiten. Rosmarin, Zucker und 150 ml Wasser in einen schweren Topf geben. Zum Kochen bringen und rühren, bis sich der Zucker aufgelöst hat. Dann 5–8 Minuten köcheln lassen, bis ein Sirup entstanden ist. Den Sirup etwas abkühlen lassen, dann das Orangenblütenwasser unterrühren. Die Törtchen aus dem Backofen nehmen und mit etwas Sirup beträufeln. Auf jedes einen Rosmarinzweig legen. In der Form abkühlen lassen. In einem luftdicht verschlossenen Behälter aufbewahrt, halten sich die Törtchen bis zu drei Tage.

RICHTWERTE PRO PORTION

●●● KALORIEN
●●● GES. FETTSÄUREN
●○○ SALZ

NÄHRWERTE PRO TÖRTCHEN

Brennwert 324 kcal/1360 kJ
Protein 6 g
Fett 22 g
Ges. Fettsäuren 9 g
Kohlenhydrate 25 g
Zucker 20 g
Ballaststoffe 0,2 g
Salz 0,3 g

RED VELVET CUPCAKES

ERGIBT 12 **ZUB.** 20 MIN. **GARZEIT** 40–45 MIN. **EINFRIEREN** 2 MO.

Die tiefrote Farbe dieser mit Kakao aromatisierten und nach Vanille duftenden Törtchen ist einfach großartig.

RICHTWERTE PRO PORTION

- ●●● KALORIEN
- ●●○ GES. FETTSÄUREN
- ●○○ SALZ

175 g glutenfreies Mehl
7 g glutenfreies Backpulver
1 TL Xanthan
3 EL Kakaopulver
1 TL Weinstein
85 g weiche Butter
150 g Zucker
2 große Eier
2 EL natürliche rote Lebensmittelfarbe
2 Päckchen Vanillezucker
1 TL Weinessig
200 ml Buttermilch

Für die Frischkäsehaube
125 g Doppelrahmfrischkäse
60 g weiche Butter
½ Päckchen Vanillezucker
350 g Puderzucker, gesiebt

1 Den Backofen auf 160 °C vorheizen. In eine tiefe Muffinform mit 12 Mulden Papierbackförmchen setzen. Mehl, Backpulver, Xanthan, Kakaopulver und Weinstein in einer großen Schüssel vermischen.

2 In einer zweiten großen Schüssel mit dem elektrischen Handrührgerät Butter und Zucker verschlagen. Nacheinander die Eier sorgfältig unterschlagen. Die Hälfte der Mehlmischung, Lebensmittelfarbe, Vanillezucker, Essig und die Hälfte der Buttermilch sorgfältig unterrühren. Restliche Mehlmischung und Buttermilch untermischen. Den Teig noch einmal 30 Sekunden schlagen. Auf die Papierbackförmchen verteilen. Sie sollten zu zwei Dritteln gefüllt sein. 40–45 Minuten backen, bis der Teig nach leichtem Fingerdruck zurückfedert. Die Törtchen in der Form 5 Minuten abkühlen lassen, dann zum Auskühlen auf ein Kuchengitter setzen.

3 Für die Haube Rahmfrischkäse, Butter und Vanillezucker mit dem elektrischen Handrührgerät in einer großen Schüssel verschlagen. Nach und nach den Puderzucker unterschlagen. Die Mischung 30 Sekunden weiterschlagen, bis sie leicht und locker ist.

4 Von drei Törtchen oben behutsam eine dünne Scheibe abschneiden und zerkrümeln. Die Käsemasse in einen Spritzbeutel mit einer 2 cm breiten Sterntülle füllen und kreisförmig auf die Törtchen spritzen. Die Kuchenkrümel darüberstreuen.

NÄHRWERTE PRO TÖRTCHEN

Brennwert 380 kcal/1600 kJ
Protein 4,5 g
Fett 17 g
Ges. Fettsäuren 2 g
Kohlenhydrate 52 g
Zucker 42 g
Ballaststoffe 1 g
Salz 0,2 g

RICHTWERTE PRO PORTION

●●○ KALORIEN

●●○ GES. FETTSÄUREN

●○○ SALZ

VANILLE-MARONEN-KUCHEN

PORTIONEN 12 **ZUB.** 15 MIN. **GARZEIT** 40–45 MIN. **EINFRIEREN** 3 MO.

Diesen Kuchen kann man mit Schlagsahne aufpeppen. Man schneidet ihn waagrecht durch, streicht etwas Sahne in die Mitte und bestäubt den Deckel mit Puderzucker.

Pflanzenöl zum Einfetten
4 Eier, getrennt
125 g heller Muscovadozucker
200 g Crème fraîche
2 Päckchen Vanillezucker
140 g Maronenmehl
2 TL glutenfreies Backpulver

1 Den Backofen auf 180 °C vorheizen. Eine 20 cm große runde Backform dünn einfetten und den Boden mit Backpapier belegen.

2 Eigelbe und Zucker in eine große Schüssel geben und mit dem elektrischen Handrührgerät schaumig schlagen. Crème fraîche und Vanillezucker dazugeben. Mehl und Backpulver hineinsieben und behutsam unterheben.

3 Die Eiweiße in einer sauberen Schüssel schlagen, bis sich steife Spitzen bilden. 1 gehäuften Esslöffel Eischnee in die Kuchenmischung rühren, den Rest behutsam unterheben.

4 Den Teig in die vorbereitete Form füllen und 40–45 Minuten backen, bis der Kuchen bei leichtem Druck auf die Mitte zurückfedert. 5 Minuten in der Form abkühlen lassen, dann herausnehmen und zum Auskühlen auf ein Kuchengitter setzen. Mit Puderzucker bestäuben und servieren.

NÄHRWERTE PRO STÜCK

Brennwert 141 kcal/588 kJ

Protein 4 g

Fett 9 g
Ges. Fettsäuren 5 g

Kohlenhydrate 19 g
Zucker 12 g

Ballaststoffe 1 g

Salz 0,3 g

TIPP

Maronenmehl ist in manchen Bioläden und in italienischen Lebensmittelgeschäften erhältlich.

MANDELKUCHEN

PORTIONEN 12 **ZUBEREITUNG** 20 MIN. **GARZEIT** 1–1¼ STDN.

Dieser feuchte Kuchen hält sich etwa eine Woche und scheint mit jedem Tag besser zu werden.

RICHTWERTE PRO PORTION

●●● KALORIEN

●●● GES. FETTSÄUREN

●○○ SALZ

Pflanzenöl zum Einfetten
175 g weiche Butter
175 g Roh-Rohrzucker
3 Eier, verquirlt
2 TL Mandelextrakt
250 g gemahlene Mandeln
115 g Polenta oder feines Maismehl
1½ TL glutenfreies Backpulver
150 g griechischer Joghurt
30 g Mandelblättchen

1 Den Backofen auf 160 °C vorheizen. Eine etwa 23 cm große runde Springform einfetten und den Boden mit Backpapier belegen.

2 Butter und Zucker in eine große Schüssel geben und mit dem elektrischen Handrührgerät schaumig schlagen. Die Eier nacheinander sorgfältig unterschlagen. Den Mandelextrakt unterrühren.

3 Gemahlene Mandeln, Polenta und Backpulver vermischen. Die Hälfte der Mandelmischung mit der Hälfte des Joghurts zu der Buttermischung geben und sorgfältig unterschlagen. Restliche Mandelmischung und verbliebenen Joghurt unterschlagen.

4 Die Masse in die vorbereitete Backform füllen und glatt streichen. Die Mandelblättchen darüberstreuen. Den Kuchen auf mittlerer Schiene 1–1¼ Stunden backen, bis an einem Holzspießchen, das man kurz in die Mitte steckt, beim Herausziehen kein Teig mehr haftet. Den Kuchen 10 Minuten in der Form abkühlen lassen, dann zum Auskühlen auf ein Kuchengitter setzen. In einem luftdicht verschlossenen Behälter aufbewahrt, hält sich der Kuchen bis zu zwei Wochen.

TIPP

Roh-Rohrzucker verleiht dem Kuchen eine schöne Farbe, es kann aber auch weißer Zucker verwendet werden.

NÄHRWERTE PRO STÜCK

Brennwert 380 kcal/1582 kJ

Protein 8,5 g

Fett 28 g
Ges. Fettsäuren 9,5 g

Kohlenhydrate 23 g
Zucker 16 g

Ballaststoffe 0,3 g

Salz 0,5 g

ZITRONEN-POLENTA-KUCHEN MIT HIMBEEREN

PORTIONEN 12 **ZUB.** 20 MIN. **GARZEIT** 25–30 MIN. **EINFRIEREN** 3 MO. UNGEFÜLLT

Polenta macht diesen feuchten Kuchen wunderbar gelb. Statt Himbeeren kann man auch Erdbeeren verwenden.

Pflanzenöl zum Einfetten
225 g weiche Butter
225 g Zucker
3 Eier
115 g gemahlene Mandeln
175 g Polenta oder feines Maismehl
abgeriebene Schale und Saft von 2 Bio-Zitronen
300 g frische Himbeeren
200 g Sahne
4 EL Puderzucker, sowie Puderzucker zum Bestäuben

1 Den Backofen auf 180 °C vorheizen. Zwei 20 cm große runde Backformen dünn einfetten und mit Backpapier auslegen.

2 In einer großen Schüssel Butter und Zucker mit dem elektrischen Handrührgerät schaumig schlagen. Die Eier nacheinander sorgfältig unterschlagen. Mit dem letzten Ei 1–2 Esslöffel gemahlene Mandeln dazugeben, damit die Masse nicht ausflockt. Restliche Mandeln, Polenta, abgeriebene Zitronenschale, Zitronensaft und ¼ der Himbeeren hinzufügen und behutsam unterheben.

3 Die Mischung auf die beiden vorbereiteten Formen verteilen. Auf einen Kuchen 15 Himbeeren streuen – er dient später als Deckel. Die Kuchen 25–30 Minuten backen, bis sie bei leichtem Druck auf die Mitte zurückfedern. Die Kuchen 5 Minuten in den Formen abkühlen lassen, dann behutsam herausheben und nach Entfernen des Papiers zum Auskühlen auf ein Kuchengitter setzen.

4 Mit dem elektrischen Handrührgerät Sahne und Puderzucker schlagen, bis sich weiche Spitzen bilden. Die restlichen Himbeeren unterheben. Die Sahne auf dem Boden verteilen und den Deckel daraufsetzen. Den Kuchen mit Puderzucker bestäuben. Nach dem Füllen sollte der Kuchen innerhalb von 4 Stunden serviert werden.

RICHTWERTE PRO PORTION

●●● KALORIEN
●●● GES. FETTSÄUREN
●○○ SALZ

NÄHRWERTE PRO STÜCK

Brennwert 462 kcal/1924 kJ
Protein 6 g
Fett 32 g
Ges. Fettsäuren 16 g
Kohlenhydrate 36 g
Zucker 27 g
Ballaststoffe 1,3 g
Salz 0,36 g

RICHTWERTE PRO PORTION

●●○ KALORIEN

●●○ GES. FETTSÄUREN

●○○ SALZ

HONIG-GEWÜRZKUCHEN

PORTIONEN 12 **ZUB.** 20 MIN. **GARZEIT** 1 STD. **EINFRIEREN** 3 MO.

Ein Kuchen mit einer herrlich feuchten Krume. Falls gewünscht, kann man ihn mit Mandelblättchen bestreuen.

140 g flüssiger Honig
115 g Butter; sowie Butter zum Einfetten
115 g heller Muscovadozucker
250 g glutenfreies Mehl
1 TL gemahlener Zimt
½ TL gemahlener Ingwer
1½ TL glutenfreies Backpulver
1 TL Xanthan
1 TL glutenfreies Natron
1 Prise Salz
3 Eier
90 ml Milch

Zum Verzieren
85 g Honig
30 g grüne Pistazienkerne, gehackt

1 Honig, Butter und Zucker in einen kleinen Topf geben und unter Rühren behutsam erhitzen, bis die Mischung glatt und flüssig ist. Beiseitestellen und etwas abkühlen lassen.

2 Den Backofen auf 180 °C vorheizen. Eine etwa 23 cm große runde Backform einfetten und mit Backpapier auslegen. Mehl, Gewürze, Backpulver, Xanthan, Natron und Salz in eine große Schüssel sieben. Abgekühlte Honigmischung, Eier und Milch hinzufügen und mit einem Holzlöffel sorgfältig untermischen. Den Teig in die Form füllen und 1 Stunde backen, bis der Kuchen bei leichtem Druck auf die Mitte zurückfedert.

3 Zum Verzieren den Honig in einen kleinen Topf geben, zum Kochen bringen und 1–2 Minuten kochen lassen, bis er dunkel und dick wird. Die Pistazien hineinrühren. Den Honig über den Kuchen gießen. Den Kuchen vollkommen abkühlen lassen. Erst dann aus der Form nehmen.

NÄHRWERTE PRO STÜCK

Brennwert 276 kcal/1161 kJ

Protein 4,75 g

Fett 11,5 g
Ges. Fettsäuren 6 g

Kohlenhydrate 38 g
Zucker 23,5 g

Ballaststoffe 0,8 g

Salz 0,27 g

« **Honig**
Honig bindet Wasser. Dadurch eignet er sich gut zum Backen, denn er hält Kuchen länger feucht.

MÖHRENKUCHEN

PORTIONEN 12 **ZUB.** 20 MIN. **GARZEIT** 35–40 MIN. **EINFRIEREN** 3 MO.

Möhrenkuchen liebt jeder. Wenn Sie aber keine Walnüsse mögen, ersetzen Sie sie durch die gleiche Menge Sultaninen.

RICHTWERTE PRO PORTION

●●● KALORIEN

●●○ GES. FETTSÄUREN

●○○ SALZ

SUPER FÜR KIDS

240 ml Sonnenblumenöl, sowie Öl zum Einfetten
225 g heller Muscovadozucker
1 Päckchen Vanillezucker
3 Eier
225 g glutenfreies Mehl
1 TL glutenfreies Backpulver
½ TL glutenfreies Natron
1 TL Xanthan
1 TL gemahlener Zimt, sowie Zimt zum Bestäuben
1 TL gemahlener Ingwer
225 g Möhren, geraspelt
60 g Walnusskerne, fein gehackt
einige Walnusshälften zum Verzieren (nach Belieben)

Für den Überzug

30 g weiche Butter
75 g Doppelrahmfrischkäse
1 Päckchen Vanillezucker
225 g Puderzucker

1 Den Backofen auf 180 °C vorheizen. Zwei 20 cm große runde Backformen dünn einfetten und mit Backpapier auslegen. Zucker, Öl, Vanillezucker und Eier in einer großen Schüssel mit dem elektrischen Handrührgerät dick und schaumig schlagen. Mehl, Backpulver, Natron, Xanthan, Zimt und Ingwer hineinsieben und sorgfältig unterziehen. Möhren und Walnüsse unterheben.

2 Den Teig auf die Backformen verteilen und 35–40 Minuten backen, bis er aufgegangen und goldbraun ist. Der Kuchen sollte bei leichtem Druck auf die Mitte zurückfedern. 5 Minuten in der Form abkühlen lassen. Dann zum Auskühlen auf ein Kuchengitter heben.

3 Für den Überzug Butter und Käse in einer großen Schüssel mit dem elektrischen Handrührgerät cremig schlagen. Den Vanillezucker untermischen. Den Puderzucker in eine große Schüssel sieben, dann nach und nach sorgfältig unter die Käsemischung schlagen.

4 Das Papier von den Kuchen abziehen. Den Überzug gleichmäßig auf ihnen verteilen. Die Kuchen aufeinandersetzen. Mit den Walnusshälften (sofern verwendet) verzieren und mit Zimt bestäuben.

NÄHRWERTE PRO STÜCK

Brennwert 464 kcal/1943 kJ

Protein 5 g

Fett 27 g
Ges. Fettsäuren 6 g

Kohlenhydrate 52 g
Zucker 38 g

Ballaststoffe 1,6 g

Salz 0,3 g

RICHTWERTE PRO PORTION

●●● **KALORIEN**

●●● **GES. FETTSÄUREN**

●○○ **SALZ**

SUPER FÜR KIDS

SCHOKOLADENKUCHEN

PORTIONEN 12 **ZUBEREITUNG** 25–30 MIN. **GARZEIT** 25–30 MIN.

Dieser federleichte Kuchen mit seinem köstlichen Schokoladenüberzug ist ein echter Leckerbissen.

- Butter zum Einfetten
- 200 g dunkle Schokolade, in Stücke gebrochen
- 310 g weiche Butter
- 225 g heller Muscovadozucker
- 100 g glutenfreies Mehl
- 4 g glutenfreies Backpulver
- ½ TL glutenfreies Natron
- 60 g Kakaopulver
- 60 g gemahlene Mandeln
- 4 EL Milch
- 3 Eier, getrennt
- 120 g Sahne
- 200 g Puderzucker, gesiebt

1 Den Backofen auf 180 °C vorheizen. Zwei 20 cm große runde Backformen einfetten und mit Backpapier auslegen. 60 g Schokolade in einer hitzebeständigen Schüssel auf einem Topf mit köchelndem Wasser schmelzen lassen. Beiseitestellen, damit sie etwas abkühlt.

2 In einer großen Schüssel 225 g Butter und Zucker mit dem elektrischen Handrührgerät schaumig schlagen. Mehl, Backpulver, Natron und Kakaopulver hineinsieben und behutsam, aber sorgfältig unterheben. Mandeln, Milch und geschmolzene Schokolade dazugeben und ebenfalls vorsichtig unterheben. Die Eiweiße in einer sauberen Schüssel schlagen, bis sich steife Spitzen bilden. Einen großen Löffel in die Schokoladenmischung rühren, den Rest behutsam unterheben.

3 Die Masse auf die beiden Formen verteilen und auf mittlerer Schiene 25–30 Minuten backen, bis die Kuchen bei leichtem Druck auf die Mitte wieder zurückfedern. In den Formen auf ein Kuchengitter stellen, mit einem feuchten Küchenhandtuch abdecken und auskühlen lassen.

4 Für den Überzug restliche Schokolade mit der Sahne in einer Schüssel vermischen. Auf einem Topf mit köchelndem Wasser unter gelegentlichem Rühren schmelzen lassen. Herunternehmen und abkühlen lassen. In einer sauberen Schüssel übrige Butter und den Puderzucker schaumig schlagen, dann die Schokoladenmischung sorgfältig unterschlagen. Die Kuchen aus den Formen nehmen. Auf einen ⅓ des Überzugs streichen. Den anderen Kuchen daraufsetzen. Den restlichen Überzug auf dem Kuchen verteilen.

NÄHRWERTE PRO STÜCK

Brennwert 565 kcal/2359 kJ

Protein 6 g

Fett 37 g
Ges. Fettsäuren 21 g

Kohlenhydrate 52 g
Zucker 46 g

Ballaststoffe 2 g

Salz 0,8 g

RHABARBER-STREUSELKUCHEN

RICHTWERTE PRO PORTION

●●● KALORIEN

●●● GES. FETTSÄUREN

●○○ SALZ

SUPER FÜR KIDS

PORTIONEN 12 **ZUB.** 25 MIN. **GARZEIT** 1¼ STD. **EINFRIEREN** 3 MO.

Getriebener roter Rhabarber sieht hier besonders hübsch aus, grüner Rhabarber ist aber ebenso gut geeignet.

125g weiche Butter, sowie Butter zum Einfetten
125g heller Muscovadozucker
225g Rhabarber, geschält und in 1cm große Stücke geschnitten
125g Erdbeeren, geputzt und gehackt
2 Eier
225g glutenfreies Mehl
1 TL glutenfreies Backpulver
½ TL gemahlener Zimt
3 EL Milch
glutenfreie Vanillesauce (siehe Seite 210) oder Crème fraîche zum Servieren

Für die Streusel

85g glutenfreies Mehl
85g Demerarazucker, sowie 1 EL Zucker zum Bestreuen
½ TL gemahlener Zimt
60g kalte Butter, gewürfelt
30g enthäutete ganze Haselnusskerne, geröstet und grob gehackt

1 In einer Pfanne jeweils 15g Butter und Muscovadozucker schmelzen lassen. Den Rhabarber hinzufügen und bei mittelschwacher Hitze 3–4 Minuten garen, bis er weich ist. Die Erdbeeren untermischen. Zum Abkühlen beiseitestellen.

2 Den Backofen auf 180°C vorheizen. Eine etwa 23cm große runde Backform einfetten und mit Backpapier auslegen. Für die Streusel Mehl, Demerarazucker, Zimt und Butter in einer Küchenmaschine vermischen, bis sie Brotkrumen ähneln. In einer Schüssel mit den Haselnüssen vermischen.

3 Restliche Butter und übrigen Zucker in einer Schüssel mit dem elektrischen Handrührgerät schaumig schlagen. Nacheinander die Eier unterschlagen. Mehl, Backpulver und Zimt sieben. Jeweils die Hälfte von Mehlmischung und Milch unter die Buttermischung schlagen, dann restliches Mehl und übrige Milch untermischen. Rhabarber und Erdbeeren unterrühren. Die Masse in die Form füllen. Mit Streuseln und Demerarazucker bestreuen und 1¼ Stunden backen, bis an einem Holzspieß, der in die Mitte gesteckt wird, beim Herausziehen kein Teig mehr haftet. 10 Minuten in der Form abkühlen lassen, dann zum Auskühlen auf ein Kuchengitter setzen.

NÄHRWERTE PRO STÜCK

Brennwert 310kcal/1306kJ

Protein 4,5g

Fett 16g
Ges. Fettsäuren 9g

Kohlenhydrate 38g
Zucker 19g

Ballaststoffe 2g

Salz 0,2g

BANANEN-MARONEN-KUCHEN

PORTIONEN 12 **ZUB.** 15 MIN. **GARZEIT** 50–55 MIN. **EINFRIEREN** 3 MO.

Kastenkuchen sind einfach zuzubereiten, da man keine Luft unter den Teig schlagen und ihn nicht behutsam handhaben muss.

RICHTWERTE PRO PORTION

●●○ KALORIEN

●●○ GES. FETTSÄUREN

●○○ SALZ

SUPER FÜR KIDS

115 g Butter, sowie Butter zum Einfetten
140 g glutenfreies Mehl
140 g Maronenmehl
$1\frac{1}{2}$ TL glutenfreies Backpulver
1 TL Xanthan
1 TL glutenfreies Natron
$\frac{1}{2}$ TL gemahlener Zimt
$\frac{1}{2}$ TL frisch geriebene Muskatnuss
1 Prise Salz
3 reife Bananen
115 g heller Muscovadozucker
3 Eier
90 ml Milch

1 Den Backofen auf 180 °C vorheizen. Eine etwa 900 g fassende Kastenform einfetten und mit Backpapier auslegen. Beide Mehle, Backpulver, Xanthan, Natron, Zimt, Muskatnuss und Salz in eine große Schüssel sieben. Die Bananen zerdrücken.

2 In einem kleinen Topf die Butter zerlassen, dann den Zucker unterrühren. Eier und Milch verschlagen. In die Mitte der gesiebten Zutaten eine Mulde drücken. Alle flüssigen Zutaten hineingießen, den Bananenbrei zugeben und mit einem Holzlöffel sorgfältig untermischen.

3 Die Masse in die vorbereitete Form füllen und 50–55 Minuten backen, bis sie bei leichtem Druck auf die Mitte zurückfedert. Den Kuchen 10 Minuten in der Form abkühlen lassen, dann zum Auskühlen auf ein Kuchengitter stürzen. In einem luftdicht verschlossenen Behälter aufbewahrt, hält er sich bis zu einer Woche.

NÄHRWERTE PRO STÜCK

Brennwert 219 kcal/918 kJ

Protein 4,5 g

Fett 10,3 g
Ges. Fettsäuren 5,7 g

Kohlenhydrate 34,7 g
Zucker 19,7 g

Ballaststoffe 2,1 g

Salz 0,7 g

TIPP

Falls gewünscht, kann man auch zwei Kuchen in 450 g fassenden Formen backen und einen Kuchen einfrieren.

RICHTWERTE PRO PORTION

●●○ KALORIEN

●○○ GES. FETTSÄUREN

●○○ SALZ

SUPER FÜR KIDS

APRIKOSEN-KARDAMOM-TEEKUCHEN

PORTIONEN 12 **ZUB.** 15 MIN. **GARZEIT** 1¼–1½ STD. **EINFRIEREN** 2 MO.

Earl Grey verleiht diesem feuchten Teekuchen eine zitronige Note, man kann aber auch anderen Tee verwenden.

- 1 Teebeutel, etwa Earl Grey
- 225 g verzehrfertige Trockenaprikosen, fein gehackt
- 6 Kardamomkapseln, aufgeschlitzt
- 175 g heller Muscovadozucker
- Öl zum Einfetten
- 225 g glutenfreies Mehl
- 1 TL glutenfreies Backpulver
- 1 TL Xanthan
- 1 TL gemahlener Zimt
- 1 Prise Salz
- 75 g kalte Butter, gewürfelt
- 2 Eier, verquirlt
- 15 g Mandelblättchen
- 2 EL Demerarazucker
- Butter zum Servieren

1 Den Teebeutel mit 300 ml kochendem Wasser übergießen und 5 Minuten ziehen lassen. Den Teebeutel herausnehmen. Die Aprikosen in einen kleinen Topf geben. Heißen Tee, Kardamon und Zucker in den Topf geben. Den Topfinhalt zum Kochen bringen und 10 Minuten köcheln lassen. Zum Abkühlen beiseitestellen. In ein flaches Gefäß gegossen, kühlt er rasch ab. Die Kardamomkapseln herausnehmen.

2 Den Backofen auf 180 °C vorheizen. Eine 900 g fassende Kastenform dünn einölen und mit Backpapier auslegen. Mehl, Backpulver, Xanthan, Zimt und Salz in eine große Schüssel sieben. Die Butter in die Mehlmischung einarbeiten. Die abgekühlten Aprikosen mit der Garflüssigkeit in die Mehlmischung rühren, dann die Eier unterschlagen. Die Masse in die Form gießen. Mit Mandelblättchen und Demerarazucker bestreuen und auf mittlerer Schiene 80–85 Minuten backen, bis der Kuchen gut aufgegangen ist und sich fest anfühlt.

3 Den Kuchen 10 Minuten in der Form abkühlen lassen, dann zum Auskühlen auf ein Kuchengitter stürzen. Einen Tag nach dem Backen schmeckt der Kuchen noch besser. In einem luftdicht verschlossenen Behälter aufbewahrt, hält er sich bis zu einer Woche.

NÄHRWERTE PRO STÜCK

Brennwert	225 kcal/948 kJ
Protein	4 g
Fett	7 g
Ges. Fettsäuren	3,5 g
Kohlenhydrate	36 g
Zucker	23 g
Ballaststoffe	2,4 g
Salz	0,3 g

RICHTWERTE PRO PORTION

●●○ KALORIEN

●●● GES. FETTSÄUREN

●○○ SALZ

SUPER FÜR KIDS

SCHOKOLADEN-PEKANNUSS-BROWNIES

ERGIBT 20 **ZUB.** 15 MIN. **GARZEIT** 15–18 MIN. **EINFRIEREN** 3 MO.

Wer Nüsse nicht mag, ersetzt die Pekannüsse durch 60 g getrocknete Sauerkirschen.

175 g kalte Butter, gewürfelt, sowie Butter zum Einfetten
300 g dunkle Schokolade (mindestens 60 % Kakaoanteil), in Stücke gebrochen
300 g heller Muscovadozucker
5 Eier
175 g glutenfreies Mehl
30 g Kakaopulver
85 g Pekannusskerne

1 Den Backofen auf 200 °C vorheizen. Eine etwa 23 × 30 cm große rechteckige Kuchenform dünn einfetten und mit Backpapier auslegen.

2 Die Schokolade mit der Butter in eine große hitzebeständige Schüssel geben und auf einem Topf mit köchelndem Wasser unter gelegentlichem Rühren schmelzen lassen. Von der Kochstelle nehmen und den Zucker unterrühren. Die Mischung etwas abkühlen lassen.

3 Ein Ei nach dem anderen sorgfältig unterschlagen. Mehl und Kakaopulver auf die Mischung sieben. Die Masse sollte dick sein und glänzen. Die Pekannüsse dazugeben und unterheben.

4 Die Masse in die vorbereitete Form füllen und 15–18 Minuten backen, bis sich die Oberfläche fest anfühlt. Die Mitte sollte beim Einstechen mit einem Messer aber noch leicht klebrig sein. In der Form abkühlen lassen, dann herausnehmen und in etwa 20 Quadrate schneiden.

TIPP

Werden Brownies zu lange gebacken, hat man am Ende einen Schokoladenkuchen. Brownies müssen nach dem Backen oben knusprig, in der Mitte aber noch klebrig sein. Beim Abkühlen werden sie dann fest.

NÄHRWERTE PRO BROWNIE

Brennwert 282 kcal/1178 kJ

Protein 4 g

Fett 16,5 g
Ges. Fettsäuren 8 g

Kohlenhydrate 30 g
Zucker 24 g

Ballaststoffe 1,5 g

Salz 0,25 g

AMARETTI

ERGIBT 20 **ZUB.** 10 MIN. **GARZEIT** 15–20 MIN. **EINFRIEREN** 3 MO.

Diese knusprigen italienischen Makronen sind vielseitig verwendbar – etwa für Käsekuchenboden, in einem Trifle, mit Eiscreme oder mit Kaffee oder Dessertwein.

RICHTWERTE PRO PORTION

- ●●○ KALORIEN
- ●○○ GES. FETTSÄUREN
- ●○○ SALZ

Pflanzenöl zum Einfetten
2 Eiweiß
200 g Zucker
200 g gemahlene Mandeln
1 EL Amaretto (siehe Tipp)

1 Den Backofen auf 180 °C vorheizen. Zwei Backbleche dünn einfetten und mit Backpapier belegen.

2 Die Eiweiße in einer Schüssel schlagen, bis sich steife Spitzen bilden. Den Zucker hinzufügen und weiter schlagen, bis der Eischnee glänzt. Gemahlene Mandeln und Amaretto dazugeben und mit einem großen Metalllöffel vorsichtig, aber sorgfältig unterheben.

3 Die Masse in 20 Portionen teilen und diese zu Kugeln rollen. Die Kugeln mit reichlich Abstand auf die Backbleche setzen, da sie beim Backen in die Breite gehen. Die Amaretti 15–20 Minuten backen, bis sie goldbraun sind. Mit einer Palette auf ein Kuchengitter heben und vollkommen auskühlen lassen.

TIPP

Falls gewünscht, kann der Amaretto durch 1 Teelöffel Mandelextrakt und 2 Teelöffel Wasser ersetzt werden. In einem luftdicht verschlossenen Behälter aufbewahrt, halten sich die Kekse bis zu drei Tage.

NÄHRWERTE PRO KEKS

Brennwert 104 kcal/436 kJ

Protein 2,5 g

Fett 6 g
Ges. Fettsäuren 0,4 g

Kohlenhydrate 11 g
Zucker 11 g

Ballaststoffe 0,2 g

Salz Spuren

RICHTWERTE PRO PORTION

●●○ KALORIEN

●●○ GES. FETTSÄUREN

●○○ SALZ

SCHOKOLADENKEKSE

PORTIONEN 14 **ZUB.** 10 MIN. **GARZEIT** 15 MIN. **EINFRIEREN** 3 MO.

Sollen die Kekse noch mehr nach Schokolade schmecken, ersetzt man 30 g Mehl durch Kakaopulver.

- 115 g weiche Butter, sowie Butter zum Einfetten
- 175 g Zucker
- 1 Ei
- 1 Päckchen Vanillezucker
- 175 g glutenfreies Mehl
- 7 g glutenfreies Backpulver
- 60 g Reismehl
- 85 g Schokotropfen oder Schokolade, in kleine Stücke gebrochen

1 Den Backofen auf 190 °C vorheizen. Zwei Backbleche dünn einfetten und mit Backpapier belegen. Butter und Zucker in einer Schüssel mit dem elektrischen Handrührgerät schaumig schlagen. Ei und Vanillezucker hinzufügen und unterschlagen.

2 Beide Mehle und das Backpulver in die Schüssel sieben. Die Schokotropfen dazugeben und mit einem Holzlöffel sorgfältig untermischen. 14 Dessertlöffel Teig auf die vorbereiteten Backbleche setzen. Dabei reichlich Abstand lassen, da die Kekse beim Backen in die Breite gehen. Die Teighäufchen mit den Fingerspitzen etwas flacher drücken.

3 Die Kekse 15 Minuten backen, bis sie goldbraun sind. 2 Minuten auf den Blechen abkühlen lassen, dann mit einer Palette zum Auskühlen auf ein Kuchengitter heben. Keine Sorge, wenn die Kekse beim Herausnehmen aus dem Backofen etwas weich scheinen. Beim Abkühlen werden sie knusprig.

SUPER FÜR KIDS

NÄHRWERTE PRO KEKS

Brennwert 204 kcal/858 kJ

Protein 2,3 g

Fett 9 g
Ges. Fettsäuren 5,5 g

Kohlenhydrate 28 g
Zucker 16 g

Ballaststoffe 0,8 g

Salz 0,2 g

« **Schokolade**
Sie können für die Kekse Schokotröpfchen aus dunkler Schokolade, Milchschokolade oder weißer Schokolade oder in Stücke gebrochene Schokolade verwenden. Kinder mögen dunkle Schokolade aber nicht so gern.

HAFER-ROSINEN-KEKSE

ERGIBT 18 **ZUBEREITUNG** 10 MIN. **GARZEIT** 15 MIN. **EINFRIEREN** 3 MO.

Diese rasch zubereiteten Kekse, die außen knusprig und innen zart sind, wird die ganze Familie lieben. Wer Rosinen nicht mag, kann sie weglassen.

115 g weiche Butter, sowie Butter zum Einfetten
225 g Demerarazucker
1 Ei
1 Päckchen Vanillezucker
75 g glutenfreies Mehl
1 TL gemahlener Zimt
½ TL glutenfreies Natron
1 Prise Salz
175 g Haferflocken
60 g Rosinen (nach Belieben)

1 Den Backofen auf 190 °C vorheizen. Ein Backblech dünn einfetten und mit Backpapier belegen.

2 Butter und Zucker mit dem elektrischen Handrührgerät in einer Schüssel schaumig schlagen. Ei und Vanillezucker hinzufügen und unterschlagen.

3 Mehl, Zimt, Natron und Salz auf die Mischung sieben. Haferflocken und, sofern gewünscht, Rosinen hinzufügen und mit einem Holzlöffel sorgfältig untermischen.

4 Die Masse in 18 walnussgroße Portionen teilen und diese zu Kugeln rollen. Mit Abstand auf das Backblech setzen und mit den Fingerspitzen etwas flacher drücken. Die Kekse 15 Minuten backen, bis sie goldbraun sind. 2 Minuten auf dem Backblech abkühlen lassen, dann mit einer Palette zum Auskühlen auf ein Kuchengitter heben.

RICHTWERTE PRO PORTION

●●○ KALORIEN
●●○ GES. FETTSÄUREN
●○○ SALZ

SUPER FÜR KIDS

NÄHRWERTE PRO KEKS

Brennwert 160 kcal/677 kJ
Protein 2 g
Fett 7 g
Ges. Fettsäuren 3,5 g
Kohlenhydrate 24 g
Zucker 14 g
Ballaststoffe 1 g
Salz 0,2 g

RICHTWERTE PRO PORTION

●●○ KALORIEN

●●● GES. FETTSÄUREN

●○○ SALZ

SPRITZGEBÄCK

ERGIBT 9 **ZUB.** 10 MIN. **GARZEIT** 15–20 MIN. **EINFRIEREN** 3 MO.

Diese in Schokolade getauchten Kekse sehen ebenso gut aus wie sie schmecken.

125 g weiche Butter, sowie Butter zum Einfetten
60 g Puderzucker
125 g glutenfreies Mehl
30 g Maisstärke
2 TL Xanthan
¼ TL glutenfreies Backpulver
½ Päckchen Vanillezucker
115 g dunkle Schokolade (70 % Kakaoanteil), in Stücke gleicher Größe gebrochen

1 Den Backofen auf 190 °C vorheizen. Zwei Backbleche dünn einfetten. Butter und Puderzucker mit dem elektrischen Handrührgerät in einer großen Schüssel schaumig schlagen.

2 Mehl, Maisstärke, Xanthan und Backpulver in die Schüssel sieben. Den Vanillezucker hinzufügen und rühren, bis ein weicher Teig entsteht.

3 Den Teig in einen Spritzbeutel mit Sterntülle füllen und zickzackförmig 9 Kekse auf die Backbleche spritzen. Dabei reichlich Abstand zwischen ihnen lassen, da die Kekse beim Backen in die Breite gehen.

4 Die Kekse 15–20 Minuten backen, bis sie hell goldbraun sind. Etwas abkühlen lassen, dann zum Auskühlen auf ein Kuchengitter heben.

5 Die Schokolade in einer hitzebeständigen Schüssel auf einen Topf mit köchelndem Wasser setzen und unter gelegentlichem Rühren schmelzen lassen. Eine Hälfte jedes Kekses in die Schokolade tauchen. Die Kekse auf Backpapier legen, bis die Schokolade fest geworden ist.

TIPP

Den Spritzbeutel zum Füllen in ein hohes Trinkglas setzen und seine Ränder über das Glas ziehen. In einem luftdicht verschlossenen Behälter aufbewahrt, halten sich die Kekse bis zu fünf Tage.

NÄHRWERTE PRO KEKS

Brennwert 254 kcal/1063 kJ

Protein 2 g

Fett 16 g
Ges. Fettsäuren 10 g

Kohlenhydrate 26 g
Zucker 14,5 g

Ballaststoffe 1 g

Salz 0,2 g

REGISTER

(V) steht für die Variante eines Hauptrezepts.

L

M

Q

R

T

U

V

W

X

Z

DIE AUTORINNEN

Heather Whinney ist erfahrene Hauswirtschafterin und Food-Journalistin. Sie hat als Redakteurin für Kochbücher und als freie Autorin für mehrere einschlägige Zeitschriften gearbeitet. Sie ist die Autorin der *Expressküche* und Mitautorin von *Das Kochbuch für Diabetiker* (beide bei Dorling Kindersley erschienen). Ihrer eigenen Philosophie folgend entwickelt sie stets einfache Rezepte für die Alltagsküche.

Jane Lawrie bäckt seit Kindertagen. Als erfahrene Food-Stylistin und Rezeptautorin hat sie bereits für zahlreiche Food- und Frauenzeitschriften gearbeitet. Jane ist außerdem als Food-Beraterin tätig und hat an mehreren Kochbüchern mitgewirkt (darunter *Natürlich hausgemacht!* und *Gartenküche für alle Jahreszeiten* – alle bei Dorling Kindersley erschienen).

Fiona Hunter verfügt über 25 Jahre Erfahrung als Ernährungswissenschaftlerin und Autorin. Im Anschluss an das Studium der Ernährungswissenschaften und ein Aufbaustudium der Diätetik war sie zunächst Ernährungsberaterin im öffentlichen Dienst, bevor sie begann, als Autorin für Zeitschriften zu arbeiten. Fiona ist außerdem gern gesehener Gast in diversen Fernseh- und Radiosendungen und Mitautorin mehrerer Bücher.

DANK

Dorling Kindersley bedankt sich bei:

Jane Bamforth und Holly Kyte für die **Redaktion der Rezepte,**
Rebecca Blackstone, Anna Burges-Lumsden, Amy Carter, Jan Fullwood, Laura Fyfe,
Katy Greenwood, Anne Harnan, Catherine Rose und Rachel Wood für das **Testen der Rezepte,**
Luis Peral-Aranda und Katherine Raj für die **Leitung der Fotoproduktion und die Requisite,**
den **Food-Stylisten** Marie-Ange Lapierre und Emily Jonzen,
den **Redaktionsassistenten** Charis Bhagianathan und David Fentiman, der **Designassistenz**
Mahua Mandal sowie unserem **Handmodel** Danaya Bunnag.